科学是什么？

科学,是普罗米修斯从天上为人间盗来的火种;

科学,是亚当和夏娃在上帝的伊甸园里偷食的禁果;

科学,是伊索从自己胸膛里掏出的心,

　　　是这颗心变成的火炬,

　　　她的光明划破漆黑的长夜,

　　　永远照耀着人类通向幸福的道路。

　　　　　　　　　—— 摘自作者札记

科技文献检索实用教程

（第五版）

穆安民　编著

重庆大学出版社

内容提要

本书是基于信息素质教育的第四版。该书融入了著者的许多最新研究成果，凭借多年丰富的教学经验，在信息检索的基础理论研究方面分析了信息、情报和知识之间的基本关系，分析了信息和文献基于载体、媒体和信息内容的三层次"蛋壳"信息结构模型，推演出以布尔逻辑 AND,OR 和 NOT 的人文属性为基础的人生建构公式，从而以崭新的角度和视野再现了深层次的信息道德教育和信息素质教育，并讨论了诸多行之有效的实用措施来保护人的信息接收和处理器官，在重申信息检索和利用三原则的基础上，更进一步呼吁：掀起一场信息保卫战！

本书是普通高校理工科各专业本科生和研究生学习文献信息检索知识的基于信息素质教育的通用教材，也可作为科研、教学人员了解当前国内外信息资源与信息服务的发展状况的参考用书。由于本书编排适当、行文错落有致、字体变换有方、真正图文并茂、实例货真价实，使读者能"轻松阅读"和"快乐学习"，因此本书也适合用作理工科专科生以及高等教育自学考试信息检索课教材。

图书在版编目(CIP)数据

科技文献检索实用教程 / 穆安民编著. -- 5 版. --
重庆：重庆大学出版社,2021.9(2024.1 重印)
高等院校基础课系列教材
ISBN 978-7-5624-8934-4

Ⅰ.①科… Ⅱ.①穆… Ⅲ.①科技情报—情报检索—
高等学校—教材 Ⅳ.①G254.97

中国版本图书馆 CIP 数据核字(2021)第 184837 号

科技文献检索实用教程
（第五版）

穆安民　编著

责任编辑:鲁　黎　　版式设计:鲁　黎
责任校对:关德强　　责任印制:张　策

*

重庆大学出版社出版发行
出版人:陈晓阳
社址:重庆市沙坪坝区大学城西路 21 号
邮编:401331
电话:(023) 88617190　88617185(中小学)
传真:(023) 88617186　88617166
网址:http://www.cqup.com.cn
邮箱:fxk@ cqup.com.cn (营销中心)
全国新华书店经销
重庆市国丰印务有限责任公司印刷

*

开本:787mm×1092mm　1/16　印张:16.5　字数:383 千
1996 年 5 月第 1 版　2021 年 9 月第 5 版　2024 年 1 月第 38 次印刷
印数:98 613—100 612
ISBN 978-7-5624-8934-4　定价:38.50 元

前　言

多年来人们一直对自己身边的某些事物熟视无睹,就因为对其太熟悉了,因此显得格外陌生,直到有一天,这才惊奇地发现,原来,人的信息接收器官,竟然几乎全部集中在人的头部!而且它们总是成双成对地出现。如果作如下一个假定,即认为皮肤的痛觉、触觉是属于信息接收中最低级最基础的功能,因此不作为专门的"高级"信息接收器官的话,那么,完全可以断言:人的全部信息接收器官,竟然全都置于头上!不仅于此,我们"发现",连人的主要信息发出器官(声带)也是通过头部的口鼻腔发送出声音的。

似乎存在着一个上帝创造生命的最小成本原理。眼睛不是长在头顶部,而是位于前额之下,这样只需稍稍扬起脸,就能轻松仰视天空,因此眼睛不必长在头顶上。但眼睛总是位于动物的身体的最高处,就连河马那样有着低矮前额的动物,眼也处于身体的最高位置。大自然真是一个杰出的大师,而且处处吝啬他的笔墨,连一点也不肯多浪费!

这便是本书新开辟的视角之一,将人作为信息的载体,分析其构成和属性。有了人的信息结构模型后,我们就可利用这个模型重新审视我们已经形成的许多关于人和社会的种种观点,这会使我们眼前一亮,发现许多崭新的东西,许多传统的概念也将被赋予更多的意义和理解。例如,锻炼身体,不再仅仅因为"身体是革命的本钱",而是为了信息活动有一个坚强的载体,使信息工作能更好更完美地进行。

如何保护我们身体的信息接收器官?如何保护我们人的信息处理中枢——大脑?潘朵拉的盒子一次一次地被打开,信息污染、信息焦虑、信息道德缺失、信息犯罪、网络成瘾症等等恶魔纷纷撒向人间,给人们带来痛苦的折磨和巨大的损失。精致小巧的苹果数码产品一问世,仿佛一夜之间,全世界都患上了自闭倾向,许多小青年立即成了埋头不语的"低头族"。

本书在保留第二版所倡导的信息利用三原则(信息适度原则、信息帮助原则、信息素质原则)的基础之上,再一次发出呼吁:掀起一场信息保卫战!大声疾呼保护眼睛、保护听力、保护大脑,并讨论了一些实用的具体措施。

这便是本书新开辟的视角之二。

用 AND,OR 和 NOT 构筑健康人生。这个新的构想令人顿觉耳目一新!它被安排在计算机检索基础一章的最后部分,原本是为计算机检索和网上检索作充分准备的,但你会发现,该部分内容已经远远超过这个微不足道的要求了——它为一个人拥有健康、奋进的一生在作准备!

AND,OR 和 NOT 虽然只是计算机文献检索的 3 个基本逻辑算符,其隐含的人文属性却在人们的实际生活中时时处处、隐隐约约现身,向人们揭示了人生的真谛和奥秘。

其中,NOT 逻辑是十分"坚决"、果断的逻辑,黑白分明、水火不容,非常具有"原则性"。著者将其引申为"NOT 意味着凡是违反国家法律、违背道德底线的事坚决不做,凡是歪门邪道的事决不参与,远离诱惑,远离毒品,远离传销,远离坑蒙拐骗。追求真善美,传播正能量"。同时还提出掌握 NOT、学会放弃;掌握 NOT、学会说"不";以及婉拒的技巧,不要为琐碎小事烦恼等。

OR 逻辑是十分宽松的逻辑,学会 OR,就是要学会宽容,学会与他人和谐相处,体验融入自然之美,感受融入社会之乐,珍惜生命、懂得感恩等。书中还针对屡发不止的大学校园投毒案,提出深层次的反思,并提出随遇而安是美德,幽默是一剂良药等人文熏陶和潜移默化的主张。

AND 逻辑是严格的、进取的,它"一心一意"、义无反顾,勇往直前,有着 NOT 那样的坚定和勇敢,又有着 OR 那样的阳光与和谐。AND 意味着进取,AND 意味着勤奋,AND 意味着坚强,AND——是人生奋斗的动力和目标。

在"学会 NOT:拥有健康人生;学会 OR:拥有和谐人生;学会 AND:拥有进取人生"的基础上,我们可以"顺理成章"地利用 AND,OR 和 NOT 来构筑我们别具一格的人生公式。这就是

$$LIFE = 健康人生(NOT) + 和谐人生(OR) + 进取人生(AND)$$

这就是本书新开辟的视角之三。

文献检索这门课不是无源之水、更不是象牙之塔,必须结合现实实践,这才会有源头活水,永不枯竭。近年来该课正经受着来自网络信息时代的挑战,如果继续沿袭陈旧老套的教学模式,路子就会越走越窄,越来越远离社会实际需求。正如某些言论所述:"现在人人都会用搜索引擎,还学习文献检索有什么用?"信息检索课是集理论与实践教学于一体的课程,学生学习的主动性和自觉实践对教学效果影响很大。本书一直身体力行,主张文献检索的理论与实践相结合,教学实践中提供大量的与大学生活相关的现实问题、社会热点问题与学生一起讨论或布置作为实习作业。如讨论身处闹市地下商场迷宫般的环境中如何逃生,并让学生自己去现场考察体验,再根据检索和实践完成检索作业(下同);怎样的学习方法才是行之有效的;遇到学习、就业、情感等方面的巨大压力时你如何排解;室友之间如何和谐相处;遇到挫折应该如何面对;找一张值得怀疑的保健品宣传"报纸",分析其自相矛盾的逻辑,以及为何全部联系信息只有一个手机号;等等。我们甚至讨论过如何花 2.5 元买一只调光器件将自己的简易台灯改造、"升级"为可调光台灯!

这就是本书新开辟的视角之四。

文献检索课历来将文献与作者分开,将历史和创造历史的人分开,这种情况在本书新版

中得到了改变。在我们介绍的众多人物中,有第一个提出超文本概念的"HTTP 之父"泰德·尼尔森、百度创始人李彦宏、谷歌创始人拉里·佩奇、雅虎网站创始人杨致远和戴维·费罗、发明引文索引的尤金·加菲尔德等,甚至还介绍了海蒂·拉玛——好莱坞历史上号称最富姿色的绝世艳星,她和她丈夫一起发明了用于无线电通信加密的展布频谱技术(是 3G 技术的前身)。

只有当我们展开历史和人物交替变换的画卷,这才发现文献发展的历史是何等精彩,创造历史的优秀人物群星灿烂,他们的身上闪耀着人性的光芒!"万维网之父"——蒂姆·伯纳斯-李,为了避免出现互联网信息浏览模式群雄割据的局面,主动放弃成为亿万富翁的机会,成就了造福全人类的万维网的伟大杰作。Facebook 的创始人马克·扎克伯克在 2012 年再次向慈善事业捐赠 5 亿美元股票,成为硅谷最年轻最慷慨的富豪。当然本书不是史记列传,也不是英雄谱和传记文学,但显然,将文献与作者完全割裂开来的做法是不可取的,这使得我们白白丢失了许多年的利用文献中的著名人物进行人文素质教育的好契机。

这便是本书所开辟的第五个方面的新的视角。

文献检索或信息检索的基础理论,一直是该学科的薄弱环节。本书作者多年来一直关注其基本理论的建立、形成和创新,书中容纳了部分作者的研究成果,在分析信息、情报和知识及三者之间的逻辑关系基础之上,进一步提出了信息和文献的三层次结构(蛋壳)模型和全信息结构模型,作为抛砖引玉以期引起广大同行学者的关注并共同推进基础理论的建设和完善。

这便是本书所开辟的第六个方面的新的视角。

再继续列出其他种种似乎已经没有意义了。总之,原书目录、格局、图表、文字内容等已被彻底改写,内容已经是脱胎换骨。凡此种种,只能让读者自己去发现了——你还能收获更多惊喜吗?

*   *   *

如果有,那就在这儿。位于四川甘孜阿坝州的四姑娘山,是一个著名的原生态旅游胜地,著者曾在第二版前言中关于它提过几句话,但均一带而过,语焉不详,其实颇能对人生有所启迪。当进入该景点的长坪沟,远远地就能看见几条如洁白的哈达般的瀑布挂在"四姑娘"腰间,山下游人如织,看起来只有蚂蚁般大小。当进入山脚下时,场景立即变得惊心动魄,只见紊乱的水流在枯枝败叶和枯藤老树间慌不择路、夺路而走,高大的树遮天蔽日,积雪在阳光下融化,雪水奋不顾身地从崖壁上腾跳而起、飞身直下,仿佛重新获得了生命,充满新生的激情,生命的喜悦。你如果驻足闭目仔细聆听自己内心,仿佛能听见无数细小的生命在惊慌地互相呼唤,"你在哪儿? 你在哪儿?""等等我"……飞瀑、奇石、历经沧桑的翠柏青松、湍急的流泉在密林中哗哗作响,雪水的精灵们互相追逐、打闹、嬉戏……

笔者希望能有机会再一次来到四姑娘山脚下,在那遮天蔽日的老树下,再次聆听生命的激情,新生的喜悦,命运的交响曲(大自然版),补充、汲取更多的生命的正能量,和广大读者一起,继续扬帆远航!

*　　　　　　*　　　　　　*

本书自 1996 年首次出版以来,不觉已与读者一起走过了 18 个年头,18 年的风风雨雨伴随着同学们的成长,教材本身也逐渐走向成熟,从第一版的主要基于科学素质教育,到第二、第三版的基于人文素质教育,来到了第四版更深层次的基于信息素质教育,一路走来,感概良多,其间有丰富多彩的教学活动和创意不断充实了本书内容,教材和相关的教学活动也曾数次被评为校级和市级优秀课程建设项目,教材本身也被全国 30 多所兄弟院校长期采用,作者在此对大家多年的默默支持深表谢意!

感谢留日多年的资深博士张平先生为我们撰写了日语科技文献检索一章。感谢大连图书馆、大连大学图书馆、大连理工大学图书馆和重庆大学图书馆所提供的无私帮助,感谢重庆交通大学的杨际祥博士和北师大物理系的温培威博士提供的文献查找支持,感谢广西玉林师范学院副研究馆员李霞女士,她曾对本书第二版内容作过详尽的统计和分析,感谢重庆大学图书馆陈文和李玉莲两位副研究馆员的帮助和支持。最后还要感谢一位已忘记名字的同行,她从遥远的东北某高校来到重庆,一见面就十分坦然地主动"声明"她此行的目的只是为了看看作者的长相!这不禁使本人和在场的所有同事都感到哑然失笑。然而这件微不足道的小事却使笔者感到她的朴实、真挚和厚爱,也因此往往在写作遇到困顿之时暗暗受到鼓舞,不敢懈怠些许。

同样的感谢要给予本书参考文献的作者、文献检索课的同行、互联网上那些很有见地的博文作者、精美的网站,以及大名鼎鼎的百度百科,没有他们提供的丰富素材和重庆大学出版社编辑们辛勤的劳作,以及广大读者的支持,本书新版几乎是不可能完成的。由于新版内容篇幅太大,因此作了大量删节,被删除的部分文档,如原书中计划新增的一章"科学研究与写作",供作参考的模拟试题等,只能存放于网上,供大家参考,其访问地址为 muanmin 的博客。笔者的电子邮箱是 muanmin@163.com,欢迎来信,欢迎批评和建议。

编著者
2013 年 12 月于大连,黑石礁

目 录

第1章 绪 论

第2章 科技文献检索系统原理

第3章 计算机信息检索基础

第 4 章　互联网信息资源和搜索引擎的使用

第 5 章　门户网站与网络新媒体

第 6 章　国内大型综合性检索系统和开放获取资源

第1章

绪　论

【本章提要】

　　绪论提出了本课程的背景和文献检索的意义；信息、情报和知识及三者之间的逻辑关系；信息和文献的三层次结构(蛋壳)模型；信息检索和利用三原则(信息适度原则、信息帮助原则、信息素质原则)。本章和读者一起探讨如何保护我们的信息接收器官，如何与诸如信息焦虑症、网络成瘾、信息犯罪等从"潘多拉"魔盒里跑出来的信息恶魔作斗争。

　　本章是全书内容和主要观点的基本概括，也是本课程的提纲挈领部分，属于重点内容，要求学生深入领会并结合实际积极进行思考。

1.1　知识经济和"4W"知识观

1.1.1　知识经济概念的由来

　　"知识经济(knowledge economy)"的概念，最早是在 20 世纪 60 年代由美国学者马克普鲁等人提出的。1996 年，世界经合组织(OECD)发表的《以知识为基础的经济》的年度报告中对它作出明确的界定：知识经济是以知识(智力)资源的占有、配置、生产和使用(消费)为最主要因素的经济。此后，"知识经济"作为经济学中的概念逐渐被应用到社会科学领域尤其是高等教育领域。

　　一个新概念的出现，往往标志着时代的变迁。"知识经济"一词一经提出，就在世界范围的信息网络上以闪电般的速度传播开来。但其所反映的时代变迁，却是一种历史的必然。知识经济时代的到来，是人类文明进步的必然结果。

　　1980 年，美国未来学家阿尔温·托夫勒在其代表作《第三次浪潮》中，把人类文明划分为农业时代、工业时代和超工业时代，并认为"超工业时代"的"社会主宰力量将由金钱转向知识"。1982 年，美国未来学家约翰·奈斯比特在其所著《大趋势》一书中，从 10 个大的方面预测和论述了美国社会的未来发展趋势,明确提出了"信息社会"这个概念,并将其定义为"创造、生产和分配信息的经济社会"。至此,知识、信息、高技术作为时代特征和社会经济的新概念渐现雏形。

联合国教科文组织 1994 年 2 月 14 日发表的《世界科学报告》中指出:"科学永远是财富之源,今天穷国和富国的差距就在于掌握知识的多少。"

1.1.2 知识经济所采用的知识概念——"4W"学说

一般认为,"科学"有两个产物:一是"知识",二是"技术";知识的创新被称为"发现",技术的创新被称为"发明"。

在此应该指出,这里所指的"知识"不同于传统概念中的知识。知识从不同的角度具体可归类为以下的"4W":

(1)Know-what:**知事**

知道是什么,是指关于事实方面的知识。即常识性的知识,是人们在日常生活和工作中积累得到的一般经验性的知识,如"春暖花开""冬天下雪,秋天多雨"等有关事实性的知识。

(2)Know-why:**知因**

知道为什么,是指原理和规律方面的知识,即科学技术,是一些关于科学原理和自然科学方面的知识,如为什么会"春暖花开""冬雪秋雨"的成因等。

(3)Know-how:**知能**

知道怎么做,这类知识与实践密切相关。即做事的能力和技巧,是人们处理实际问题的能力,是一种技能性的知识,这种知识往往在书本中很难得到,需要在生产实践和社会实践中不断摸索、锻炼才能渐渐领会,如大师傅炒菜要掌握什么样的火候、司机开车如何省油、怎样检测一块电脑主板的好坏等。

(4)Know-who:**知人**

知道是谁,涉及谁知道和知道谁如何做的信息,类似于"人脉",是关于各类人才、团体、组织信息的知识,也可理解为涉及人的知识产权。例如,知道哪些专家学者作什么研究,他们各有何长处与不足;哪些企业在某个技术方面具有哪些优势,等等。了解和利用这些信息,可以积极有效地调动各种人力资源的优势,为社会创造更多的价值。它包含了特定社会关系的形成,以便有可能接触有关专家并有效地利用他们的知识。

可见,知识经济中的"知识",既包括平常所说的知识和能力两个方面,也包括科学和技术两项内容,而科学又包括自然科学和社会科学两大类型。由此观之,知识概念的外延虽然不及信息那样宽泛,但其内涵却比信息深刻得多。

信息一般只是知识的 Know-what 和 Know-why 两个范畴,而在知识经济里,则更强调知识的 Know-how 和 Know-who 部分。根据"经合组织"在《以知识为基础的经济》一书中的划分,前两个范畴的第一、二类知识为"归类知识",第三、四类知识为"隐性知识"或"沉默知识"。

除了上述"4W"外,我国也有学者主张再加上"知道什么时间的知识"(Know-when,知时)和"知道什么地点的知识"(Know-where,知地),从而构成知识的"6W"扩展定义。

由上可知,"知识经济"中所指的"知识",是一个广义的概念,可以说它包括了人类迄今为止所创造的全部知识领域。

当今世界经济,已从工业经济时代悄然向知识经济时代转变,知识经济概括了世界经济的最新特点和发展趋势。知识作为一种独特而又无限的资源,已成为最重要的经济增长因素。

在美国,知识经济的雏形已基本形成;在一些发达国家,已经听见知识经济到来的叩门声;而发展中国家,也感觉到知识经济越走越近的脚步。

知识经济曙光乍现,预示着人类社会的经济运行方式将发生重大转变,而引发的社会各个领域各个层面的一系列变革最终引发质的飞跃。一种新的社会形态——信息社会——正在孕育形成。可以说,是知识经济孕育和催生了信息社会。

1.2　科技文献检索的意义

1.2.1　文献检索的意义

科技文献量和紊乱程度(信息科学中用"信息熵"的概念来度量,其他在热力学和哲学中也有"熵"概念,这些概念之间有较大差别)不仅受到科技迅猛发展的强大推动而且科技文献各个特点之间还相互影响、相互作用,使情报危机更加严重。大量的科学数据来不及处理、大量的文献连存放的地方都成问题。科技人员的专业越来越窄,无力应付科技信息的滚滚洪流,在浩瀚的文献海洋中查找有用的文献十分困难。这样就产生了信息危机。

例如,面对美国长期积累的成千上万吨关于地球物理、气象、海洋、医学记录的资料,它们可能永远得不到整理和利用。"原子弹之父"、曼哈顿计划的领导者 P. 奥本海默也不禁发出深深的叹息:"我们像头脑健忘一样需求新的知识。"

文献信息检索是科技研究不可或缺的一项工作,一项科研课题无论是在立题之前,或是在研究过程中,甚至在研究完成后的成果评价方面,都离不开查阅有关文献资料。据统计,科研人员大约花全部工作时间的40%查文献,如果没有掌握科学的检索方法,则此时间还会加长。更有甚者,因为没有得到相应的文献资料,结果使全部工作成了"重复劳动"而使自己的成果报废。例如,20世纪50年代美国为了搞"继电器接点电路合成研究",曾经联合几家实验室研究了5年,耗资50万美元终于成功,但当发表成果时才发现该项目早已被其他人完成。美国某轧钢厂一位化学家，花了一万美元完成了一系列实验，并解决了问题，当他得意地向图书馆员谈起此事时，后者告诉他，有一份德国人的报告，就是作这个实验，全部资料只要花 5 美元就行了。

对于理工科大学生或者科研工作者来说，文献检索的意义主要在于：

(1)继承前人经验，加快科研步伐的需要

文献检索这门课可以帮助我们继承前人的经验，避免科研工作的重复劳动，节省科研经费和工程投资预算，使自己的成果始终建立在最新成果的基础上，扬长避短，开拓思路，在一个新的起点上作出努力。

(2)进行科研创造的需要

就科学研究的全过程来说，无论是新课题还是老课题，在课题的确定、规划的制订、方案的取舍、难点的攻关，还是成果的鉴定和总结，也都离不开文献检索。通过文献检索可以了解课题的最新进展，弄清楚哪些工作前人已经做过，用的什么方法，获得什么结果，有什么经验和教训，从而避免重复劳动，少走弯路，把自己的研究工作建立在一个较高的起点上。

例如，1956 年中国科学院生物研究所等单位联合攻关，首次在世界上人工合成牛胰岛素。他们在定题前就全面、准确地进行了信息检索，得知英国牛津大学和美国麻省理工学院对该课题已进行了长达 10 年的研究，并已掌握了牛胰岛素的分子结构。中国的科学家们在获取有关牛胰岛素分子结构的文献资料的基础上，进一步分析、研究、实验，最终人工合成了牛胰岛素，为人类认识生命，揭开生命奥秘迈进了一大步。

(3)工业生产和经济活动的需要

当今的信息时代，信息资源的开发与利用已成为一个国家综合国力的重要标志。"正如资本和劳动一直是工业社会的主要变量一样，信息和知识已成为信息社会的关键变量。"然而科学技术本身并不等于现实的生产力，还需要转化成现实生产力。这一转化的媒介主要靠科技信息工作，靠信息资料。第二次世界大战后，日本的迅速崛起，即是有力的证明。日本仅用 15 年时间就走完了西方先进工业国家半个世纪的历程，使其跻身于世界经济强国之列。日本人奉行"拿来主义"，非常注重引进、学习先进国家的科技信息，促进了战后日本科学技术和经济的迅猛发展。

(4)申请科研经费必不可少的基础工作

进行科学研究需要经费，目前高校的科研经费的来源主要有两条：一是纵向科研经费，即国家拨款的科研项目；二是横向科研经费，即与工厂企业联合的科研项目。无论什么样的科研经费，都需要科研工作者去积极争取。

文献检索与利用课是对发挥学生智能、培养学生独立获取知识的能力很有帮助的一门课程。学生通过这门课程的学习,一方面可以掌握情报检索的知识和方法,学生不仅能找到所需要的资料,而且掌握了解决问题的方法,从而有助于弄清知识的来龙去脉,锻炼和培养分析问题和解决问题的能力。另一方面学习文献检索与利用课,对形成学生合理的知识结构和增强学生的情报意识都很有好处,这有利于今后在实际工作中取得较好的成果,情报检索课具有很强的实践性和综合性,是获取其他有用信息、形成合理知识结构的一种重要手段。

1.2.2　科技文献检索的源起和背景

在本节中所述内容可用图 1.1 的框图来说明。

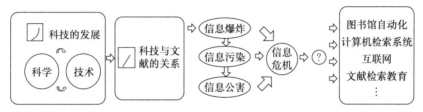

图 1.1　科技文献检索的源起和背景

【说明】　科学和技术是一对孪生的"兄弟",它们从来是相互促进的(正反馈)。曾几何时,科学是高大无比的"兄长",但现在,技术已经成长得比"兄长"还要强大有力(我们现在正是处于技术时代,这也是一个充分享用科技发展带来的巨大福利的时代)。当代如此发达的科技不过是近几百年中发展起来的,由这个简单的事实自然得到一个结论:人类的发展,科技文化的发展在近几十年内突飞猛进,以一个前所未有的加速度爆发式地前进。人类社会空前繁荣。但由此也产生了许多方面的严峻问题。信息爆炸(或知识爆炸)产生情报污染,污染过于严重则产生情报公害。这些因素共同作用的结果产生了"情报危机"。

面对危机该怎么办?现代科技情报学为我们开出了一系列的"处方":其中,图书馆自动化主要针对文献加工人员,计算机情报检索系统则既针对文献加工人员也针对广大用户;增强情报意识,掌握科学的检索方法是针对每个人,尤指理工科大学生。而信息高速公路则为国家、公司、企业、家庭和个人一齐迈向未来的信息社会铺平了道路。

注意,在这一系列的"处方"中都少不了一味"主药"——计算机,因为计算机是信息处理的杰出工具,同时,计算机和互联网也成为当代信息社会的典型象征。

1.3　信息、知识、情报以及三者之间的关系

信息、知识和情报是文献学和文献检索中最重要的 3 个基本概念,也是波普尔"三个世界"的实质对象,因此,掌握它们的定义以及它们之间的关系至关重要。

1.3.1 信息(information)

(1)信息的含义

信息最简单的含义指消息或书信的内容中所包含的东西。早在我国古代,人们就已经认识到信息是可以寻觅和获取的,如唐朝诗人杜牧在《寄远》中喟叹"塞外音书无信息,道旁车马起尘埃"。这里的"信息"即指消息和音讯。

我国《辞海》对信息的释义是:音讯、消息;通信系统传输和处理的对象,泛指消息和信号的具体内容和意义。

美国《韦氏字典》对信息释义为:接受由他人传来的知识,这些知识是由他们通过调研和学习获得的;从特定的事件或状况下,如消息、新闻、通知中获得的知识;用来传播的事实和数据。

信息普遍存在于自然界、人类社会和人的思维活动中。可以这么来认识:自然界与人类活动的事实及人类对它们的认识和创造是信息的内容组成,而载体记录和媒体传播则是信息存在的物理形式。

例如,昼夜的变化是一种信息,它反映了地球一边自转一边绕太阳公转的运动特性和状态;树的年轮是一种信息,它反映了树木生长的时间特性。通过口授相传的古老传说,通过凿刻保留在石板上的碑文,通过无线电在空中广播的新闻,以及通过印刷出版的图书等,它们都是信息。

"资讯"一词,最早是港台的说法,现在也很流行,用来指信息,特别是那些通过电子方式记录、传播的信息。

信息作为一个科学术语被提出和使用,可追溯到1928年哈特莱(R.V.Hartly)在《信息传输》一文中的描述。他认为:信息是指有新内容、新知识的消息。1948年,香农(C.E. Shannon)博士发表轰动全球的《通信的数学理论》一文,给出了信息的数学定义,指出"信息是用以消除随机不确定性的东西",并提出信息的计量和信息熵的计算方法,从而奠定了信息论的基础。

按照香农揭示的定义,信宿(信息接收方)在未收到信息前并不知道信息发送者(信源)会发出什么信息,只有在收到消息后才能消除信息的不确定性。如果没有干扰,信宿得到的信息量与他对信源了解的不确定性有多大是相等的。简言之,信息是指有新内容、新知识的消息。消息是信息的载体,其形式是具体的,如语言、文字、图像等,而信息是指包含在具体消息中的抽象内容。在接受者看来,信息必须是事先不知道其内容的新消息。信息的这一定义用在信息科学的通信领域是恰当的,但它没有体现出信息的本质特征。

控制论的创始人、美国科学家维纳对信息的含义作了进一步的阐述。他在《控制论》一书中表明:"信息是人们在适应外部世界并使这种适应反作用于外部世界的过程中,同外部世界进行相互交换的内容的名称。"维纳的信息概念是从信息在发送、传输和接收的过程中,客体和接收主体之间的相互作用来定义的。显然,维纳把人与外部环境交换信息的过程看成是一种广义的通信过程。

由上述可知,在通信领域对信息的研究取得了重大进展。但是,随着科技的发展和计算机的出现,随着互联网的迅速发展和普及,信息的概念也在不断地拓展和丰富。

在信息概念定义的研究中,值得一提的是我国著名信息科学家、北京邮电大学钟义信教授对信息的定义颇引人关注。他在《信息科学原理》一书中对信息作了全方位的定义。

他认为,在信息概念的诸多层次中,最重要的有两个层次:一个是没有任何约束条件的本体论层次;另一个是受主体约束的认识论层次。从本体论层次上考察,信息可被定义为"事物运动的状态及它的状态的改变方式",这基本上是纯客观的定义,其中的信息泛指一切物质客体和精神现象,泛指一切意义的变化。而从认识论层次的角度考察,信息是主体所感知或主体所描述的事物状态变化的方式。认识论层次上的信息概念内涵更为丰富,它包括语法信息、语义信息和语用信息3个层次。

由于主体有感受力(如人类),能够感知事物运动状态及其变化的外在形式,因此获得的信息称为语法信息;由于主体有理解力,能够领会事物运动状态及其变化的逻辑含义,因此获得的信息称为语义信息;由于主体具有明确的目的性,能够判断事物运动状态及其变化方式的效用和价值,因此获得的信息称为语用信息。

语法信息、语义信息和语用信息三位一体的综合,构成了认识论层次上的全部信息,即全信息。钟义信教授所归纳的信息定义,为许多学者所接受,认为这个定义具有最大的普遍性,它不仅能涵盖所有其他的信息定义,而且通过引入约束条件,还能转换为所有其他的信息定义(其实这里的语法信息相当于信息的"媒体",语义信息相当于信息内容,而语用信息则相当于"情报",详见本章后述)。

那么信息与消息、信号、数据等又有哪些不同呢?

钟义信教授又对这些与信息相关的若干概念进行了辨析。他认为,信息不同于消息,消息只是信息的外壳,信息则是消息的内核;信息不同于信号,信号是信息的载体,信息则是信号所载荷的内容;信息不同于数据,数据是记录信息的一种形式,而同样的信息也可以用文字或图像来表述。信息也不同于情报和知识,情报和知识只是属于信息的某种特殊范畴。

关于信息的概念,历来就有多种定义,至今为止,仍然是众说纷纭、见仁见智,但作为文献信息检索这门课而言,我们只需要把信息简单理解为:信息是事物存在并且运动的状态和表征就可以了,这个定义既简单又具有最大的普适性,与物质世界的基本结构(由物质、能量和信息构成)学说非常"匹配",属于同一个层次上的基本概念。

(2)信息的属性

信息的属性也可称为信息的特征,主要有客观性、普遍性、可识别性、可传递性、可共享性、时效性、能动性、可增值性等。

1)信息的客观性

信息是客观存在的,是客观事物运动时所表现出来的特征和信号。信息源于物质,又必须依附于物质,因此信息同物质一样,也是客观存在,不以人的意志为转移。无论是通过什么载体,信息反映的都是自然世界的客观变化。

2) 信息的普遍性

信息既不是物质,也不是能量,而是依附于自然界客观事物而存在。只要有物质存在,就有表征其属性的信息,因此,信息是客观事物普遍性的表征。

3) 依附性

信息无论是记录、存储以及交流、共享等过程必须依附于物质载体,以某种载体形式表现出来,如大脑、语言文字、声音图像、光盘磁盘等。没有载体就没有信息。

4) 信息无形无损耗性

信息既不是物质,也不是能量,它在使用的过程中没有物质和能量的损耗。但是,信息会受到物质和能量的制约,如信息在传递过程中一般伴有信息强度的衰减,但衰减的是信息的载体或信号,而信息内容本身不变。

5) 信息不守恒

信息既不是物质,也不是能量,物质和能量都遵循各自的守恒定律,但信息却并不遵从守恒定律。我们身边的信息不断地产生、衍变、湮灭,呈现出永不停歇的明明灭灭的宏伟景观。正因为信息不守恒,因此,开发信息的资源既环保又可以具有极大的价值。

6) 信息的可识别可传递性

信息是可以识别的,对信息的识别又可分为直接识别和间接识别。直接识别是指通过人的感官的识别,如听觉、嗅觉、视觉等;间接识别是指通过各种测试手段的识别,如使用温度计来识别温度、使用试纸来识别酸碱度等。不同的信息源有不同的识别方法。

信息必须借助于物质载体才能进行传递,其传输的一般过程是从信源经过信道到达信宿,其中必然包含编码和译码(或解码)两道工序(见图1.2)。

图 1.2 信息传递的一般过程

图1.2中的"编码"把要传递的信息用语言、文字、图形、公式、代码、符号、音频、视频等媒体形式表达出来,产生可传递的信息,"译码"再将接收到的信息转换为可识读的信息。信道是指信息传输的渠道,它是由物质材料(空间、电磁场、空气等)构成的。

7) 信息的可共享性

信息作为一种资源可被共享,即同一内容的信息可同时被两个或两个以上的用户使用,而信息的提供者并不会因为提供了过多的信息而失去原有的信息内容和信息量,各用户分享的信息份额也不因为分享人数的多少而受影响。这是信息与物质的显著区别。实物交流,一方有所得,另一方必有所失。而信息交流不会因一方拥有而使另一方失去,也不会因使用次数的累加而损耗信息的内容。信息可共享的特点,使信息资源能够发挥最大的效用,使人们可以利用他人的研究成果进一步创造,避免重复研究,从而节省资源。

8)信息的时效性

信息只在一定的条件下起作用,如时间、地点等,否则,即无价值。信息是对事物存在方式和运动状态的反映,如果不能反映事物的最新变化状态,它的效用就会降低,即信息一经生成,其反映的内容越新,它的价值越大;时间延长,价值随之减小,一旦信息的内容被人们了解了,价值就消失了。信息的使用价值还取决于使用者的需求及其对信息的理解、认识和利用的能力。

9)信息的可增值性

信息通过人脑思维或人工技术的综合、加工和处理,不断积累,提高其质量和利用价值。信息交换的结果也能使信息增值。

(3)**信息的类型**

根据不同的分类标准,可将信息分为不同的类型:根据物质世界的组成结构,可划分为自然信息、社会信息和人的思维信息。根据人的认识层次,可划分为语法信息、语义信息和语用信息。根据信息的载体形式,可划分为感官信息、语言信息、文字信息、电磁波信息、缩微信息、光载信息、声像信息及电子信息等。根据社会属性,可划分为经济信息、科技信息、政治信息、文化信息、政策法规及娱乐信息等。根据信息的交流渠道,可划分为正式交流信息和非正式交流信息。

1.3.2 *知识*(knowledge)

(1)**知识的含义**

关于知识,有许多名言都是我们耳熟能详的,如培根"知识就是力量",高尔基的"爱护书籍吧,它们是知识的源泉",爱因斯坦:"学习知识要善于思考、思考、再思考。"但我们是否真正理解什么是"知识"呢? 古往今来,人们对知识的理解也是众说纷纭,仁者见仁智者见智。

知识的内涵非常丰富,有关的定义有很多。《辞海》把知识解释为"人类认识的成果或结晶"。《现代汉语词典》将知识定义为:人们在改造世界的实践中所获得的认识和经验的总和。柏拉图:知识是经过证实的正确的认识。

人们通过来自自然界和人类社会的不同信息以区别各种事物,从而认识世界,改造世界,而在认识世界的过程中又把这些已经获得的信息,通过大脑思维重新组合、汇集成知识。因此,知识是人类在改造客观世界(自然界、人类社会以及思维方式)的实践过程中的科学总结,是人们对客观事物发展规律的理性认识和反映。

人类社会的进步,正是知识不断积累、不断更新的过程。

知识,就是将来源于人们在实践活动中获得的大量信息,通过人脑进行加工、存储,归纳、推演后得到的系统化的产物,并随着这种反映和加工的逐步深入,人们的认识便不断深化,从感性认识上升到理性认识,这种认识飞跃的结果就是知识。

因此,可以简单地把知识定义为:知识是一种通称,指的是人们通过实践活动对客观事物及其运动规律的理性认识,是经过人的大脑重新组织和系列化的更高层次的信息。

(2)知识的属性

1)意识性

知识是一种观念形态的东西,只有人的大脑才能产生它、认识它、利用它;知识通常以概念、判断、推理、假说、预见等思维形式或范畴体系表现自身的存在。

2)信息性

信息是产生知识的原料,知识是被人们理解和认识并经大脑重新组织和系列化了的信息,信息提炼为知识的过程就是思维。

3)实践性

社会实践是一切知识产生的基础和检验知识的标准,知识对实践有重大的指导作用。知识来源于实践,又指导实践。任何知识都离不开人类的实践活动,即使从书本上获得的知识,也是前人实践经验的总结。

4)规律性

人们对实践的认识,是一个无限的过程,人们获取的知识在一定层面上揭示了事物及其运动过程的规律性。

5)继承性

任何知识,既是实践经验的总结,又是对前人知识的继承和发展。知识是一种实践—认识—再实践—再认识、循环无穷的发展过程。每一次新知识的产生既有原知识的深化和发展,又是更新的知识产生的基础和前提。

6)渗透性

随着知识门类的增多,各种知识可以相互渗透,出现了许多新的门类,形成了科学知识的网状结构体系。

知识与信息密不可分,知识来源于信息,但信息不等同于知识。只有将反映自然现象和社会现象的信息经过加工,上升为对自然和社会发展客观规律理性的认识,这种升华后的信息才是知识。

7)科学性

知识的本质就是对客观事物运动规律的科学概括。离开对事物运动规律认识的科学是一种伪科学,不能称其为知识。知识本身也是一个不断完善、不断更新的过程。只有对客观事物有了完全科学的认识,才算是真正的知识。

知识是一种信息,知识是在对数据和信息理解的基础上,以某种可利用的形式,高度组织化后的、可记忆的信息。知识可分为编码型知识和意会型知识。前者可用印刷、计算机等进行处理;后者则是头脑中属于经验、诀窍,灵感的那部分知识,被称为隐性、经验类知识,是难以编码化和度量的。可将数据、信息和知识的关系比作金字塔,数据是塔的基底,信息是塔的中段塔身,知识则是塔的顶部。

1.3.3 情报(intelligence)

(1)情报的含义

关于情报的定义有很多种。如苏联情报学家米哈依诺夫认为:"情报是作为存储、传递和转换对象的知识。"我国著名科学家钱学森说:"情报就是为了解决一个特定问题所需要的知识。"我们采用一个简单明了的情报定义:情报就是人们在一定的时间内为一定目的而传递的有使用价值的知识或信息。

情报是一种普遍存在的社会现象,人们在社会实践中,源源不断地创造、交流和使用各种各样的情报。情报是指被传递的知识或事实,是知识的激活,是运用一定的媒体(载体),越过空间和时间传递给特定用户,解决科研,生产中的具体问题所需要的特定知识和信息。与情报所对应的英文术语有两个:information:关于某种情况的消息和报告,一般不带机密性质;intelligence:已获得的敌方军事、政治、经济、科学技术、地理等方面的情况。

情报的定义是情报学中一个最基本的概念,它是构建情报学理论体系的基石,是情报学科建设的基础。情报究竟是什么,时至今日,国内外对情报定义仍然是众说纷纭。据学者统计,如今国内外对情报的定义不下百种,不同的情报观对情报有不同的定义,下面介绍主要的3种情报观。

①军事情报观对情报的解释,如密码破译、秘密潜入、派遣间谍等都属于情报学的应用。

②信息情报观对情报的解释,如情报是"被人们所利用的信息""被人们感受并可交流的信息""情报是含有最新知识的信息""某一特定对象所需要的信息,称为这一特定对象的情报"等。

③知识情报观对情报的解释,如《牛津英语词典》把情报定义为"有教益的知识的传达""被传递的有关情报特殊事实、问题或事情的知识"。英国情报学家 D.C.布鲁克斯认为:"情报是使人原有的知识结构发生变化的那一小部分知识。"布鲁克斯曾用一个方程式表达情报与知识之间的关系,即

$$K[s] + \Delta I = K[s + \Delta s]$$

式中,$K[s]$为原有的知识结构,ΔI为情报,$K[s+\Delta s]$为吸收 ΔI 后产生的新的知识结构。这个方程式就是著名的"布鲁克斯方程"。

除了军事、信息、知识3种主要情报观的情报定义外,还有许多从其他不同的社会功能、从不同的角度、不同的层面对情报作出定义的,但在普遍意义上能被多数学者认同接受的情报定义是:

情报是为实现主体某种特定目的,有意识地对有关的事实、数据、信息、知识等要素进行

劳动加工的产物。需要性、知识性、传递性、价值性、时效性是情报最基本的属性,它们相互联系、缺一不可,情报的其他特性则都是这些基本属性的衍生物。

(2)情报的基本属性

情报具有以下 5 个基本属性:

1)需要性

情报一定是根据需要才产生的概念,需要决定一切,因此,需要性是情报的最根本的属性。对于用户而言,一旦不再需要某个文献或信息,则它们立即丧失情报的意义,回归到原本的文献或信息,不再被认为是情报。

2)知识性

情报的本质是知识。反过来说,没有一定的知识内容,就不能成为情报。知识性是情报最主要的属性。

3)传递性

"情报是激活的知识"是指人们通过主动搜集知识,促使静态的知识成为动态的情报。因此,知识成为情报,必须经过传递,知识若不进行传递交流、供人们利用,就不能构成情报。情报的传递性是情报的第二基本属性。

4)价值性

人们创造情报、交流传递情报的目的在于充分利用,不断提高价值性。运动着的知识也不都是情报,只有那些能够满足特定需要的运动的知识才可称为情报。情报的价值性表现为启迪思想、开阔眼界、增进知识、改变人们的知识结构、提高人们的认识能力、帮助人们去认识和改造世界。那些能满足特定要求的可传递的知识,只有被利用后产生了效果,才是情报。

5)时效性

情报是被激活的"流动"的信息和知识,因此具有很强的时效性,一旦情报不为某人所需,对他而言,情报价值立即为零。

此外,情报还具有社会性、积累性、与载体的不可分割性以及老化等特性。情报属性是情报理论研究的重要课题之一,其研究成果也不断丰富着情报学的内容。

(3)信息链的组成

有文献指出:英语的 Information 是一个连续体的概念。"信息链"由 Facts(事实)、Data(数据)、Information(信息)、Knowledge(知识)、Intelligence(情报、智能)5 个链环构成。其中,"事实"是人类思想和社会活动的客观映射;"数据"是事实的数据化、编码化、序列化、结构化;"信息"是数据在信息媒介上的映射;"知识"则是对信息的加工、吸收、提取、评价的结果;"情报"是对信息进行分析、激活了的知识或是运用知识的能力。

事实、数据、信息、知识、情报 5 个链环组成了"信息链(information chains)"。在"信息链"中,"信息"的下游是面向物理属性的,上游是面向认识属性的。作为中心链环的"信息",既有物理属性,也有认知属性,因此,成为"信息链"的代表称谓。

1.3.4 智 慧

智慧是由智力、知识、方法、技巧、意志、情感、个性意识倾向、气质与美感等要素构成的复杂系统。它包括遗传智慧与获得智慧、生理机能与心理机能,直观与思维、意向与认识,情感与理性、道德与美感、智力与非智力、显意识与潜意识等诸多要素。智慧可分为内在智慧和外在智慧。内在智慧是人的大脑里具有生命活力的智慧;外在智慧是离开人大脑存在的一种智慧(如知识、工具就是这一类智慧)。知识是构成智慧的一个部分,但仍要经过转化才能在大脑中从简单的存在状态激活,变成一种活动的能力。知识则是外在的智慧,是智慧的产物,具有某种程度上的被动性,而只有人大脑中的智慧,才是主动的、具有生命活力的智慧,这种大脑中的智慧是创造的源泉,是创造力的根源。智慧是金字塔中的塔尖。

根据智慧载体的不同,人的智慧又可分为个体智慧、集体智慧。集体智慧是指一个群体所构成的协同互补型智慧,这一类智慧的特性是不具有独立性,强调集体之间的智慧协作,受协作同伴的干扰较大,创造之中的一致性受到限制与影响,但在协作中能够激发出更大的智慧,这是其长处和优势。集体的智慧来源于个体智慧,但又是超越于个体而存在的一种有更大力量的智慧,这是系统整体表现出来的特质,而这种集体智慧与个体智慧之间又存在着相互补充营养,互相促进的关系。

1.3.5 信息、知识和情报之间的关系——信息和知识之间的相互转化必然经过人的情报活动

西方学者习惯于把文献情报与自然信息等同,而把有关国家安全之类的情报则另称为 intelligence。而这个词最常用的却是智力、聪明的意思。中文的"情报"一词,则把文献信息与有关敌情的信息混淆,尽管同时存在着现成的"谍报"一词。其实"情报"的说法,正是我们的长处,可专门用来指文献信息。因此大可不必一纸公文、将所有的"情报"悉数改去。

情报、信息和知识这三者既有联系,又有不同。

经过上一节的论述,我们已了解到信息的概念是非常广泛的,如宇宙线给我们送来天体的信息,生物遗传的奥妙在于细胞染色体的脱氧体核糖核酸(DNA)含有的遗传密码,等等。总之,信息是无处不在的,它是物质存在并运动的表征。人们正是通过来自自然界和社会的不同信息以区别各种事物,从而认识世界、改造世界的。

情报、知识都属于信息这个大的范畴,三者都可被记录、储存、传递,而且在一定条件下可相互转化(见图 1.3)。

由图 1.3 可知,与人的关系最密切的是情报(活动),知识次之,信息最后(这里的信息的含义,更侧重于指自然界);变化率最大的是信息,情报次之,知识则相对稳定。三者的载体形式也以知识的载体最为稳定。

　　情报是一个中间层面,与信息和知识同时接触,随时随地直接发生信息交换,它们之间的信息通道畅通无阻,而信息和知识则由于情报层的阻隔不能直接发生"反应"。换句话说,信息和知识之间的相互转化必然、而且必须经过人的情报活动。如果没有人的情报活动,再有用的科学知识也只能束之高阁,它们不会自动产生任何生产力;反之,再明显的自然现象,如天文日历和四季更替,那些大自然似乎竭力想告诉人类的东西,如果没有人的常年观察、记录、测量、琢磨、计算及研究这一系列的情报活动,人类的关于天文的知识不可能形成。

　　为了更加形象地理解信息、情报和知识三者之间的关系,不妨大胆放纵一下我们的想象力,用海洋表示信息世界,用海洋动物(如鱼儿)的活动代表人的情报活动,则海底沉积(海底石油)就可比喻为人类知识(见图1.4)。

图 1.3　信息、情报和知识的关系　　　　图 1.4　信息海洋、情报活动和知识沉淀

　　石油与知识在本质属性上太相像了,都是有机集成(涉及生命生物)、都需要高温、高压、密闭、锤炼,历经漫长的岁月最后才能形成。

　　再继续发挥一下我们的想象力。如果把图1.4的示意图扩大为整个地球,即用地壳代表人类情报活动的空间层面(情报层),用地球内部炽热的岩浆代表知识(知识层),紧紧包围着人和地球的海洋和大气代表信息世界(信息层),这样就成为一个"地球版"的信息模型,就跟图1.3的逻辑模型一模一样了。感兴趣的读者不妨自己画一画。唯一需要提醒的是,信息所处的最外面一圈千万不要画圈!不要"床上架屋"!因为无所不包、无所不在的信息容不得半点"约束",而且逻辑学也总是展示它最简明而又最深邃的一面,否则就不是逻辑科学了。

　　爱因斯坦的著名公式:$E = MC^2$,是众所周知的伟大定律,这个伟大的科学发现竟然将物质世界的两大台柱:质量和能量用一个最不起眼、最普通不过的公式联系到一起,而且连其系数都能确定到一个定值(光速的平方)!

　　最高大的树,却有着最深厚的根!最深刻的真理,竟然有如此完美、如此简洁的表达!

　　我们只能这样猜想:也许,一个真正的科学家,可能不仅仅是科学家,他还是科学领域里的艺术大师!同样,一个艺术家,可以说是艺术领域里的科学家或工程师,而工程师,在某种意义上说,则是工程领域内的艺术家!

1.4 信息和文献的基本结构分析

1.4.1 文献的概念——载体和媒体是文献信息最基本的存在形式

(1)什么是文献

与"文献"相对应的英文名词主要有两个：document 和 literature。document 一词除了有文献的含义外，还有"文件""证件"之意；而 literature 则多指某一学科或某一专题的文献。这两个英文名词有一些区别：document 包括印刷品以外的文字记录，如碑文、古币图文等，而 literature 一般只指书刊资料。

文献是一个抽象的概念，也是一个"大"的概念。例如，可以说"图书馆是人类知识的宝库，它荟萃了古今中外各种类型的文献"，但如果说"我到图书馆借了几本文献"，这一定是蹩脚的"造句"了。

"文献"一词，最早见于《论语·八佾》（佾，音 yì，古代乐舞的行列），指典籍和社会名流的言论和著作。后来随着社会的发展，文献的概念逐步引申、扩展，通常将文献理解为具有历史价值或学术价值的图书资料。1983 年颁布的国家标准《文献著录总则》中规定："文献是记录有知识的一切物质载体。"

现在通用的定义是：文献是指用文字、图形、符号，或用声频、视频等技术手段记录人类知识的一切物质载体。

现在这一定义已为多数学者所接受，并被广泛引用。文献是"记录有知识的一切载体"，这个定义虽然只有 10 个字，但内涵是丰富的。

①记录有知识的载体，才能称之为文献。这里指出能存储、提供知识是文献的本质属性。

②所谓"一切载体"，则强调记录知识的物质载体是多种多样的。古代的知识载体有金石、竹帛，后来发明了纸张，现代又有感光材料（如缩微胶卷）、磁性材料（如磁带、磁盘）等。纸质文献历史悠久，曾为人类知识的保存和传播立下不朽的功勋，至今仍被广泛使用。

③记录知识的手段也是多种多样的，如书写、印刷、录音、录像等。值得注意的是，20 世纪 90 年代以来，以光盘为载体的多媒体"文献库"已陆续问世，令人耳目一新。

(2)文献构成五要素

由此可见，文献主要由以下 5 个要素构成：

1)信息内容

信息内容是文献的灵魂所在，是构成文献的最重要的部分。

2）记录符号

记录符号即提示和表达知识信息的标识符号，如语言文字、图形、声频、视频及编码等。

3）载体材料

载体材料是指信息内容存储的依附体，也是信息内容传播的媒介体，如龟甲兽骨、竹木绢帛、金石泥陶、纸张、胶片、胶卷、磁带、磁盘、光盘及穿孔卡片等。

4）制作方式

文献的制作方式经历了刻画、手写、机械印刷、拍摄、磁录、电脑自动输入、电脑扫描等阶段。

5）载体形态

载体形态即文献的外部单元形式，如册装、散装等。

这5个要素其实可以简化，如文献的载体材料和载体形态可统称为（物质）载体，记录符号可称为（逻辑）媒体，信息内容即为容纳知识的"池沼"，而制作方式，可看作是在载体之上用何种手段记录"硬化"信息内容的加工技术。因此，经过简化后的文献的组成，就成了与自然科学中大多数物质现象相似的普遍的"三要素"结构了。

（3）文献构成三要素

可见构成文献必须具有以下3个要素：

①物质载体。

②信息媒体。

③一定的知识内容。

其中，物质载体是物理的，而信息媒体（信息或知识内容的表达方式或技术手段）是逻辑的，它们"一硬一软"、相依相存、密不可分，"一体化"地成为承载信息或知识内容的"外壳"。

知识内容是指文献中所记载的人类的思想意识、知识信息等，是文献存在的根本，也是文献的实质所在。文献是人类思想和智慧的结晶，人们产生、传递、保存和利用文献的主要目的，都是为了获得和利用其中所记载的知识内容。如果离开了知识内容，文献就失去了存在的依据，所有有关文献的活动也就失去了意义，因此，知识内容是文献最基本的组成要素。但知识很难度量，而且总是与一般信息纠缠在一起，因此，此处称"一定的知识内容"。

信息媒体指信息内容的标记和表达手段，有的人将它称为信息符号。现代文献的信息媒体主要是指语言、文字、声频、视频和编码等。其中，声频、视频和编码是依赖于现代技术设备实现的。

物质载体指文献的制作材料，它们几乎是所有看得见、摸得着的物质，不过一般应当是以纸质为主，才能称为文献。

注意：对于文献的构成，有的书认为有4个要素，即这里的三要素之外，还加上了记录手段。其实文献的记录手段只是考虑将信息如何刻印、附着到载体材料之上,不同的方法和工艺有着不同的性价比和便利性,以及坚固性,但这些记录手段不管有多大的不同,对于文献信息本身,没有丝毫的影响,因此,记录手段不是构成文献的核心要素。

要确切地理解一个重要的概念,不只应该弄清它的内涵和外延,也不能止于正向思维,还应该使用逆向思维才好。我们来试试吧。

文献要有一定的知识内容,因此,没有记录任何信息的纸张、空白的 CD-ROM 盘片就不能称为文献;文献必然有物质载体,且该载体应当是一般看得见摸得着的东西,因此存在于人们头脑中的知识不能称为文献(尽管大脑是思想和精神的物质载体,脑电波或脑脉冲可当作媒体,而大脑拥有大量活的知识——3 个要素都具备);空中充斥的越来越多的无线电波是文献吗?尽管它同样具备三要素(以广播电视信号为例,用载波传送图像和声音信号,其制式即行、场同步脉冲和彩色副载波及信号的编码等,则可看作信息媒体),但却不能算是文献。

试想一下,能否存在着一种文献信息,它只有物质载体而不需要用于表达信息的媒体,这个想法可以用另一个想法印证一下:

能否存在一种思维活动而不伴随着某种语言?

这两个问题都无法得到哪怕是一个可以经受科学分析的例子。

1.4.2 信息和文献的三层次结构(蛋壳)模型和全信息结构

文献信息主要是人类的精神产品或智力产品,而人的精神产品又必须依附在某种物质载体上才能保存和流传。但文献信息的载体除了物理的外,还要有"逻辑的""载体"——即"媒体",即用什么符号或文字来表达思想内容。当然,这里的"媒体"不是指大众传媒(尽管大众传媒也仍然符合作为文献的逻辑载体的某些基本特征)。

信息的结构可以用金字塔形式来表示(见图 1.5)。可知,信息由数据+信息+知识+智慧构成。其中:

数据:构成信息的原材料。

信息:由人提供的有组织的数据。

知识:对信息的理解与认识。

智慧:精练的知识。

图 1.5 信息的金字塔结构

不过这里的信息的金字塔结构中,数据是用来承载信息,对信息进行编码后的符号化描述,应当属于信息媒体的一个层次,而且智慧属于大脑中闪光的思想或者文献中精练的知识,也不属于信息的最基本的组成要素,因此,该结构只能提供对信息结构的一般性理解,不能作为信息的本质结构来描述。

我们发现,构成文献的三要素:物质载体(简称载体)、信息媒体(简称媒体)和一定的知识内容,也是构成信息的基本的元素,即信息由载体、媒体和信息内容 3 部分组成(见图 1. 6);同样的,文献由载体、媒体和文献信息构成(见图 1.7),这就是信息和文献的三层次结构模型。

信息) 媒) 载)
内容) 体) 体) 信息

图 1.6　信息的基本组成结构

文献) 媒) 载)
内容) 体) 体) 文献

图 1.7　文献的基本组成结构

文献内容则由情报和知识构成(见图 1.8)。

知) 情)
识) 报) 文献内容

图 1.8　文献内容的组成结构

将上述图 1.7 和图 1.8 两图合并,得到文献的组成结构图(见图 1.9)。

知) 情) 文献) 媒) 载)
识) 报) 内容) 体) 体) 文献

图 1.9　文献的组成结构

同样,信息的结构也可表示为(见图 1.10)

信息>载体>媒体>信息内容>情报>知识

知) 情) 信息) 媒) 载)
识) 报) 内容) 体) 体) 信息

图 1.10　信息的组成结构

在人的大脑中,信息表现为思维活动,而且语言是当之无愧的大脑中的"媒体",因此,在大脑中活跃着的信息处理模式为:大脑>语言>思维内容(见图 1.11)。

思维) 语)
内容) 言) 大脑(灰质)

图 1.11　大脑中的信息组成结构

而且,在知识中,同样存在着三层次的结构(见图 1.12),即

知识内容>技能>智慧

知) 技)
慧) 能) 知识内容

图 1.12　大脑中的知识内容的结构

比较图 1.9 和图 1.10 可知,在文献和信息的各自的结构模型中,采用信息的模型作为基

本模型,因为文献只是较为典型的专用于信息记录和传递的带有明显的载体的东西,本质上仍然为信息,只不过是经过更多整理和规范了的信息而已。

如果将"知识>技能>智慧"的结构纳入信息基本结构之中,就能得到信息的既基于本体论观,同时,也基于信息的认识论观的信息的全结构,如图1.13所示。

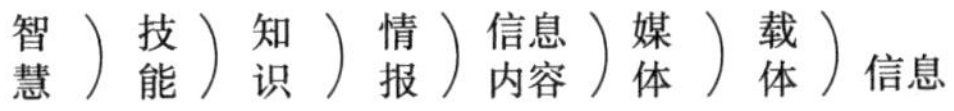

智慧) 技能) 知识) 情报) 信息内容) 媒体) 载体) 信息

图1.13 全信息结构模型

在图1.13的信息全结构模型中,如果只研究载体、媒体和信息内容,即只研究信息或文献的基本组成结构——三层次模型,则将它们从全信息结构模型中取出,并将其中的"信息内容"用"信息"代替,这就是在1.3节图1.3中的基本结构,即信息>情报>知识。

通常,文献的记录方式,有电、磁、机械、激光等物理、化学方法在载体的表面上进行加工,但它们只是记录方式,不能看作是信息结构的必需部分,其作用的层面在文献的媒体与载体之间,如图1.14所示。

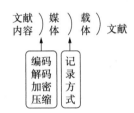

图1.14 记录方式作用于载体和媒体之间的层面;编码层位于文献内容与媒体层之间

而对文献和信息的编码、解码、压缩、加密等技术手段一般作用于文献的媒体与文献内容之间的层面上,或者将其纳入媒体范围内(见图1.14)。

将全信息结构再详细划分成3部分:将"载体+媒体+信息内容"称为"信息的物理基本结构",因为这里是唯一与物质世界相联系的信息结构;将"信息+情报+知识"的结构称为"信息的逻辑基本结构",这个结构部分不涉及任何物质材料;类似地,也将"知识+技能+智慧"称为"知识的逻辑基本结构",这部分结构离现实物质世界更远一些,同时,离主观意识世界则更近一些。这样划分的结果如图1.15所示。

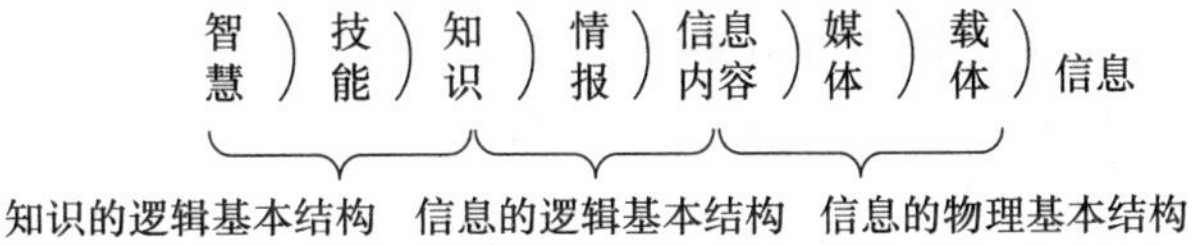

智慧) 技能) 知识) 情报) 信息内容) 媒体) 载体) 信息

知识的逻辑基本结构　信息的逻辑基本结构　信息的物理基本结构

图1.15 将全信息结构细分为3个基本子结构

由图1.15可知,信息的物理基本结构由载体加媒体及信息内容构成,载体是"硬件",媒体是"软件",这一硬一软将信息内容紧紧"包裹"着,这样的结构非常类似于一个鸡蛋的结构:外壳+蛋清+蛋黄,因此,将这样的三层次的信息结构称为"信息蛋壳结构"(见图1.16)。

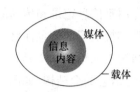

图 1.16 信息的三层次"蛋壳"模型

观察图 1.15 中的信息的逻辑基本结构和知识的逻辑基本结构可知,它们也同样有着与信息的物理基本结构(蛋壳模型)相似的三层次蛋壳结构,它们虽然没有物质载体那么"坚固"的"壳",但比较而言,信息内容比情报较"硬"一些,而知识内容也比技能"硬"一些,因此它们也都可看成由"一硬一软"的两层,包裹着各自的核心部分(知识和智慧)。

在信息、情报和知识的逻辑模型中,人生活在哪一个层面呢?

人应当处于情报的层面里,所有信息与知识的交换均需经过情报的层面,即由人的大脑进行处理、转换,若无人的参与,任何信息不能自动转化为知识,任何知识也不能自动转化为实物或人造物(如房子或机床)的信息。这一点前面已做过表述。但人的大脑与知识有一个交集,这个交集指明人的大脑中存在部分活跃着的知识(以及技能和智慧)(见图 1.17)。

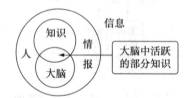

图 1.17 大脑中活跃知识所处的交集

这个交集的意义非常重大,它是人类创造力迸发的源泉,是知识继承、发展和积累的必经之道,也是人们学习知识和贡献知识的唯一途径!

下面将讨论作为信息的承载物的载体和媒体,它们有哪些特别的属性。

1.4.3 文献信息的载体和媒体的属性

文献信息的载体和媒体作为人的思想和文献的最基本的存在形式,大致具有下述特点:

(1)载体和媒体必须同时具有、缺一不可

文献信息的载体和媒体具有不可分割的一体化特点。这里的不可分割,指无论什么样的载体和媒体,都必须至少各有一种,二者缺一不可。

(2)对于同一个载体,可以有多种媒体同时并存

例如,多媒体光盘、网上流行的 PDF 文件以及网上到处"飞来飞去"的成千上万的主页,都是可以同时具有文字、符号、声音、动画、数字、表格等多种表达媒体的。

(3)载体和媒体的各自可转换性

载体和媒体是存储和传播文献信息的"壳",它们所承载的文献信息均能从一种载体和媒体转移或复制到另一种载体或媒体上。例如,墓碑、碑林改变了载体;英译汉改变了媒体;从小说到拍成电影,要经过电影剧本、电影脚本、分镜头等环节,到最后拷贝、剪辑、拍成电影,在其过程中载体和媒体都发生了多次转移。可见,这个"壳"容易被改换。这是由于文献信息可以依附在任何载体上,而且可以用任何形式来表达(当然有优劣之分),因此文献信息也就容易"择主而栖"。这里所谓"容易",实指可行性,具体的转换将考虑转换成本。媒体转换成本通常要比载体转换成本低。当然,信息在媒体或载体的转换之中必然会发生信息的衰减、畸变甚至丢失,以及混入干扰或信息噪声。翻译过程中追求的"信、达、雅"标准即为一例。

(4)文献信息的基本形式是载体+媒体,但反之不一定成立

是否凡具有载体和媒体的东西就一定是文献呢?这明显不一定成立。例如,"岳母刺字"故事中,皮肤是载体,汉字是媒体,"精忠报国"是信息内容,三要素具备,但也不能称为"文献",因为人的后背,并非天生用来刻字的。知道了这个文献信息的"原理",一些喜好文身的青年人就该猛醒了。

【思考题】

沙滩上练字是不是文献?(声明:这不是脑筋急转弯)如果反之也成立的话,则考古中的古代陶瓷、秦朝兵马俑、埃及木乃伊也会成文献了。但古墓中发现的古籍、竹简等则应是古文献,它们是现代文献的"祖先"。

(5)文献信息内容的最大包容性

文献信息不是自然界本身存在的,而是人的活动,尤其是人的科技、智力活动的忠实记录,因此不能根据文献信息内容的进步还是反动、思想内容是正确还是谬误来判别是不是文献信息。例如,一篇空洞无物、废话连篇的文章算不算文献?如果不算,那么"八股文献"又指哪些?由此可见,文献信息具有最大的包容性、容忍性。可见文献是信息的运载体,在这一点上与网络的传输(通信子网)不管所传信息内容没有什么不同。

(6)文献信息内容的知识性

文献信息具有或多或少的知识性,但这些知识性的东西是抽象的,是表述在或隐藏在字里行间之中的,而且必须要经过人的大脑进行处理才能识别、才能懂得,因为知识是物质和精神世界的客观规律在人的头脑里的"映象"。再好、再明白的知识都只有通过人的头脑才能起作用。知识从来就不能先天带来,也不是上天赋予,总是需要每一个人从头学起。如果学习知识打一针就能解决问题,或者用"吊水"(静脉滴注)将知识一点一滴地输入大脑,那多么省事啊,青少年漫长的近20年的学习就根本不需要了。可惜这一切只能在科学幻想小说中才能够实现!就连神奇的"克隆"技术都无法做到这一点。

可见,知识从来就不是先天带来,也不是上天赋予,总是需要每一个人从头学起。

从某种意义上可以说科学正是全部人类知识的总汇,是全部真理的集大成。"真理是颠扑不破的",这是永恒的至理名言。有趣的是,知识或真理总是时时刻刻被人们永无休止地实践着、验证着、完善着,而且从来经得起推敲,甚至这种验证有时似乎显得毫无必要。例如,1+2=3的道理,可说是尽人皆知吧,但每一个幼儿在学习它的时候,以及每一个成人在使用它的时候,都无一例外地在无意中验证着它。假若某一次有人突然发现1+2不等于3了,则可能人类知识就会面临必须全部改写的命运! 这也正是真理区别于邪说、科学不同于异端的最大分水岭,也是真理战胜谬误、科学制胜邪恶的最大法宝! 实践不但出真知,而且还如日月行空一般永恒地、孜孜不倦地检验着真理。

(7)文献信息中知识的非直接利用性

文献信息构成人类的知识宝库,但非常遗憾,它并非喊一声"芝麻开门"就能打开,而且其中的"宝物",几乎没有哪一样能完全适合你的需要。没有什么完全现成的东西可以照搬。文献信息中的知识是埋藏在文献深处的"金矿",不用一番比较分析、去粗取精、去伪存真的功夫是得不到知识的真谛的。

文献信息中知识的非直接利用性的实质,是由信息、情报和知识的关系决定了的,即如果没有人的参与(动脑),信息与知识之间决不会直接自行发生交换(信息不会自动凝聚、上升为知识,知识也不会自动转化为生产力)。

(8)软件和硬件、物理的和逻辑的、智力产品的物超所值现象

一般将存有文献信息的磁盘或光盘称为软件,但在通常的不言自明的情况下,大多将其物理载体置于可忽略的地位,但准确地说,盘片本身应当是载体,ASCII 码是媒体,媒体+程序信息才是软件。图书、期刊、盘片等文献的价值主要在于文献信息中的知识(思想),而其载体的成本和价值几乎是可以被忽略的。因此文献应当属于"软件",是逻辑的而不是物理的,是一种广泛用作延伸大脑的记忆功能的信息和知识的存储体或"外存"。

智力产品往往发生"物超所值"的现象,如微软公司的 DOS,Windows 软件。文献信息同样会发生这种现象,有市场潜力的文献信息经过开发、研究,同样可产生很大的价值。

(9)文献信息的趋于低成本传播原理

信息和能量是不能截然分开的,如阳光,既是信息,更是地球生命赖以存活的巨大能量。信息的产生、传播和接收总是伴随着能量的消耗,但无论是发出者或是接收者,都总是力图以最小的代价进行。

(10)文献的基本功能——藏、传、用

文献的基本功能可用"藏、传、用"3 个字表达,即存储知识的功能、传递、交流信息和知识的功能、开发和使用知识的功能。存储功能使我们拥有庞大的知识宝库,传递功能使我们大大缩短学习的过程,开发的功能更是创造出更多的人类的物质财富和精神财富。

1.4.4 物质、能量和信息的三位一体化原理

作为组成物质世界结构的三大台柱——物质、能量和信息，它们是三位一体化的，你中有我，我中有你，彼此不能时刻分离。这里说的不能分离，不是指例如信息不能从一种物体上"剥离"并转移到另一种物体上，而是说时时刻刻三者必然同时存在，不可能有其中任何一种能单独存在。

也就是说，信息不能单独存在，信息与物质、能量是密切结合在一起的。它们拧成"麻花状"，须臾也不能彼此分开、脱离。已经有学者怀疑信息、物质和能量三者似乎本来就是同一个东西，如是空间的 3 个不同的场，或者三者中根本就只存在一种，如物质，而其他二者均是物质所衍生出来的属性。不过，目前还远远不能证明这一点。科学仍需不断探索，正所谓"路漫漫其修远兮，吾将上下而求索"。

不过，我们可以尝试用哲学的一些基本概念进行逻辑演绎，证明物质、能量和信息，这三者是紧紧联系、密不可分的。

证明 首先证明这 3 大元素中，物质与能量是绝对的，不能分离的。

因为物质存在并时刻运动着，这是绝对的；

又

因为凡运动必然有能量的驱动；

物质与能量不能片刻分离。

证毕。

再证明信息与物质和能量不能分离开。

证明 信息与物质和能量不能分离开（信息能"离开"信宿，即能传播，但传播后，原来的信息仍然保留在原信宿处）。

因为物质存在并时刻运动着，这是绝对的；

又

因为物质运动必然伴有能量；

又

因为物质运动必然发出信息（尽管对这些信息人类的感官不一定都能感知）；

故信息不能单独存在，不能与物质和能量片刻分离。

证毕。

可见，信息不能单独存在，但人们可在观念上将其从物质上"剥离"开来单独研究信息。但不能说此时信息就离开了物质！

其实，尽管信息被取出来进行研究，但无论是在信息的原来发出处（信源）或信息被转移到的新的地方（信宿），两处的信息仍然各自存在，只不过，可能在到达信宿后，该信息已经被送到了新的物质载体上，而且，可能连信息媒体也改变了。但该信息的内容，却一点没变，丝毫也未减少！

我们发现，信息无论在其产生、暂驻、停留、传输、存在等一系列过程中，没有一丝一毫地

真正地离开过物质与能量！

信息不是物质，但信息的本质却是物质性的，信息不是能量，但信息的发布、传输、信息的吸取等环节无不伴随着能量，有时甚至可能蕴含着巨大的能量。

物质、能量和信息的三位一体化原理可用图 1.18 的逻辑图表示。

图 1.18　物质、能量与信息的三位一体化模型

1.4.5　语法信息、语义信息、语用信息与媒体、知识和情报的对应关系

到目前为止，再难以找到比"信息"概念还繁乱的概念了，真是"剪不断，理还乱"。目前，人们所持有的"信息"概念到底有多少，谁也说不清。由于目前已建立起来的"信息"概念，并不能令人满意，因此，一些新的信息概念还在源源不断地产生。而各行业各学科的人又都从他们自身行业出发来定义信息，导致形形色色的信息定义"满天飞"。

本来有最有权威的定义，即信息论创始人香农的"信息是能够用来消除不确定性的东西"，也就是说，信息是能帮助你增加知识，帮助你解惑、帮助你消除认识当中所具有的"不确定性"的一种东西。然而，最具有讽刺意味的是，真正具有"不确定性的东西"不是别的，恰恰就是"信息"概念本身。到目前为止，谁也说不清楚"信息"到底是什么。可以说，"信息"概念带给人们的繁乱，无与伦比。

这意味着什么？这意味着，目前人们所建立的"信息"观念，还仅仅是停留在现象上，还没能深入本质中。如果能深入本质的话，就不会这么繁乱了。正因为如此，所以我们就不必全然的面对目前已定义的各种"信息"概念，说它对还是错。我们只能说，这些"信息"概念只是适用范围不同、涉及深浅不同而已。

而哲学界有着哲学界的看法，他们分两个层面来理解信息：一个是在"本体论层面"上，另一个是在"认识论层面"上。所谓本体论层面上，是指不以"主体"存在为前提来解释信息是什么（即没有"主体"存在，"信息"依然存在）。在这个层面上可以认为，信息是事物存在的方式和运动状态的表现形式。从认识论层面上来解释信息概念就不同了。从认识论层面上对"信息"概念的理解与"主体"的存在是相关的，即没有主体的存在，就没有"信息"这一事物的存在。从这个层面上去理解信息，信息就是，主体所感知或所表述的事物存在的方式和运动的状态。也就是说，认识论层面上的信息观念也是事物存在的方式和运动的状态，但是，必须要有主体的感知或表述，才能被确认为是信息，否则就不承认信息的存在。

那么，应该以一个什么样的标准来建立"信息"概念呢？新浪博文上一个叫马洪久的先生（hi.baidu.com/hong3718/blog/item/144858fae）认为，应该是具有概括性的标准为前提，即应该从哲学的角度去定义它，应该选择"最基础"的事物的属性来定义"信息"的概念。并且，所选择出来的"信息"定义应该能满足：既可用于"本体论层面"，也可用于"认识论层面"。基于这一点，他觉得比较"靠谱"的看法是：信息是物质的属性。

前述钟义信教授关于信息的认识论层面的定义,包括语法信息、语义信息和语用信息 3 个层次,这三位一体的综合,构成了认识论层次上的全部信息,即全信息。

将钟义信教授的认识论信息概念与我们本章中阐述的信息"蛋壳"结构模型相比较,发现前者的语法信息恰好对应于媒体;语用信息对应于情报;而语义信息则对应于知识(这里的对应有些勉强,确切地说,语义信息对应于信息内容,因为语义只是信息内容,其中可以包括知识但并非一定是知识)。因此,准确地说,钟教授的全信息的定义只是信息"蛋壳"模型的一个子集,这个子集完全摒除了信息的载体,因此属于"全软"的信息定义(见图 1.19)。

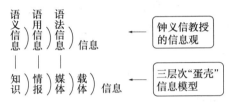

图 1.19　钟义信教授的信息观与"蛋壳"模型的对比

1.5　信息检索和利用三原则

现将讨论一下信息过多对人的危害。

信息危机已不仅仅是简单地用需要时难以迅速地获得所需资讯为典型案例,信息过多危害到人的健康的情况已经渐渐明显。当笔者路过教学大楼看见不少的学生在昏暗的夜色中俯首于石桌上的书本之上时;当我看到老教授如何就着 8 W 日光灯在早期的伪彩色的笔记本电脑面前费力地工作时;当在公交车上看到众多青年男女俯身于手机上看细小的文字时;当高考结束,医院的精神科如何充斥着众多失眠的少男少女时……我被这些现象震撼了。我的第一感觉是他们太不注意保护自己的眼睛和大脑了!

【思考题】

请注意和发现你或你身边的类似现象,并试着找出一些不同的例子。

(1) 信息焦虑症

信息综合征的另一别名。比较典型的例子是,当其中一些信息忽然在我们身边消失,心里开始觉得焦躁、恐慌,甚至身体出现头晕、胸闷等症状。信息综合征又被称为信息污染症,由于最早出现在日本的科技城筑波,又被称为"筑波病",早先曾是日本人的"专利",后来发现,全世界都有这种病。如同女孩早晨出门挑衣服的苦恼,最大的痛苦不是没得穿,而是衣服太多,不知道该挑哪一件。

每个人的信息负载量都有一定限度,需要大脑高级中枢综合、分析和判断,进行加工。

当接受的信息超过机体的消化能力,大脑会产生疲劳反应,接受者就会烦躁不安,头昏脑涨,思维和判断能力下降,消化功能紊乱,还会殃及心血管系统,导致血压升高、心律不齐,严重者发生紧张性休克,心理变态,等等。

(2)网络成瘾症——青少年身心健康的杀手

这是一种过度使用网络的精神状态,网络成瘾者难以摆脱上网的冲动,不能有效地控制自己的上网行为,因而给自己带来精神或身体方面的痛苦,并妨碍了其正常的工作、学习和生活。他们为上网而逃学、离家出走、因无钱上网而抢劫,甚至猝死网吧的事件也时有发生。该病是一种与烟瘾、酒瘾、毒瘾、病理性赌博上瘾类似的精神疾病,一旦形成,戒掉比较困难,因此网络成瘾症主要在于预防。

我们与周围的世界进行信息交换主要通过5种途径,即所谓的五感,它们包括视觉(Visual)、听觉(Auditory)、触觉(Kinesthetic)、嗅觉(Olfactory)和味觉(Gustatory)。在全部信息接收总量中各自分别占的比例依次为:视觉82%、听觉11%、嗅觉4%、触觉2%、味觉1%。用饼图表示如图1.20所示。

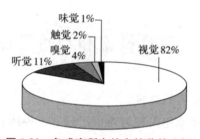

图1.20　各感官所占信息接收的比例

因此,一个盲人比一个失聪的人丧失的信息要多得多,而通常情况下人们用眼的劳累程度也比用耳大得多。即使如听觉,也有信息过多过大对人造成危害的情况。例如,一些青少年用随身听整天地听港台歌星的歌,而且往往不自觉地加大音量,久而久之被发现他们的听觉大受损伤。

眼睛是人接收信息尤其是文献信息的主要器官,而人的大脑更是信息(确切地说应当是情报)汇总、集散、加工处理的大本营和核心所在。但人脑又是特别娇嫩的器官。且不说在法律上普遍用脑死亡作为人死亡的最终判据,也不说在缺氧超过10 min,大脑就会毫无逆转地彻底死亡,就连大脑平常所处的人体位置也在毛发、头皮、颅骨和脑液的重重保护之下,并且总是大部悬浮在脑液之中。尽管如此重重保护,大脑仍然可能不堪一击。试看我国若干年前曾经一度猖獗的邪教,不但愚弄了成千上万的无辜百姓,就连一些高级知识分子都深陷其中,个别人甚至成为不可救药的痴迷难返者。面对媒体所揭发出的大量的血淋淋的事实,应当使我们警醒了。为什么一个文化不及初中水平的人的信口雌黄竟然能俘获如此之多的人们?为什么一眼即可看穿的荒谬绝伦的玄学竟让他们如此痴迷?痛定思痛之余,我们似乎应当反思一下其深刻的社会、历史和文化根源。这迫使我们思考科学和谬误、科学和邪教之间永不停歇的斗争历史。

科学从不认为自己总是对的(否则也不成其科学了),也不认为自己是绝对的完美的化身,但科学却总是不断地剔除自身的谬误,坚决与谬误和邪教斗争,决不退让,永不妥协。在科学看来,谬误是"人民内部矛盾",而邪教是敌我矛盾;谬误的东西不一定是邪恶的,而邪教则一定是谬误的。在早期的人类文明史中,科学曾经大受其挫,但无论哪次较量,笑到最后的却总是科学。

科学似乎是、也应当是不可战胜的,因为科学就是真理,而真理是颠扑不破的。科学有一个最简单而又最坚实最强大的支撑,这就是实践(practice)。正如邓小平所说,实践是真理的试金石,实践是检验真理的唯一标准。有人也许会说,这些大道理谁不会说,好,为了理解它们,让我们为其加一点小小的脚注,来诠释这个恢弘博大的真理,仿佛一粒小小露珠,衍射美丽的太阳。

真理是颠扑不破的,科学永远经得起推敲。现在我们来看一个例子。1+2＝3,这或许不能说是"一个知识"或"一个真理",也许它只是一个"知识基因"。许多还未入学、刚上幼儿园的小朋友都要学习这个 1+2＝3。假设,有一天,一个小姑娘在练习它时,突然发现 1+2 不等于 3 了! 如果这事真的发生,那么宏大的科学大厦将立即轰然坍塌,科学的历史从此改写。灾难发生了。房地产商先盖了一层楼,在其上又盖了两层,但他不能知道他总共盖了几层楼,因为 1+2 已不等于 3 了。于是,由这个小小的假设得到如下的极为工整的结论就不令人吃惊了。

科学本身,甚至连其中每一个细节、每一个细胞,都不断地、永远地、常常显得毫无必要地、被千千万万的人们无时无刻地检验着、实践着……

科学恰如古希腊神话中的大力神安泰,牢牢地植根于实践的母亲大地,从母亲大地中吸取无穷无尽的力量,因而是不可战胜的。

而对于连问不到 3 个为什么就会露馅的各种异端邪说或社会骗局,科学只需一记重拳就能使其灰飞烟灭。

为了对付情报危机,为了避免信息过多对人的危害,我们提出信息利用(或情报检索、信息检索)三原则,即信息适度原则、信息帮助原则和信息素质原则。

1.5.1 信息适度原则:大海三千,取一瓢饮

面对汪洋大海般的信息,我们应当努力不被其淹没,但又能随心所欲地利用它们、驾驭它们。永远注意这一点:在人与物的关系中,人总是为主,而物总是为辅的,人总是重要的,而物总是被人使用和支配的。掌握这一点(人本主义?),可以在物欲横流的世界里永远保持清醒的头脑。

信息适度原则主要包括两个方面——放弃和排斥,就是一般情况下,只检索我们所需要的部分信息,而对不需要的信息则"视而不见",放弃它们,屏蔽它们,而对明显谬误和邪恶的东西,则坚决地、毫不犹豫地排斥它们。

这个原则的应用如各取所需、适可而止、侧重查准不要查全、检索式中多用 AND 等。在许多人的阅读、看电视的经历中恐怕常常出现这样的感觉,就是看似热热闹闹、光彩夺目的

一些东西,看过之后略一回顾,总觉得自己没有得到多大的收益。这时就应当反问一下自己,仔细弄清自己需要的到底是什么。可看不看的东西,尽量不看,可有可无的东西,尽量不要。这样就可以避免长期沉溺于无聊的皂剧、无休无止的武林恩怨和"秘籍"之中而不能自拔。总之一句话:防止人的 CPU(大脑)过载。

信息适度原则极为重要的方面还应包括对虚假伪劣信息的识别、排斥能力。"适度"只是减少了信息危害的程度和范围,而在我们所需的情报中,还有可能是一些恶意的粗劣的信息,它们的危害常常达到惊人的程度。例如,邪教、似是而非的玄说、社会新闻报道中揭示的五花八门的各种江湖骗术,凡此种种,不一而足。这些东西就不仅仅是让大脑过载了,它们甚至会损坏我们的大脑。

据有关资料介绍,现代人的信息行为特征主要有以下 3 个:

(1)最小成本特征

信息行为的最小成本特征是最小努力的信息经济法则。人们在信息活动中希望获得的是完整、可靠、先进、适用的信息,希望付出的却是最小的代价。现代信息环境中的每一个人在频繁的信息活动中,尽量避繁就简,弃难从易,利用那些易用性信息源,以适应最小努力原则,体现出最小成本特征。

(2)适度满足特征

适度满足信息行为特征是信息环境中人人都有的自适应倾向。一个合乎标准的现代人对信息的追求几乎是适可而止的,他们不想掌握解决问题的一切信息,只想掌握决策所需要的关键信息。这种特征是现代信息环境赋予人们的基本特征。

(3)信息选择特征

人类感知信息、接受信息、加工信息、处理信息、存储信息、传播信息、利用信息的过程,就是信息的选择过程。选择贯穿人类信息活动的始终。在现代信息环境中,信息的价值成为越来越重要的信息选择标准。正因为如此,人类的信息环境才越来越有秩序。

由此可知,信息适度原则与现代人的信息行为特征基本符合,掌握这个原则既不需要花多大的力气,又能保护我们自己不被滚滚而来的信息巨浪所吞没。

信息适度原则应当是很有用的,如它的"一半"即"适度"二字,而且"适度运动、适度饮食"等广泛的健康理念,也充分体现了我们民族传承的文化传统"中庸之道"中的积极的和谐的方面。

1.5.2 信息帮助原则:信息海洋,帮助导航

这个原则非常好记,以至于根本不需记忆。它指的是在各种检索文档、检索工具、搜索引擎、数据库系统中,总之,只要是我们人类社会产生的一切正式出版的各种文献资源中,一般都拥有完善和详尽的帮助系统或导航系统。这样我们会信心大增,首先做到"战略上蔑视

敌人"。信息帮助原则还包括我们应该在检索之前,尽量了解、学习、研究这些帮助系统,从而得心应手地使用它们。也就是做到"战术上重视敌人"。

就连一张程序光盘,一个小小软件,也都各有它们的安装指南、使用说明、Readme 文档等。例如,在光盘上常常有 readme.txt,read.me,readme.exe,还有软件的序列号,其文件名通常是 sn.txt,sn.no,serial.no 等,而且它们是特别小的文本文件。计算机 DOS 下历来用 F1 到 F10 作为运行软件的快捷键,但由于各种软件对它们的解释不同、定义不同,使得人们大伤脑筋,最后终于全部放弃它们,但只有一个 F1 键,仍然使人记忆犹新,因为大多数软件都将 F1 定义为 HELP。在 Windows 环境下更简单了,不管什么软件,"帮助"是必须有的,而且总是在菜单栏的最右边,与 About…(软件版权和研制者说明)在一起。对于大的网站,帮助和导航更多,还要加上林林总总的许多相关网站、相关信息的链接等。对于信息的最大集散地图书馆来说,不但有各种醒目的标牌和指示,还有一些专门的人员解答读者的各种问询,进行文献服务,他们就是咨询馆员(reference librarian)。

1.5.3 信息素质原则:信息万变,以不变应万变

信息素质原则的实质就是信息素质教育。

(1)什么是信息素质

信息素质是指在各种信息交叉渗透、技术高度发展的社会中,人们所具有的信息意识和信息处理的能力,包括信息搜集、信息开发、信息鉴别以及综合分析的能力、信息技术运用能力,以及积极向上的信息心理和良好的信息道德。

(2)什么是信息素质教育

信息素质教育是大学生全面素质教育中重要的一环,是一种旨在根据社会信息环境,培养和提高个体的信息觉悟、信息观念、信息主体意识、信息主动精神、信息心理素质,并激发个体信息智慧和信息潜能的活动。信息素质的高低将直接影响整个学习、生活和工作过程。终身学习、能力导向学习和开放学习成为新的教育理念。为满足知识创新和终身学习的需要,发达国家纷纷将信息素质(information literacy)教育,作为培养 21 世纪人才的重要内容。

培养较强的情报意识又是信息素质教育的重中之重。所谓情报意识,是指对信息或情报具有特殊的、敏锐的感受力和长久的注意力,是人对情报的一种内在的、专注的心理倾向。具备了较强的情报意识,就能够从大量的、司空见惯的甚至微不足道的一些事物和社会现象中发现有价值的信息,并能迅速地捕捉它们。

例如,阿迪达斯老板一直持有一种根深蒂固的想法,认为"运动鞋是一种专业鞋,只在运动会上才穿",而耐克公司老板则不然,他把运动鞋修改了一下,当作时尚鞋、休闲鞋出售给那些从不运动的人们穿,反而大大拓宽了运动鞋的消费。

又如,青霉素的发明。一般人不会对一只未加盖的碟子上出现的灰绿色霉点感兴趣,即使注意到了也不会找到答案。而细菌学家弗莱明由于其精深的专业知识和执着的钻研精

神,他不但敏锐地注意到这个现象,而且经过反复研究找到了答案,青霉素的发明拯救了千千万万人的生命。可见:科学的发现从来是青睐那些有所准备的头脑。

第二次世界大战中的雅各布事件也是一例。英国人雅各布对德军的军事秘密了如指掌。当时他编写了一本小册子,详尽地公开德军的编制结构、160多名部队指挥官的姓名简历,甚至对德军新成立的装甲师的步兵小分队也作了介绍。希特勒为军事泄密勃然大怒,下令追查。原来,雅各布是个有心人,长期搜集、剪贴、摘抄德国报纸。雅各布用来揭露希特勒军队秘密的全部工具不过是一把剪刀、一罐糨糊和一个卡片盒,他工作的对象不过是司空见惯的德国报纸。所谓机密情报,70%以上可以通过公开出版物获得。从这个典型例子可见,情报意识是情报分析和利用的先决条件。

就是在经济建设与和平时期,情报意识和情报分析仍然起着不可估量的作用。例如,日本人获取我国大庆油田的情报,就是从我国公开发行的画报和报纸上分析得出大庆油田的位置地点、规模及我国当时的炼油能力,从中赚了中国一大笔钱。

1967年7月,日本人反复对《中国画报》上刊登的一张炼油厂照片进行了研究,那张照片既没有人也没有尺寸,但有一个醒目的扶手栏杆特写。依照常规,扶手栏杆高1 m左右,按比例,日本人推断了炼油塔的外径,并换算出内径为5 m,判定日炼油能力为900 kL(千升,下同),加上残留油,再把原油大体30%的出油率计算进去,判定原油加工能力为每天3 000 kL,一年以330天计,每口井年产原油为100万kL,大庆有800多口井,那么年产量约为360万吨。这样,日本人开始注意和中国进行炼油设备的贸易谈判,从中获得了巨额利润。

一个国家,一个民族,如果情报意识薄弱,就处处被动,甚至会发生惨痛的损失。情报意识是无形的,情报价值更是无价的,正如一条信息可能救活一个工厂,其价何止千金。但再好的情报,不认识它,发现不了它,则其价值又从何体现?因此,情报意识根本地决定了情报的价值。

信息的姗姗来迟,也会使科技决策的人们吃尽苦头。上海某手术器械厂,根据国内需要,在20世纪60年代初便作出研制硬质合金镶片持针钳的决策。他们花了20多年的时间,历尽曲折,终于解决了一系列技术难关,研制成功了。为此,有关单位打算申请发明权,但经科技情报所的同志查阅有关资料后,发现美国早在1952年就批准、公布了该项专利,其主要技术数据基本上与上海手术器械厂的产品相似。面对迟迟到来的信息,尽管该厂在此研究上花了大量的人力、物力与时间,但也无可奈何。与此类似,上海还有一个保温瓶厂,也花了10年时间,试验成功了以镁代银的镀膜工艺,事后才知该项发明专利早于1929年就由英国一家公司申请了。这两个事例都说明,对信息的了解和收集一定要及时,否则就会造成重复劳动,去做人家已经做过的工作,这样的决策没有不失误的。

手表王国瑞士制表业的遭遇就证明了预测时间的长短因素对预测准确度的影响。在20世纪60年代,瑞士本来已生产出石英表了,但瑞士人认为在未来的10年里,石英表因其技术问题还是无法与机械表抗衡,因此放弃继续研发石英表制造技术。谁知精明的日本人抓住瑞士人的这一疏忽,在很短的时间里就突破了石英表的技术难关,于20世纪70年代一下子在世界钟表市场打败了瑞士人,后者大梦初醒后悔之晚矣。

1.5.4 做一个信息时代的真正信息人

为了对付情报危机,为了避免信息过多对人产生大的危害,我们必须采取一些必要的措施,最起码应当注意信息接收的途径总是保持通畅而健康,即用眼(耳)卫生和用脑卫生,而眼、耳、大脑又与身心健康的基础(载体)是密不可分的,因此有下面一个"公式"产生,即

$$身心健康+用眼卫生+用脑卫生+信息适度原则=真正的信息人$$

注意这个公式只是一个"最小配置",在其中我们只强调了信息适度原则。在信息检索与利用的 3 个基本原则中,信息适度原则是"保护自己"(正如流行的说法"数字化生存");信息帮助原则是"帮助自己"(信息检索是一门信息素质教育的实践学科);信息素质原则是"提高自己"。而非常重要的创新素质就是在"提高自己"即信息素质教育中得以锤炼完成的。

信息适度原则可以比作"放大镜";信息帮助原则为"指南针";信息素质原则就是"航舵"。那么,信息的"地图"在哪里? 信息地图就是各种检索工具和导航工具,存储着大量的信息资源的线索和指针,指引我们去寻找和开发知识的宝藏。

1.5.5 *海伦·凯勒和她的《假如给我三天光明》*

我们以一个经典的催人泪下的励志故事来结束本章的学习,相信你看完后会更加珍惜和爱护自己的信息接收器官,同时也以你对这个故事的读后感或者"反思"的作业作为我们学习文献检索的开始。

你看见过一个又聋又哑,还是一个盲人的残疾人么? 她的父母不明白,"究竟她前世做了什么无法饶恕的罪孽,上帝竟对她这样残忍!"

海伦·凯勒诞生在美国亚拉巴马州的塔斯比亚城。她天生聪明伶俐,出生不到 6 个月,便能清楚地说出 tea,water,doll 等几个单词,对周围事物的感受性更是敏锐。

(1)不幸遭遇

海伦·凯勒好像注定要为人类创造奇迹,或者说,上帝让她来到人间,是向世人展示残疾人的尊严和伟大。她 1 岁半时突患猩红热脑充血病,连日高烧使她昏迷不醒。当她苏醒过来,眼睛烧瞎了,耳朵烧聋了,那一张灵巧的小嘴也不会说话了。从此,她坠入了一个永远黑暗而沉寂的世界,陷入了无边的痛苦的深渊之中。由于聋盲儿童获取信息的途径被阻断,心灵之窗被禁锢,造成她性格乖戾,脾气暴躁。发脾气时,碰到什么就摔什么。

(2)上帝暗中派来天使

也许是上帝对小海伦自觉愧疚,"良心"有所发现,于是暗中派遣天使化身为老师来帮助她。1887 年 3 月 3 日,对海伦来说这是个极重要的日子。这一天,家人通过帕金斯学院院长先生的帮助,为海伦联系了一位叫安妮·莎莉文·梅西的老师来辅导她。就是这位安妮·莎莉文小姐后来改变了海伦的一生。

（3）"假如给我三天光明"

自打海伦 7 岁那一年,安妮·莎莉文老师来到她的身边,此后半个世纪二人一直朝夕相伴,莎莉文老师不断地用爱心和智慧引导她走出无尽的黑暗和孤寂。海伦一生创造的奇迹,都与这位年轻的天才的聋哑儿童教育家密不可分。海伦在她的《假如给我三天光明》名著中,深情地抒发她对莎莉文老师的爱:"假如给我三天光明,我第一眼想看到的就是我亲爱的老师。"

（4）人类共同的精神财富

海伦师从莎莉文学习 3 个月后,就开始尝试用稚嫩的文字表达自己的感受,写出了有生以来的第一封信。从 1902 年 4 月开始,她又在莎莉文老师的帮助下,开始在美国的一家杂志上连载她的自传《我生活的故事》。第二年结集出版后轰动了美国文坛,甚至被誉为 1902 年世界文学上最重要的两大贡献之一。

许多人不相信,如此优美的文字居然出自一个聋盲人之手。虽有马克·吐温为此作证,还是平息不了怀疑。不过海伦平生的成就对此作出了最好的回答:她一生共出版专著 14 部。一个世纪以来,《我生活的故事》被翻译成 50 多种文字,传遍了世界每个角落。曾有专家称其"就文学成就来说,和卢梭的《忏悔录》相比毫不逊色"。

如果说海伦那种紧紧扼住命运喉咙的顽强毅力令人鼓舞的话,那么她的爱心更是留给世界的宝贵财富。刚开始跟莎莉文老师学习的时候,聪颖的小海伦很容易就学会了拼写身边许多物品的名称,可是却理解不了"爱"这种非常抽象的名词。年轻的莎利文把她的爱心化作无比的耐心,使得海伦越过了盲聋学生学习中难以逾越的障碍,而小海伦在学习知识的同时,也学到了莎莉文老师的爱心。凭着这份爱心,10 岁的海伦为一个 5 岁聋盲儿童成功地募集到了两年的教育费用。也许从那时起,她就已经立志要帮助世界上所有像她这样需要帮助的人。

她给世界以爱心,世界回报她崇高的荣誉。1919 年,海伦的故事被好莱坞搬上银幕,由她本人出任主演。1955 年,她荣获哈佛大学的荣誉学位,成为历史上第一个受此殊荣的女性。

从海伦童年时起,每一任美国总统都邀请她到白宫做客,还被政府选为全美 30 名为国家做出突出贡献的杰出人士之一,荣获过美国总统亲自颁发的"自由奖",并被誉为美国的高级公民。1959 年,联合国在全球发起以她的名字命名的"海伦·凯勒"运动,以资助世界各地的聋盲儿童。1960 年,描写她成长经历的剧本《奇迹的创造者》获普利策奖,并被拍成电影。同年,美国海外盲人基金会在海伦 80 岁生日那天,宣布颁发"国际海伦·凯勒奖金",以奖励那些为盲人公共事业做出杰出贡献的人。

（5）名垂青史

1968 年 6 月 1 日,海伦·凯勒——这个生活在黑暗中却给人类带来光明的女性,这个谱写出人类文明史上辉煌生命赞歌的聋哑盲学者、作家、教育家,在度过了自己生命中的第88个春夏秋冬,独自熬过了87年那些无光、无声、无语的孤独岁月之后,在鲜花包围和人们泪奔之中告别了人世。然而,她那不屈不挠的奋斗精神,她那带有传奇色彩的一生,却永远载入了史册。正如著名作家马克·吐温所说:"19世纪出现了两个了不起的人物,一个是拿破仑,一个就是海伦·凯勒。"

海伦接受了生命残酷的挑战,用自己所有的爱心去拥抱世界,以惊人的、顽强的毅力面对人生困境,终于在黑暗中找到了属于自己的人生,属于自己的光明,最后又把慈爱的双手伸向全人类,把莎莉文小姐给予的倾其一生的爱,发扬、光大、传播,将更大的爱撒向人间、撒向世界。

【思考·练习·讨论题】

结合本章内容,讨论或完成以下问题:

1.你是否看过《假如给我三天光明》一书?找到这本书,阅读后,写出一篇读后感,把这个作业当作开始学习文献检索课程的开端。并回答一个简单问题:莎莉文小姐一生总共教过多少个残疾学生?(速答:只有一个)

2.你怎样看待人们在乘公交车时用手机阅读小说?

3.简述信息检索与利用三原则的核心内容。

4.什么是知识经济?知识概念的4W和6W分别指哪些内容?

5.什么是文献?文献构成的三要素和五要素各有哪些内容?

6.画出信息、文献的基本结构,大脑中的信息结构,全信息结构模型、信息的基本结构模型,信息的三层次"蛋壳"模型结构。

7.百度一下"信息或文献的基本结构模型"。

8.百度一下"信息检索基础理论研究",了解有哪些关于信息结构组成的文献。

9.百度一下"信息、知识、情报、文献相互逻辑关系",有几种不同的说法?

第2章

科技文献检索系统原理

人类始终在寻找事物的意义。

——柏拉图

【本章提要】

本章涉及信息资源和文献资源、检索语言、检索工具以及科技文献系统结构及文献检索系统原理。作为科技文献检索课程的基本知识，本章内容要求牢固掌握、灵活应用。

2.1 文献信息资源

科技文献是记载科技知识或科技信息的物质载体，全世界的科技成果都是通过文献来传播的，因此，科技文献是正式渠道的信息交流中非常重要的信息源。无论是科技情报学或是其应用实践的科技文献检索，其研究对象都是科技文献。在本节中，将对科技文献资源作多角度的了解。

在绪论一章中已了解了信息、情报和知识之间的逻辑关系。正如计算机信息处理的实质是情报处理一样，人们的许多活动都是广义的情报活动。例如，通过教学，老师把知识和技能传授给学生，教学就是一种规范化的情报活动。记住一个基本概念：

情报，就是紧紧围绕着人进行的信息的交流和传播。

下面将讨论信息资源和文献资源的各种划分。

2.1.1 什么是信息资源

信息资源(information resources)也称为文献信息资源或文献资源，指可供利用并产生效益的与社会生产和生活有关的各种文字、数据、音像、图表、语言等一切信息的总称。

美国哈佛大学的研究小组曾给出了著名的资源三角形，如图2.1所示。他们指出：没有物质，什么都不存在；没有能量，什么都不会发生；没有信息，则任何事物都没有意义。

作为资源,物质为人们提供了各种各样的材料;能量提供各种各样的动力;信息提供各种各样的知识。虽然信息普遍存在,但并非所有的信息都是资源,只有满足一定条件的信息才能构成资源。对于信息资源的理解通常包括两个层次:从狭义上理解,认为信息资源是人类社会活动中经过加工、处理并大量积累起来的有用信息的集合,一般指信息本身;广义的理解,则认为信息资源是信息活动中各种要素的集合,即不仅包括信息本身,还包括信息设备设施、信息人员、信息技术、信息系统等。

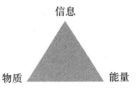

图 2.1 资源三角形

应当说,狭义的信息资源反映了信息资源的核心和实质,而广义的信息资源更符合信息活动的实际,有利于充分地发挥信息资源的作用。

归纳起来可认为,信息资源由信息生产者、信息、信息技术 3 大要素组成。

信息资源构成三要素如下:

(1)信息生产者

信息生产者是为了某种目的生产信息的劳动者,包括原始信息生产者、信息加工者或信息再生产者。

(2)信息

信息既是信息生产的原料,也是产品。它是信息生产者的劳动成果,对社会各种活动直接产生效用,是信息资源的目标要素。

(3)信息技术

信息技术是能够延长或扩展人的信息能力的各种技术的总称,是对声音、图像、文字等数据和各种传感信号的信息进行收集、加工、存储、传递和利用的技术。信息技术作为生产工具,对信息收集、加工、存储和传递提供支持与保障。

2.1.2 信息资源的类型划分

信息资源按传播渠道,可分为文献信息(文献信息资源)和非文献信息资源(口语、体语和实物信息资源);按照物质载体,可分为印刷型、视听型、缩微型和电子信息、网络型资源;按不同的内容加工深度和层次,可分为一次、二次和三次信息资源;按照文献的出版类型划分,可大致分为"十大情报源"。

其他还有按应用领域,将信息划分为工业信息、农业信息、军事信息、政治信息、管理信息等;按传播范围的受控程度,可将信息源分为公开、半公开、非公开信息资源;按信息的作用层次,可分为战略信息资源和战术信息资源;从信息的结构出发,可将信息划分为语法信息、语义信息和语用信息。

人们在收集文献信息时,应首先选择本专业的核心期刊。所谓核心期刊,比较一致的定义是:在某一学科中,少数期刊覆盖了该学科的大部分最有参考价值的文献,而多数期刊仅包含该学科的少量最有参考价值的文献,这少数期刊就是该学科的核心期刊,它集中了学术研究的前沿信息,是必不可少的文献信息源。

当然最有效地全面阅读这一专题文献的方法,是通过检索工具进行检索,得到命中文献的线索后找到原文进行研读。

确认所需学科国内外核心期刊的常用工具书有《中文核心期刊要目总览》和《国外科技核心期刊手册》。另外,《世界图书》杂志也常常发表国外核心期刊的研究结果。下面详述几种主要的文献信息资源类型。

2.1.3 信息资源的 4 种传播形式——按传播渠道划分

(1)口传情报

口传情报指交谈、讨论、报告、新闻发布会等。此类交流的方式一般有:同行交谈、讨论;书信交换;各种类型的学术会议;参观实验室;参观科技展览会,等等。

口传情报的文献级别是构成零次文献,有时是半文献。特点是速度快、直接、高度的选择性、针对性。如各种学术会议上宣读的论文和报告,常将某专业技术发展的新水平、新技术、新工艺、新观点、新设想等快速传播出来。其缺点是极不稳定,信息稍纵即逝。

在《钢铁是怎样炼成的》一书中有一个小场面,保尔·柯察金病愈后到其哥哥阿尔青家的乡下休假,有一天他正在村里散步时,听见两个正在家门口晒太阳的老太婆小声议论:

"瞧,打哪儿钻出来这么个可怕的家伙。"

"那可不,简直是刚从坟墓里爬出来的。"

"可是你看他身上那件崭新的皮衣——"

"多半是偷来的吧……"

柯察金气愤地走开了。

在四川农村,常常能看见如下场面:

妇女甲:qu-qu-qu-qu(耳语)

妇女乙:啧-啧-啧-啧(小声,作惊叹状)

妇女甲:qu-qu-qu-qu(耳语)

妇女乙:哎呀,我的天……该死的!（大声）

(2)体语情报

体语,即人体语言,它指人们通过表情、姿势、动作、语气、手语等非词语途径表达的内心信息。眼睛是人的心灵窗户,能够反映人的内心,因此,目光接触是一种打开对方心扉的有效交流手段,一个真诚的目光注视,胜过千言万语;姿势作为一种非语言符号,用来表达思想感情简单明了,如一个"不要出声"的手势就可以让人们在影院大厅里安静下来,"此时无声胜有声";微笑,更是特具魅力的杀手利器,尤其是带有笑意的目光,简直无人能够招架。此外,一个人的服饰装扮、行为举止也是一种无形的形象语言,体现了人的端庄大方和气质。

美国心理学家赫尔认为,人际空间距离的使用与人的某种本能有关,这是把自己的存在告知他人以及感知他人远近的一种本能。一般可分为 4 种类型:亲密距离为 0.4~0.6 m,个人距离 0.6~1.5 m,社会距离 1.5~4 m,公众距离 4~8 m 或以上。

(3)实物情报

实物情报是指产品样机、样品、展览交流。特点是真实、直观、易仿制,同引进技术相比花钱少。缺点是要经过复杂的分析和研究才能解析出来,如我国最早的 DJS 130 小型计算机就是仿制日本的 NOWA 机、历时 8 年研制出来的。

(4)文献情报

文献情报是用文字、图形、符号、声频、视频等手段记录在一定的物质载体上的知识含量较高的信息。这是一种在空间和时间上积累和传递情报的最有效的手段。

文献情报是最基本、最重要的情报源。它们也是正规渠道传播的情报源。

实物情报过于"稳定",口传情报太易"挥发",体语情报太"情绪化",它们都稍纵即逝,只有文献情报十分稳定,而且又是最容易复制的。实物情报相当于"硬件",文献情报则相当于"软件"。口传和体语情报的信息,消息成分太多,而知识含量太少,不能构成"软件"。

以下的划分均以文献情报作为对象。而口传情报、体语情报和实物情报由于不是"主角"而退场了。

2.1.4　文献资源的形式——按文献的载体形式划分

根据文献的物质形式,全部文献被划分为 6 大类。文献似乎天生就是为了被复制而存在的,因此我们对每一种类型的文献,都顺便提一下它的复制手段或复制设备,看看它们各有什么不同。

(1)印刷型文献(print form)

用途最广,便于阅读、流传、符合人们的阅读习惯,缺点是存储信息密度较低,保藏和管理需要很大的空间和人力。

这是以纸张为存储介质,以印刷、复印等为记录手段的传统的文献形式。印刷型文献包括油印、石印、铅印、胶印等。这是至今为止一直占据着主导地位的一大类,而且将来也不会被淘汰,但其价格将越来越高,因为造纸的主要原材料(木材)会越来越少。印刷型文献用复印机复制,(对于卡片式文献可用卡片复印机)。这是小规模的复制,而印刷厂则为大规模的复制。

(2)缩微型文献(micro form)

这是以感光材料为存储介质、以缩微照相为记录手段而产生的文献形式,它包括缩微平片(microfiche)、缩微胶卷(microfilm)等,比印刷型的体积小、存储密度高,但查阅时需专门的阅读器。

（3）**电子出版物**（electronic publications）

电子出版物也称"电子型"文献，即早期所谓机读型文献，指通过计算机存储和阅读的文献类型。它是以磁性或塑性材料为载体，以穿孔或电磁、光学字符为记录手段，通过编码和程序设计，将文字语言变成计算机可以识别的机器语言，输入计算机，阅读时再由计算机将其内容输出。它主要包括磁带、磁盘、光盘，以及种类繁多的电子出版物，如电子图书、电子期刊、电子报纸，等等。电子出版物的复制一般采用计算机拷贝文件的方法。在互联网上经常使用的"download（下载）"或"上传（upload）""灌水"等，实质仍然是"网上拷贝"。

（4）**声像型文献**（audio-visual form）

声像型文献以磁性材料或感光材料为载体，以磁记录或光学技术为记录手段直接记录声音、视频图像。它也称视听资料或直感资料。这一类文献有唱片、录音带、录像带（港台称"录影带"）、科技电影、幻灯片等。优点是直观、生动、栩栩如生，但成本较高而且不易检索和更新。图书馆一般也设置有专门的视听阅览室用来播放或复制这类文献。

通常用高速摄影拍摄那些变化快的过程，如原子核的裂变，而用慢拍或间歇拍如零件磨损、植物发芽、星空的变化等，再用常速播放。其原理利用了人眼视觉暂留现象（约 100 ms）。声像型文献的复制用录音机和录像机等设备。

（5）**光盘型文献**（CD-ROM form）

这是一种以弱激光束记录和再现信息的"海量"存储型文献。光盘技术是激光技术、唱片制造技术、高密度存储技术和计算机技术结合的产物。光盘大致分两大类：一种是信息编码为模拟式的录像光盘或激光电视唱片，它同录像带一样可快进、快倒或静止，适于作图像的存档和检索；另一类为数字化的高密度光盘 CD-ROM（Compact Disc Read-Only Memory），它是通过激光束使光盘上产生槽或起泡来记录或读出信息的。还有一种仅仅使其表面介质材料性质发生相变而本身并不变形的数字化光盘，这就是可擦除型光盘。一张 CD-ROM 盘直径 4.7 in（1 in＝2.54 cm），可存储 10 年的人民日报的全部信息，或大英百科全书整套 30 卷的内容。

光盘型文献不但是"海量"存储介质，而且由于读写头不与介质直接接触，因此使用寿命理论上至少可达 10 年以上。常见的光盘都是只读的，个人复制可将其拷贝到硬盘上，或设置虚拟光驱，或用光盘刻录机。厂家复制生产需要先制作母盘，这样成本很高，但如果数量很大，则一张光盘的成本可能远低于软盘片。这与图书的出版、印刷特点有些类似。

（6）**网络型文献**（network form）

网络型文献主要指互联网上的所有机读文献。网络型文献的载体是网络，而机读型文献的载体是磁盘或计算机，这是它们的最大区别。

在上述 6 种文献载体中,网络型文献的本质仍然属于机读型;光盘型尽管也有"缩微"、可作为声像存储等特点,但它的实质也仍然是机读型。

为什么文字或字符在网上的传输比图像快得多?

因为字符实际上只传输其 ASCII 码,而图像则必须发送每一个像素。例如发送字母 a,只需要 1 个字节的 ASCII 码 8 个位,但如果将 a 的点阵发送,则需要 $7 \times 9 = 63$ 个位;发送 1 个汉字,需要 2 个字节 16 个位,但若将其字模点阵发送,则需要 $16 \times 16 = 256$ 个位(汉字国标码的最小的字模点阵,即显示字库)。

发送 63 个位的 a 字符的点阵所受到传输干扰可能较大,但发送其 ASCII 码则干扰几乎为 0,甚至解析度更高都有可能,只需接收方调用更高解析度的字模点阵即可。这就是数字传输的高可靠性和抗干扰性极佳的原因。

当然,除了印刷型之外,其他几种都在迅速发展,并将在信息高速公路中"一展身手"。而相伴人类达几千年之久的印刷型文献,无论在漫长的岁月里,或是在高科技的今天均未被淘汰,而且也在发展(如激光照排缩短了文献的出版周期),仍为文献的主流,这说明它自有其存在的价值和发展的动力。可能是专门的载体(纸张)和专门的媒体(以文字为主)加上最好的人机工程学特点,以及年代久远等因素构成印刷型文献不易被彻底取代的根本原因。

讨论题目:是否在 21 世纪真的会淘汰印刷型文献,进入一个史无前例的"无纸化社会"?

例如,重庆大学图书馆收藏有 1931 年的美国《工程索引》,现在看起来还几乎像新的。

事实上全人类经过多年的"寻寻觅觅"找到的纸质书本式文献也许是最好的,不会被任何其他材料所完全代替。例如,微机的发展中,体积和质量越做越小,笔记本电脑只有 16 开书本大小,掌上型只有袖珍收音机一般大。但当前使用最广的台式(卧式或立式)微机将永远不会被只适合特殊用途的笔记本式或掌上型所替代。

因为是按文献的载体进行分类,所以还应有一类"手写型文献",即书信、笔记、会议纪要、原始手稿等。它们的特点是一般未经印刷或出版过。这类文献往往具有重要的馆藏价值甚至可能价值连城。不过本书不将它列为正式的类型。

2.1.5　科技文献的级别——按文献被加工处理的深度划分

科技文献按对其加工处理的深度区分,产生所谓一、二、三次文献的概念。

(1)一次文献(primary document)

一次文献通常指由作者以自己的研究成果为基础创作或撰写的文献,如期刊论文、科技报告、专利说明书、会议论文及学位论文等。它们通常或多或少包含着著者的创见。这是对知识的第一次加工(创造性)。

(2)二次文献(secondary document)

二次文献是指文献工作者将大量分散的、无序的原始文献加以筛选,留下有价值的文献,再经过加工整理,或按文献的内容特征(如主题、分类),或按文献的外部特征(如著者、篇名等),进行提炼、浓缩、简化,编辑成系统的工具性文献,如文摘、索引、书目等检索工具,专为查找原文之用。这是对知识的第二次加工(有序化)。

(3)三次文献(tertiary document)

三次文献是指利用二次文献系统地检索出一批有关的文献,并对其运用科学方法和专业知识进行深入研究后撰写出的新的文献。它们可以是书(专著)或期刊论文等,与一次文献非常相像,但又不同于一次文献。三次文献可再分为以下两种形式:

①文献型(又称知识浓缩型),如综述、述评、专著之类。

②数据型,如字典、词典、数据手册、百科全书等。

三次文献是对知识的再加工(第三次加工)。其中:

①主要供作文献检索(这是特殊的一类检索对象,其所含信息和知识都较为密集。可用美国科学信息所的《科学评论索引》ISR 专门检索评论和综述类文献)。

②主要提供数据、事实检索,二者之中,文献型为三次文献的主要代表。顺便提一下,有的书将检索工具指南或"目录的目录"也作为三次文献中的一种,其实尽管是"目录的目录",似乎颇具三次文献的特征,但实质上仍然没有超过检索工具、二次文献的意义。

这里可用"趋势外推法"来判别一下。假如"目录的目录"是三次文献,那么对"目录的目录的目录"是否能定为四次文献呢?

从文献情报的角度看,一次文献是检索对象(目标)、二次文献是检索工具(手段)、三次文献是情报研究成果(既可作为检索目标,又可作为检索手段)。

从人的社会分工情况看,一次文献的生产者是广大的作者(包括出版社编辑人员);二次文献是图书、情报工作者的产品;三次文献则一般是那些既懂专业又熟悉本专业情报的专家的研究成果。

从哲学、社会学角度看,一次文献是知识积累和社会进步的主要基石(知识宝库);二次文献是使人类知识得到充分利用的工具(知识宝库的钥匙);三次文献却是在更高层次上系统地再现一次文献(知识宝库的金钥匙)并返回到一次文献,完成一个又一个知识的社会循环。

从一次文献到三次文献再回归到一次文献,正是自然辩证法中一个重要定律:否定之否定定律。同时也正是科技文献生生不息,蓬勃发展的链式结构中重要的一环。

从知识加工的角度看,一次文献是对知识的第一次加工(创造性),二次文献是对知识的第二次加工(有序化),三次文献是对知识的再加工,它既是有序化的,又带有一定的创造性,并常常在形式上也返回到一次文献(如专著、综述文章等)。

从一次文献到二次文献、三次文献是一个由博到约、由分散到集中、由无序到有序、再由有序到有机的结构化、系统化的过程(在这个过程中信息熵逐渐减少)。

除了一、二、三次文献的概念外,还有 0 次文献和半文献的说法。所谓 0 次文献(zero document),是指通过交谈或听报告之类所得到的情报,它们通常未经记载或仅仅是一些零乱的笔记。半文献(half document)又称灰色文献(gray document),是指非公开出版的内部文献,它们往往是通过正规售书途径得不到的资料(交换或赠送)。不过这两种级别的文献只能构成非正式渠道的情报交流,在文献检索中的作用微乎其微。

此外,还可按照文献内容的社会公开程度来划分文献的世界。

2.1.6　白色文献、灰色文献和黑色文献——按内容的公开程度划分

所谓白色文献,是指一切正式出版并在社会上公开流通的文献,包括图书、报纸、期刊等。这类文献通过出版社、书店、邮局等正规渠道发行,向社会所有成员公开,其蕴涵的信息大白于天下,人人均可利用。

灰色文献是指非公开发行的内部文献或限制流通的文献,包括社会公开传播的内部刊物、内部技术报告、内部教材和会议资料等。这类文献出版量小、发行渠道复杂、流通范围有一定限制,不易收集。

黑色文献主要是指处于保密状态或涉及个人隐私内容的文献,如未解密的政府文件、单位内部档案、个人日记、私人信件等。这类文献除作者以及特定人员外一般人极难获得和利用。

2.1.7　十大文献信息源——按科技文献的出版类型划分

(1)科技图书(books)——一次文献、但又含有三次文献的性质

科技图书的范围很广,包括从艰深的专著到各类教科书和科普读物等。它的特点是内容系统、全面、成熟、可靠。科技图书中既有一次文献(如专著),又有三次文献(如评论文集),还有二次文献(如书本式检索目录)。但从整体上说,科技图书应是一次文献,但又带着三次文献的性质。图书的缺点是出版周期长,报道速度慢。如果想对范围较广的问题获得一般性了解,或对陌生的问题作初步学习(如想了解人工智能方面),阅读图书是一个好办法。

现在的书都一定有个 ISBN 号,即国际标准书号(International Standard Book Nomber),其定长为 13 个数字。不要小看这 13 个数字的组合,它采用弹性存储方法(可变长存储技术),可把全世界的书都管理起来。让我们看看它的存储机制。以下以《计算机网络基本原理》一书的书号为例。

ISBN 7^①-5609^②-2141^③-8^④

①地域号　②出版社号　③书号　④计算机校验位

ISBN 号为定长 13 位,前面加上 ISBN 的标识,13 位数字又分为 4 个部分:①是地域号(代表国家、地区、语言区),如 7 指中国、0 和 1 指英语国家、2 指法语区(如法国和加拿大法语区)、3 指德语区(如瑞士德语区)、4 日语、5 苏联、88 意大利、9971新加坡等;②是出版社号;③是书号;④是计算机校验位。ISBN 号前 3 部分都是变长结构,但总长不变。根据 ISO 有关标准,计算机校验位是用前 9 位数字分别对 10,9,8,…2 的乘积之和,对 11 的模数求

余,再用模(11)减去余数而得。如此例:

$$
\begin{array}{ccccccccccc}
\text{ISBN} & 7 & 5 & 6 & 0 & 9 & 2 & 1 & 4 & 1 \\
\text{X} & 10 & 9 & 8 & 7 & 6 & 5 & 4 & 3 & 2
\end{array}
$$

$$70+\ 45+\ 48+\ 0+\ 54+10+\ 4+\ 12+2=245$$

$$245/11=22\cdots\cdots\quad 余\ 3$$

$$11-3=8$$

因此该书号的校验位是 8。一个数对 11 的模求余,可能的余数集合是 $0,1,2,\cdots,10$,当余数为 10 时,为了保证全长 13 位,于是用大写字母 X 表示。

但中国的 ISBN 号却还要在国际 ISBN 号后面加上中图法的大类号和小类号,如此例为:ISBN 7-5609-2141-8/TP·365。"TP"即为中图法的大类号(自动化及计算机),365 则指计算机网络类。

小小的 ISBN 号实现了对全世界图书的管理,不能说不是一个奇迹。它采用动态信息存储原理,便于对图书进行分层管理。例如,国际 ISBN 中心负责管理世界各第地区或国家号,各国则对自己的出版社号进行管理,各出版社再对其分配的书号进行管理。

(2)连续性出版物(serials)

1)期刊(periodical)——最典型的一次文献

期刊指定期或不定期出版的有固定名称的连续性出版物。它们有连续的卷期或年月顺序号,具有周期短、反映新成果及时、内容新、信息量大等特点。据统计,文献需求的 68% 为期刊论文,期刊文献的利用约占科技文献总量的 80%。期刊属于周期性出版物,具有品种多、数量大、报道速度快、内容新颖,能及时反映当前科技水平等特点。科技期刊是一次文献,是人们传递科技信息、交流学术思想使用的最基本、最广泛的手段,也是我们课程检索的重点。

连续性和周期性以及报道专题的多样化是期刊最显著的特征。期刊(journal)和杂志(magazine)这两个不同的说法,一个强调前者,一个强调后者,但都是指同一回事。期刊的外部文献特征的特点是:刊名和编辑单位一般不变;定期出版、连续出版,并多数为月刊;有固定名称和连续性编号,如年、卷、期号;一般不再版、也不重印。常见的周期如 monthly(月刊)、weekly(周刊)、bimonthly(双月刊)、quarterly(季刊)、annuals(年刊)等。

期刊还有级别,这是根据其学术水平和编辑部资格等标准综合评定的。分市、省、全国、国际等级别。以通报(Bulletin)、学报(Acta)为名的期刊多是由大学或学术团体出版的,学术水平较高。Transaction(汇刊)同此,例如,IEE 的系列汇刊是国际电气电子学界的权威刊物。

有一个世界著名儿童故事跟我们的期刊的连续性特点曾经发生过一点小小"邂逅"。这故事叫"爱丽丝漫游奇境记"——一个美丽的童话故事,作者署名卡罗尔。但谁也没想它竟出自英国皇家科学院一个数学家之手,包括作者的同事。据说当年维多利亚女王读了《爱丽丝》后非常喜欢,立即命令她的手下前去搜罗这位故事高手的其他作品,没想到带回来的却是厚厚几本艰涩难读的数学著作,署名是道基森(Charles Lutwidge Dodgson)而不是卡罗尔。女王勃然大怒,几乎将手下问斩。后经多方调查,最后才不得不相信,这位著作甚丰的牛津大学数学教授,暗地里却是一位童话故事高手,而且写的童话故事,成人也大多喜欢。

期刊中也有一种连续性会议录,它们多是每年在不同的地方召开的国际会议的结果。为了包括所有的这类出版物,期刊获得一个较全面、正式的名称,称为"连续性出版物"。

同图书一样,期刊等也有国际标准连续性出版物编号 ISSN(International Series Standard Number),实现对全世界期刊文献的管理。ISSN 号全长 8 位,前 7 位是刊物代号,末位是计算机校验位(算法同 ISBN,模仍用 11,只是加权数用 8,7,…,2,这 7 个数)。注意如 ISSN 1000-0402(这是《图书馆学通信》期刊的号),中间的"-"只是为了便于阅读而设置的。计算机校验位的求出,例如:

$$
\begin{array}{r}
\text{ISSN} \quad 1\ 0\ 0\ 0\ 0\ 4\ 0 \\
\times\ 8\ 7\ 6\ 5\ 4\ 3\ 2 \\
\hline
8+0+0+0+0+12+0=20 \\
20/11=1\cdots\cdots\quad 余\ 9 \\
11-9=2
\end{array}
$$

还有一个小故事是讽刺贵族的,说的是两个贵族比赛智力,看哪一个能想出最大的数。其中一个思考很久,终于说出:"3!",另一个想了更久,最后不好意思地说:"你赢了。"

2)报纸(newspapers)

以报道新闻和评论为主的一种定期的、连续发行的出版物,每期的版式基本相同,是大众传媒的重要载体。特点是出版周期短(如日报、周报、晨报、晚报),信息传递及时,是对于大众的重要信息源之一。

(3)**科技报告**(scientific and technical report)**——既像书又像刊的一次文献**

科技报告指与政府部门签有合同的科研项目的正式报告,或是其进展中阶段的实际记录。特点是每份报告自成一册,有统一的连续的报告编号,内容艰深,其中往往还有第一手实验记录和实验数据、图表等。由于科技报告反映的是新兴科学和尖端科学的研究成果,内容新颖,专业性强,能代表一个国家的研究水平,因此,世界各国都很重视。目前,美、英、德、日等国每年产生的科技报告达 20 万件左右,其中美国占约 80%。美国政府的 AD,PB,NASA,DOE 4 大报告在国际上最为著名。

科技报告是一次文献,许多最新的研究课题和尖端学科,往往首先反映在科技报告中。它常常代表一个国家或专业的科研水平。既像书又像刊,或既不像书又不像刊,是科技报告的文献类型方面的特点。

科技报告具有保密的特点,因而不易获取。在我国国家图书馆、国防科技信息研究所和上海图书馆的科技报告收藏相对比较完整。

【思考题】

上述《爱丽丝漫游奇境记》作者的遭遇是像期刊,或更像科技报告的特点(更像后者)?

(4)会议文献(proceedings)——报道最新科技动向的一次文献

会议录中收集的论文或报告,均为会议文献。此外,还有会前文献,它包括会议预印本、会议论文摘要等。但此类多为半文献,比不好收集的会议文献更难获得。科技会议文献应为一次文献,其特点是内容新颖、学术性强、能反映某专业国内外的最新发展水平。会议文献的形式主要为会议录,其次也常常以期刊专集的形式报导。

会议文献有几种不同的出版形式,如以期刊形式出版的会议专号、会议特辑、书本式的专题性论文集(即会议录)、连续性会议录等。

(5)政府出版物(government publications)——体现政府科技发展政策的三次文献

政府出版物是指各国政府部门及其设立的专门机构出版的文献。它的内容广泛,可分为行政性文件和科技文献两大类。

(6)专利文献(patent document)——集技术、经济、法律为一体的一次文献

专利文献包括了丰富的技术情报、经济技术情报。专利的范围几乎囊括所有的技术领域。专利说明书与其他类型的文献相比更具有法律色彩。它一般包括:发明的详细说明;专利权范围、插图。在说明技术问题时,常常在关键处含糊其词,以保护其技术。而在权利要求部分,则采用严格的法律叙述。因此既严谨又含糊的文体是专利文献的特点。

(7)标准文献(standard documents)——促进社会产品质量进步的三次文献

标准文献主要针对工农业产品、工程建设的质量、规格及其检验方法等所作的技术规定,是从事生产、建设的一种共同技术依据。它作为一种规章性的技术文件,具有一定的法律约束力。

标准文献的内容分为基础标准、产品及零部件标准、原材料及毛坯标准、工艺及其装备标准、方法标准 5 种。按审批机构分为国际标准(ISO)、国家标准(GB)、部颁标准、企业标准 4 个等级。

(8)学位论文(dissertation)——体现毕业生学术水平和能力的一次文献

学位论文是指高等院校的研究生、毕业生撰写的作为评定学位依据的毕业论文,如博士论文、硕士论文、学士论文等,其特点是具有学术性和独创性。大多数国家采用学士(bachelor)、硕士(master)和博士(doctor)3 级学位制。通常所讲的学位论文,主要是指博士、硕士论文及优秀学士论文。

学位论文除在本单位收藏外,一般还在国家指定单位专门进行收藏。国内收藏硕士、博

士学位论文的指定单位是中国科学技术信息研究所和国家图书馆。由于它一般不出版,只供应复制品,取得的手续也较麻烦,因而不易为读者利用,但自从中国科技信息所和万方公司推出众多数据库之后,现已能方便地检索中国学位论文数据库。

(9)产品样本(product literature)——**提供产品技术细节和规格的一次文献**

这是产品制造厂商介绍他们产品的文献,如产品说明书、产品目录等。特点是技术成熟可靠、装潢美观、图文并茂。对于技术人员的产品选型和外观设计有很大的参考价值。缺点是此类文献的收集和获得随机性太大,不易收全。

(10)技术档案(technical archive)——**忠实记录工程项目的一次文献**

技术档案是科研或生产部门对某项工程项目所作的全部有关技术文件进行归档后的文献,包括工程图纸、图表、图片、原始记录或其复印件、任务书、协议书、技术合同、审批文件、计划、方案和实施措施等。例如,沈阳重型机器厂电气设计处的"援朝档案"、重庆特殊钢集团公司的技术档案馆等。

技术档案的特点是:它是某一工程项目的完整、忠实的记录,内容详尽、具体,是科技储备的一种最高、最完善的形式。它一般有密级限制,借阅手续严格,因此,查找档案资料往往要求持有单位介绍信。

除上述 10 大文献情报源外,其他还有科技新闻、科技手稿等。例如,《参考消息》上的科技新闻栏目常常报道最新的国外医学科技和科学探索。

鲁迅先生曾经幽默地讽刺国人有"十景病",如西湖的风景一定有 10 种(如"平湖秋月");宣布敌人的罪状也一定是"十大罪状",仿佛犯到七八条时总不肯收手,一定要补足十条才甘心。但其实这样的"十景法"也有便于整理和记忆的好处。

文献中常常出现"特种文献"的说法。

什么叫特种文献?

上述的会议文献、科技报告、专利文献、标准文献这 4 种常被称为特种文献。它通常指那些在出版发行方面或获取途径方面比较特殊的文献,或难于搜求(如科技报告),或具有某些解决纠纷的意义(如专利文献和标准)。

一个小笑话也许能说明图书和期刊的区别,不过千万不要把它的内容当真:

研究生总是对期刊情有独钟,本科生却大多喜欢借书,专科生则对两者都不感兴趣。

2.1.8 信息资源的整体特征及规律

(1)数量剧增,种类繁多

科学技术的进步和信息产业的飞速发展,极大地推动了信息数量的增加和信息的流动。据统计,全世界每年出版图书约 80 万种,期刊 10 万余种,发表的期刊论文 600 余万篇,申请的专利约 300 万件,此外还有大量的特种文献出版。

（2）内容交叉重复

表现在同一内容的文献以不同的形式分别出版,如印刷型文献出版之后再以缩微型、声像型、机读型文献出版;同时由于语种繁多,译文增加,也造成了科技文献在内容上的交叉重复现象,但是在一定条件下,也为获取原始文献带来了一定方便。

（3）文献出版分散

表现在两个方面:一是同一专业的文献往往分散刊载在许多相关专业或综合性刊物上;二是专业性刊物所发表的文献一般涉及多种学科领域的科研成果,表现了相关或相近学科相互交叉渗透的特点。

（4）文献失效加快

社会的进步、科技的发展,促使科技文献有效使用时间日益缩短,失效周期明显加快。据国外资料介绍,各类文献的平均时效为:图书 10～20 年,期刊论文 3～5 年,科技报告 10 年,学位论文 5～7 年,技术标准 5 年,产品样本 3～5 年。

（5）载体多样化

随着科技的发展,文献的载体发生了重大变化,缩微、声像、机读等新型文献载体相继问世,这些非纸质文献载体,加大了信息的存储密度,加快了信息的检索、传递速度。

（6）语种多样化

除载体多样化以外,世界各国文献使用的语种也在不断增多。科技文献出版的语种有 70～80 种,比较集中的语种分布也有不下 10 种。语种的多样化严重影响了科技文献收集、整理、检索和利用。

2.1.9 科技文献的系统结构

系统论的观点是现代科学认识论的一个重要观点,人们由孤立、单纯的"实物中心论"转向"系统中心论",这是人们思维方式的重大变化。用系统论观点探讨科技文献的结构,无疑会大有益处。科技文献的系统观,不是孤立地研究某一具体的特殊的文献,而是把科技文献当作一个整体来研究,这样可使我们应用系统论的一些方法,从全局上、整体上学习、使用和研究文献。从而取得事半功倍的效果。

下面的科技文献系统结构图(见图 2.2)表明了人类对知识加工的层次性、文献源及知识本身的不断推陈出新的动态结构。

如果把此图上下分为两部分,则上部分是一次文献或情报源(粗线),下部分为二、三次文献(中粗线和细线);如果把此图分为左右两部分,则左右是不平衡的,因左边部分是极其广泛的科研活动,大量产生新的一次文献,右边部分则是相对很小的图书、情报人员的工作,这些工作产生二、三次文献。但不管是哪种级别的文献,它们大部分都将被放置到该图的中心,即图书馆和科技信息所,这是科技文献的最大集散地。

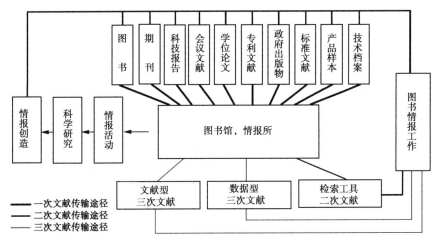

图 2.2　科技文献的系统结构模型

从科技文献的这种动态结构中可清楚地看到,一个新知识有它自己被创立、被传递、被综合到已有的知识体系中去的过程。各种类型的文献是彼此联系、相互转化的。这种转化不是简单的位移、而是在其经历的每个环节都不断地加入了著者、编辑、情报工作者的创造性劳动,逐步使文献中所含的知识得到鉴别、提纯、综合和定型,从而使科技文献在形式和内容上不断满足人们的需求。在这一历时性动态过程中,每时每刻都在产生各种文献,它们的出现无论时间或场合都是偶然的、随机的,但就整体来说,它们的产生、演变、新陈代谢,都有一定的规律、符合某种统计学规律、并存在着内在的发展逻辑。科技文献正是按照这种类似于"链式反应"的规律发展,才使人类的知识和理论不断完善、不断发展到更新的高度,从而有力地推动科学技术和整个人类社会的进步。

2.2　检索语言

语言是一种人们用以交流沟通的重要工具,用于人与人之间的通信活动。人与计算机对话,需要有计算机语言;人与检索系统对话来实施检索,则需要有检索语言。检索语言是由一整套概念及其相应的符号表示的标志系统构成的。

因其使用的场合不同,信息检索语言也有不同的叫法,在存储文献的过程中用来标引文献,则称为标引语言;用来索引文献则称为索引语言;在检索文献过程中则为检索语言。

信息检索语言是由符号、代码或科技语词组成的集合。其中,符号、代码是按学科门类严格编制的;科技语词是经过优选的、规范化的。信息检索语言实际上是编制检索工具、进行"文献揭示"的参照方法和"标准",如果检索者不遵循这一共同的标准,就不会有"共同语言"，就很难使同一主题的情报表达与系统取得一致，就不能快速、准确地查找情报，或不能达到预期效果。因此，检索语言在情报检索中起着重要作用，是沟通情报存储（文献加工人员）和情报检索（用户）两个过程的重要桥梁。

情报检索语言的种类很多，在1 000种以上，一般包括分类语言、主题语言、引文语言、自然语言、分类主题一体化语言等多种类型。检索效率的高低，在很大程度上取决于所采用的检索语言的质量以及对它的使用是否正确。

就其表述文献的有关特征而言，信息检索语言可分为表述文献外部特征的检索语言和文献内容特征的检索语言。外部特征主要有题名、著者、号码（专利号、标准号等）；内容特征主要有分类语言和主题语言。内容特征语言与外部特征语言相比较而言，更有深度，在用来标引与检索时远比外部特征语言要复杂得多。而外部特征语言较直观，容易理解、容易掌握。虽然如此，外部特征语言也依然是检索语言的一个重要组成部分。下面重点介绍表述内容特征的分类语言和主题语言。检索语言体系如图 2.3 所示。

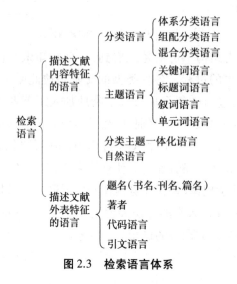

图 2.3　检索语言体系

2.2.1　分类语言与分类法

（1）分类语言

分类语言是用分类号和相应分类款目来表述文献的概念，并将各种概念按照学科属性系统组织起来的一种检索语言。将文献内容按照知识门类的逻辑秩序，从一般到具体，从简单到复杂，层层划分，每次划分，则产生许多类目，形成的每个类目用分类号作标识，每个分类号就是特定的知识概念。一系列的分类号组成类表。目前国内利用分类语言编制的分类法主要有《中国图书馆分类法》（简称"中图法"）、《中国科学院图书馆图书分类法》（简称"科图法"）、国外的有美国的《杜威十进分类法》（简称"杜威法"或 DDC）、《美国国会图书馆图书分类法》（简称"国会法"或 LCC）、印度的《冒号分类法》（简称 CC）。

分类语言能反映事物的从属派生关系,便于按学科门类进行族性检索。按照分类方式的不同,分类语言又分为体系分类语言、组配分类语言和混合分类语言。

1)体系分类语言

按学科体系从综合到一般、从复杂到简单、从高级到低级层层展开,逐级细分,所形成的序列规范检索词称体系分类语言。中图法、科图法等均属于此类。

2)组配分类语言

它是采用规范的或成熟通用的词汇概念加上信息内容特征概念进行组配而成的检索语言。一般按学科性质分组,又称"组面"。

组配分类法是在体系分类法的基础之上建立的,组配分类法以概念体系为中心,其原理是基于概念的可分析性和可综合性,从而采用分析——综合手段,通过概念的组配可以将有限的基本类目括充、组配成无限的主题概念,组成分类标识的各个因素也可随用户的需要而变换,因而具有极大的灵活性。专利检索中常用的国际十进分类法(UDC)即为一种用途十分广泛的组配分类法。

3)混合分类语言

它是结合了体系分类语言和组配分类语言所形成的检索语言。又因对两者的侧重点不同,混合分类语言又可明显地分为体系——组配分类语言和组配——体系分类语言。

(2)中国图书馆分类法介绍

《中国图书馆分类法》(简称《中图法》)是中国目前图书情报界广泛使用的一部综合性分类法。它是在科学分类的基础上,结合图书的特性编制的分类法。

1971 年 2 月,北京图书馆倡议,省、市、自治区图书馆,高校图书馆以及中国科技情报所等 36 个单位共同参与,于 1975 年 10 月由科学技术文献出版社正式出版,产生了《中国图书馆图书分类法》的第 1 版。1999 年第四版起更名为《中国图书馆分类法》。2010 年 9 月出版第五版。《中图法》采用英文字母与阿拉伯数字相结合的混合编码形式,一个字母代表一个大类,即一级类目。不同的字母与数字组合代表不同级次的类目,其中有一个特殊的是工业技术用双字母代表二级类目。

在分类法中,类号和类目密不可分,它们一一对应,并由全部类号对全部类目构成一种"映射",以便把类目进一步代码化、"数字化",为各种知识门类的整理和有序化建立基础。可以说,类号和相应的类目,就是分类法这个有机系统的最基本的"细胞"。例如:

TP 24[①]　机器人技术[②]
①分类号　②类目

《中图法》将图书分为 5 个基本部类,22 个基本大类,在每一个大类下面再根据学科内容层层展开,共 53 81 1 个类目。表 2.1 展示了《中图法》的基本大类。

表 2.1 《中图法》的基本大类

A 马克思主义、列宁主义、毛泽东思想、邓小平理论	B 哲学、宗教	C 社会科学总论	D 政治、法律
F 经济	G 文化、科学、教育、体育	H 语言、文字	I 文学
J 艺术	K 历史、地理	N 自然科学总论	O 数理科学和化学
Q 生物科学	R 医药、卫生	S 农业科学	T-TN 工业技术
TP 自动化技术、计算机技术	TQ 化学工业	TU 建筑科学	TV 水利工程
U 交通运输	V 航空、航天	X 环境科学、安全科学	Z 综合性图书

(3)图书馆索书号组成与图书排架

索书号是由字母数字组成的分类号和种次号组成的类号,即索书号=分类号+种次号(著者号),如《信息检索与利用》在图书馆的索书号为 G252.7/40,那么 G252.7 则是在《中图法》中"文献检索"的分类号,而 40 是根据此种图书的入馆先后顺序由图书馆给出的种次号,组合在一起则是索书号。图书馆的所有图书都是按照索书号排在书架上的,由于每一种图书索书号的唯一性,便可据此确定它在书架上的具体位置,这是我们根据其他途径查到图书时再到架位上找到该书的一个重要标志,因为大多数图书馆都是按照《中图法》排架的。

那么不同索书号的排列先后顺序是如何确定的?

索书号要对位排列,即先比较字母(按英文字顺)再比较数字,数字排序采用位比法十进制(按小数制的排列方法),小的在前,大的在后,同位数字相同,再比较下一位数字。

(4)分类语言的优势与不足

1)优势

严密性和系统性是其主要特征。分类法是一种体现知识分类等级概念的标识系统,具有按学科或专业集中、系统揭示文献信息内容的功能,用分类方法检索文献具有较高的查全率;分类法将概念逐级划分,具有等级结构,便于扩大和缩小检索范围,最适用于系统检索与浏览查询;分类法既能用于组织检索工具和检索系统,又能用来组织图书资料的分类和排架。

2)不足

不易反映学科交叉、渗透的情况,也不易准确标引或检索主题概念复杂的文献。

分类法体系虽有其本身固有的缺陷,但仍不失为一种重要的检索语言,借助于它而编制的各种分类索引系统,有着广泛的应用价值。长期以来,图书馆就是使用它作为整理、揭示藏书、帮助人们检索的基本手段。熟悉自己学习或从事的专业在分类法中的位置是十分有用的。

2.2.2 主题语言与主题法

(1)主题语言

主题语言是用自然语言中的词、词语来描述文献所论述或研究的事物概念,并按其字顺序组织起来的一种检索语言。这些用来表达的经过选择的词或词语就是主题词。主题语言是一种描述语言,因为主题语言直接借助于自然语言的形式,所以比较直观,表达概念唯一,而且多个主题词可以级配,也就是说同一篇文献可用多个主题词标引,形成专指性较强的概念,所以检索专指性强或较复杂性的课题时比较方便。

(2)主题语言类型

主题语言根据主题性质的不同,可分为标题词语言、关键词语言、叙词语言和单元词语言。

1)标题词语言——规范化的主题词

标题词(subject headings)就是用于标引和查询信息主题概念的规范词。标题词又大多分为主标题词和副标题词,如果采用多级标题,那么副标题词还可细分为第三级、第四级标题。主标题词和副标题词在编制标题词表时已固定组配好,所以它属于先组式检索语言。

标题词语言又称为标题法,是最早出现的检索语言,故又称为传统式主题法。标题词语言是用经过规范化处理的名词术语来表达文献的主题,并将全部标题词按字顺排列起来而形成的一种检索语言。

例如,一篇关于计算机的设计和一篇关于计算机维修的文章,都可直接用"计算机"来作为标题词。它们在标题词系统中都是按"计"字排列集中在一起的。但是,如果一篇文章用"微型计算机"这个术语来叙述它的研究对象;另一篇文章用"微型电脑"这个术语来叙述它的研究对象;第三篇文章用"微机"这个术语来叙述。虽然都表示同一概念,这时就不能直接用"微型电脑"或"微机"来作为标题词了,这 3 篇文章都必须用"微型计算机"作为标题词(根据词表决定)。因为这 3 个术语是等同概念,如果同时用 3 个术语来标引,便会导致文献被分散放置。当然,可采用参照系统来补救,如读者若从"微型电脑"或"微机"入手检索,则都可在标题词表中看到"见:微型计算机"的参照提示。

标题法的主要特征是事先编表,标题词以固定的组合方式在主题表中形成标题。《美国国会图书馆标题表》(*Library of Congress Subject Headings*, *LCSH*)和美国工程信息公司编制的《工程标题词表》(简称 SHE)是其主要代表。不过在 1989 年之后,美国工程索引的标题词法已经改为一种接近叙词的中间过渡受控词表了。

2)关键词语言——可轮排的未经规范化处理的主题词

关键词语言不经过预先处理,是一种用自然语言做检索标识的检索语言,因此在信息组织中有广泛的应用,网上各种搜索引擎和数据库大多采用了关键词法,如网易、搜狐等搜索引擎。由于关键词没有经过规范化,虽有直观等优势,但对文献查找的查全和查准还是有影响。

用关键词法编制索引特别快,因为既不需要规范化处理,又大多采用计算机自动抽词,即使有些不规范也不要紧。20 世纪 60 年代,美国化学学会率先出版机编 Chemical Titles(化学题录),之后美国生物科学情报社、费城科学情报所等紧随其后,产生了越来越多的机编关键词索引。有代表性的关键词语言编制的检索工具有《化学文摘》(CA)中的关键词索引。

在发展历史上,关键词法放弃了传统的对主题词的规范化努力,力图另辟蹊径,以适应机检需要。

3)单元词语言——可组配的主题词

单元词(uniterm)语言是从标题词语言分离出来的,单元词是一种基本的、不能再分的单位词语,也称元词。单元词是从信息内容特征中抽取出来,经过规范且只表达唯一独立概念的检索语言。例如,"机械工程"就不是单元词,因其可再分为"机械"和"工程"两个单元词。

单元词法是根据一个复杂概念可以用简单概念组配而得的原理产生的。类似于原子的概念,如果把一个词或词组,一再细分,使其不能再分,否则就失去该词的本身含义,这就是单元词。

字面组配是单元词语言的基本原理。如"大学"+"教育"组成"大学教育","熊猫"+"洗衣粉"组成"熊猫洗衣粉",但是"大学教育"是正确的,而"熊猫洗衣粉"则是错误的。又如"马车",不能等于"马+车"、"铁路"也不等于"铁"+"路",于是"马车""铁路""乌鲁木齐"等就应是单元词。单元词法可大大减小词表的体积,而且便于灵活组配、发展和扩充(后组式特点)故有些先天优点。但由于自然语言现象太复杂,使用单元词易发生"误配",产生漏检或误检,可靠性太差,因此早已被淘汰。

不多的一些使用单元词语言的检索工具有《化学专利单元词索引》和《世界专利索引(WPI)——规范化主题词表》等。

4)叙词语言——规范化、可组配、可轮排、便于计算机检索的主题词

叙词又称描述词(descriptor),它集成了标题词法的规范化、单元词法的后期组配、关键词法的轮排等优点,其科学性和使用性都比较好,因此现在成了大多数检索工具或文献数据库普遍采用的一种检索语言。

叙词语言是以叙词作为信息标引和信息获取依据的一种检索语言,故又称主题词语言。叙词语言是多种检索语言的综合应用,它的基本原理是概念组配。

①概念组配和字面组配——标题词、单元词和叙词的比较

概念组配是概念的分析和综合,而不是简单的依据字面意义进行组词和拆词。例如,"通信对抗"可用"通信"和"电子对抗"两个概念进行有效组配,简单地用"通信"和"对抗"进行组配是不正确的。

概念组配也是叙词语言的基本原理。概念组配与字面组配在形式上有时相同,有时不

同,而从性质上来看两者区别是很大的。字面组配是词的分析与组合(拆词);概念组配是概念的分析与综合(拆义)。

例如,单元词可以自由组配,这是一个优点,它比标题词必须预先设定(即最初就应把标题词搭配好)好得多,但单元词的自由组配却是采用字面组配(如香蕉+苹果=香蕉苹果),而叙词则采用概念组配(香蕉味食品添加剂+苹果=香蕉苹果)。

②叙词的规范化处理

除了关键词外,其他几种主题词都需要进行规范化处理,这是由于自然语言中的文字、语音和语词都是十分庞大的集合,具有极其丰富的表达能力,但也往往带来大的模糊性和不确定性。例如,有这么一个小故事:

一个节日,某君邀请了 4 个朋友来家中作客。到时,只来了 A,B,C 3 位,老 D 不知何故久等不到。某君心里暗自着急,不由自语道:"怎么该来的却不来?"

客人老 A 听了颇感不快,自思道:"我大概是不该来的吧!还是走了的好!"于是老 A 不辞而去。主人见老 D 未到又走了老 A,心里更着急,不由又冒一句出来:"唉呀,不该走的又走了!"客人老 B 听了,也觉心里不是味,暗忖道:"莫非我是该走的么?那好,我也走吧!"这样又走了老 B。

客人老 A 和老 B 都先后走了,剩下一个老 C。他见主人心甚不安,就好心劝告主人说:"你说话可要当心,两位客人都被你气走了!"主人赶忙解释:"老兄,别误会。其实我并不是说的他们两人啊!"

老 C 一听,似有所悟:"哦,原来是冲我说的!那我也该走。"

【思考题】

这个故事主要涉及什么逻辑错误?(NOT)

表 2.2 是叙词中有关同义词规范化处理的例子。

表 2.2 叙词同义词的规范化

	采　用	不　用
选其中通用的	Air pollution	Atmospheric pollution
选学名不用俗称	马铃薯	土豆、山药蛋
	Nuclear weapons	Atomic weapons
	A.C. motors	Induction motors
全称和简称选通用	CAD	Computer-aided design
	Laser beam welding	Laser welding
选新不选旧	硅钢片	矽钢片
	交流电机	感应电机
选正式名称,不用绰号	B-52 轰炸机 F14 战斗机	空中霸王 雄猫飞机

续表

	采 用	不 用
选意译的通用译名	激光器	莱塞、镭射
	布尔代数或逻辑代数都可以,但布尔代数更流行	
	夏伯阳	恰巴耶夫(Чапаев)
	《汤姆叔叔的小屋》	《汤姆大伯的小屋》

我国港澳台地区的许多用语比较特殊,一般不用作检索词。例如,对于 cancer(癌)称为"砍杀尔",把 LASER 译为"镭射"(实际上是 LD 激光电影),等等。但"界面"(接口)一词,却也被我们广泛接受。

利用叙词语言编制的叙词表林林总总,数量很多,如《汉语主题词表》、《INSPEC 叙词表》(INSPEC Thesaurus)、美国《工程索引》(Ei)的《工程信息叙词表》(Ei Thesaurus)等。

(3)主题语言的优势与不足

1)优势

专指性和直接性是其主要特征。能形成专指度高的检索标识,查准率高;简单直接,不像分类语言需要转换为分类号。主题词在词表中按照字顺排列,没有等级性,便于增删、修改;规范化主题语言有一套较完整的参照系统,能显示词间关系,可供扩检和缩检用。

2)不足

查全率低;表达概念的受限,标引、检索前处理量大且难以达到统一;词表收录有限,很多概念在词表中没有反映。

2.2.3 分类主题一体化语言

"搜索,是 Internet 永恒的主题和魅力",在需求驱动下的搜索才能促使把无序的信息转化为知识。把信息的分类组织和字顺组织有机地结合起来,把分类检索和字顺检索有机地结合起来,把自然语言检索和人工语言控制结合起来,是在相同技术条件下对网络信息进行整序、控制和检索的最有效方法。互联网上信息的数字化和软硬件技术条件为分类查询和主题查询的真正结合奠定了基础。

网络信息的分类、主题一体化整序,就是既对信息进行分类整词、信息形式特征、信息编码特征等关联起来,从而向用户提供分类主题一体化的检索功能。用户除了可独立进行分类检索和字顺检索并随意转换检索方式外,还能通过分类与主题的相互限定改变检索范围,达到最佳的搜索效果。

在网络信息查询中,分类与主题的一体化结合主要表现在以下两个方面:

（1）在特定的知识范畴内进行字顺检索

用户为缩小字顺的搜索范围，一般先选择一定的类目，在该类控制下进行主题检索；或者在浏览过程中发现类目关系比较复杂、不易把握时，在该类中转向字顺检索。这两种不同的思路都是把检索范围控制在一定的知识领域内，达到较精确的检索。目前，少数搜索引擎具备这种由分类对主题检索的控制。

（2）用特定的分类限定字顺检索

在进行主题检索时，常使用一定的条件进行限制，以便把检索结果控制在某种范围内。①使用信息的形式属性加以限定，如：信息的编码属性（如中文/英文，简体/繁体）；信息来源或分布属性（如网站、网址、网页、全文、新闻、中国/港澳台/世界）；信息的载体、用途、使用对象等属性（如 MP3、图片、软件、硬件、游戏）。经过这样的限定，就可以过滤掉很多无关的信息，多数搜索引擎都具有这种限定功能。②使用分类系统的知识范畴进行限定，把对某主题、某事物的字顺检索控制在一定的知识领域。例如，检索"汽车"时把范围选定在"工程技术"内，就可把玩具汽车、文艺作品中的汽车等不相关信息过滤掉。

"分类—主题—自然语言一体化"是检索语言发展的重要趋势之一。分类主题一体化能很好地适应网络环境，可以满足网络用户的多种检索需求，为用户提供经济有效的多种检索途径。自然语言依然是最优选的检索接口，是用户检索用语言。三者一体化才能发挥最佳整体效益，满足网络信息检索多方面需求。

2.2.4　自然语言检索的特点

相对于传统的受控语言检索，自然语言检索具有很多明显的特点。随着近年来网络信息检索的发展，基于传统受控语言的检索由于条条框框太多，在一定程度上限制了它的应用。而其较大缺陷在于受控语言是一种用户不熟悉的语言，用户使用起来较不方便。

相对于受控语言而言，由于未经任何的规范化处理，基于自然语言的检索比较符合人们的检索习惯。因此，作为信息检索的一种类型，自然语言检索可能成为未来信息检索的主流形式。具体地说，自然语言检索不受词表的限制，保持与新概念的同步，可有效地跟踪新事物的发展；同时，直接采用文献作者使用的自然语言，使标引工作摆脱了对受控语言的依赖，更便于进行自动标引；而对于大多数普通检索用户而言，直接使用自然语言进行检索更符合其行为习惯。

另一个重要的特点在于：由于自然语言检索采用自然语言处理技术，因而能够在一定程度上理解文本信息和用户提问的含义，并在某些环节上进行概念控制，因此能更准确地定位检索目标，实现较好的查准率。

自然语言不存在受控语言的统一兼容问题，在使用自然语言的各数据库间可实现标引、检索成果的共享。另外自然语言不受词表及各种复杂标引规则技术的干扰，更具备联合建设数据库的优势。此外,自然语言检索不仅适合文献检索,更适合数值检索和事实检索。

虽然自然语言检索具有多方面的特点,但这并不意味着一定要用它来代替其他类型的检索。同其他检索形式一样,自然语言检索也有其自身意义和适用范围。一个检索系统可以同时采用多种检索方式,不同的用户可以根据需要选择使用,传统的信息检索方式仍将在信息检索中发挥其作用。

2.2.5 检索工具的数据存储结构

检索工具存储文献的数据结构是以层次型为主、结合关系型和网络型的复合体。

数据库(或一本月刊或年刊)由记录构成,一个记录相当于手工检索工具的一个文摘或题录;记录又由字段组成,字段就是"著录项",它可由子字段构成。

文摘和题录,哪一个是主要的? 题录应当是文摘的一个"特例",因此,文摘是检索工具的"细胞",是最基本的存储单位。与此类似,字段也是组成数据库的最基本的单元。

一个文摘能够"输出"的信息如图 2.4 所示。

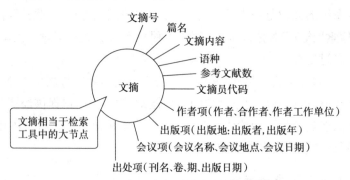

图 2.4 一个文摘能"输出"的全部著录项

在一个文摘中,各著录项之间有什么关系?

一个文摘的各著录项的信息"权重"是不一样的。例如,参考文献数就不重要,而篇名则很重要。由一些具有密切关系的著录项又构成"大的"著录项,我们一般称为"某某项",如著者项、出版项等。

著者项包括著者、合著者、第一著者的工作单位等;会议项包括会议名称(届次)、会议地点、会议日期、会议主持者、会议录名称、会议录出版和订购信息等;出版项包括出版地、出版者、出版年(月)。通常的出版项的著录格式为

[出版地:出版者,出版年]

有时文献中并无完整的出版信息,这时就让它的位置空着。假如出版项为[1991],则表明原文提供了出版年,而出版者信息由于原文没有告诉我们,因此就无法列出。文摘中一个最重要的"大项"是出处项,它使我们一旦需要,可迅速查找原文。

让我们观察图 2.4 中的文摘的各著录项的情况,除了以上的"大著录项"以外,文摘中就只剩下一些关于文章内容的描述信息了。这些信息中,篇名是文章的"眼睛"、文摘内容是文章的缩影,文章用何语言、参考文献有几篇、文摘员是谁等信息比较不重要,但又与文章主体

有关,因此常被放置在文摘内容之后。

如果把文摘看成一个文献平面,则大的著录项是与这个平面正交的小平面,其相交线正是那些既是文摘中的重要著录项、又是自己所在的小平面中为首的著录项。它们也正是数据库常用来作检索入口或存取点的"关键字段"。例如,著者的工作单位、职称、年龄(此项为假设)等,与文献本身并无直接的关系,但却是与著者本人息息相关的,因此属于著者项的小平面。它们通过"著者"就与文献建立了联系。示意图如图 2.5 所示。

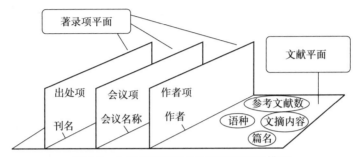

图 2.5　文摘平面与集合著录项的正交模型

2.3　科技文献检索和文献检索系统

2.3.1　文献检索

文献信息检索或情报检索(Information Retrieval),是指把文献信息按一定的方式组织和储存起来,并能根据用户的需要取出所需的特定的信息的整个过程。它的全名为信息存储与检索(Information Storage and Retrieval)。通常所说的信息查询或检索只是其名称的后一半,或是"狭义"的信息检索。

作为检索对象的文献信息,既有较为简单的数据形式或事实形式,也有复杂的文献形式。因此,文献信息检索根据检索信息的对象分为数据检索、事实检索和文献检索 3 种形式。

(1)**数据检索**(Data Retrieval)

以文献中的数据为对象的一种检索,如某个物理对象的临界值、某公式、某化学分子式等。典型的提问式如"锑的原子量是多少?"(121.75)

(2)**事实检索**(Fact Retrieval)

以文献中的事实为对象,检索某一事物发生的时间、地点或过程。典型的提问式如"中国辛亥革命是哪一年发生的?"(1911 年)

（3）**文献检索**（Document Retrieval）

以文献为对象的一种检索，凡是查找某个题目（Topics）的有关文献，以及回答这些文献的情况、出处、收藏地方等，均属文献检索的范畴。典型的提问式如"关于汽车排放废气造成公害的情况有哪些文献报导？"（有趣的是许多学生都将这一选择题回答为事实检索）。

这3种类型的检索，检索对象不同，检索结果也不同。数据检索回答一个确定的数据或数据范围；事实检索回答一个确定的事实；而文献检索则是一种相关性的检索，带有很大的不确定性。数据检索和事实检索的结果能回答"有或没有""是或不是"（命中集合要么是0、要么是1），而文献检索的结果则连明确地回答"有或没有"都很困难（合适的命中集合常在几条到几十条之间）。在这3种检索形式中，文献检索是使用最广、效果最大的一种。一般在科技文献检索的书中介绍的工具书一大类，基本上就是数据或事实检索。

数据检索侧重于检索对象的量的方面，事实检索侧重于检索对象的质的方面，而文献检索既不能确切地回答检索对象的量，也不能简单地回答质的方面。假如有某个发明人有这么一个提问：关于他的一个小发明在文献中到底有无完全相同的专利，那么这个问题不用思考就能回答"没有"，而检索结果为0的结局实质上与没有进行检索是同一回事。这个问题的提问方式本身就是错的，他以数据或事实检索的提问方式来要求得到文献检索的结果。

通常对数据方面的记忆不需要花太多的精力，以便空出足够的大脑的"内存"空间进行一些科学思维活动。例如，当爱因斯坦出访美国时，有人问他声音在空气中的传播速度是多大，这是当时流行的"科学知识测验"中必然出现的一道小题。爱因斯坦用手托住下巴，想了一下，说："很对不起，我不记得了。不过，干吗要记它呢？随便哪本物理书中都能找到这个数字。"

声音的速度多大，这是任何一个中学生都能回答的问题。可是，当代最伟大的物理学大师竟然回答不出。然而，他又那样坦白地承认自己不知道。爱因斯坦的思想不在这些细枝末节上逗留，他在探索宇宙间最深刻、最根本的规律。也许，他确实需要比通常的科学家大得多的大脑的"内存空间"，来进行一些杰出的庞大的思想试验。试想一下，能把物质、能量，用光速作为一个"系数"联系起来，并用一种非常简洁的形式表达，如果没有杰出的哲学思维、深厚的科研能力和完美的艺术素养及其有机结合，是不可能达到这样伟大成就的。

2.3.2　文献检索系统

作为一个系统，就不能局限于仅仅研究文献及检索工具，还应包括作用于此系统的人，即文献加工人员及广大的检索用户在内。由此使文献检索系统带有人机系统（Man-Machine Systems）的特征，因此也会有人机工程、人机界面的种种新问题。

文献检索系统可分为手工检索（手检）和计算机检索（机检）两种类型。其中手检是基础，机检是发展方向。而它们的系统构成应当是一样的。

（1）文献检索系统的构成

无论手检还是机检系统，它们都由以下 4 个部分组成：

1）检索文档

检索文档即文献的检索标识的有机集合，如卡片式或书本式的目录、索引、文摘、计算机的索引文档、倒排文件、HELP 菜单帮助等。

2）技术设备

技术设备如书目卡片柜、缩微品的阅读器、书本式目录、计算机、文献库等。

3）作用于系统的人

作用于系统的人如用户、文献加工者、系统维护人员、管理人员等。

4）系统构成准则

系统构成准则是构成系统的一种"标准"，或一种逻辑语义工具。它包括检索语言、文献标引规则、用户使用手册等。

从人机工程学角度来看，上述 2）和 3）构成人机关系；1）和 4）则为人机"界面"或系统软件，其中 4）相当于"软件环境"，1）相当于"应用软件"。

（2）文献检索的基本原理

文献检索的基本原理就是把用户提问式中的检索标识与文献的存储标识相比，如果能够取得一致，就称为"匹配"，就可得到"命中文献"。

文献检索并非只是检索工具使用的问题，它是文献的收集、整理、加工、检索、用户调查、读者心理分析等一系列的过程。因此，要真正了解文献检索的基本原理必须从文献的整个系统来分析。

文献检索系统的一般检索模型如图 2.6 所示。

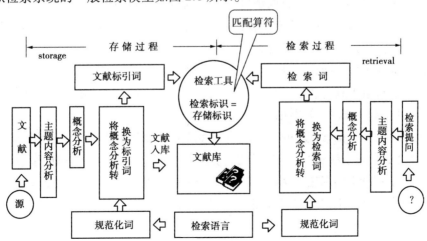

图 2.6 文献检索系统模型框图

由图2.6可知,文献信息检索是通过对大量的、分散无序的文献信息(包括网络信息)资源进行搜集、加工、组织、存储,建立各种各样的检索系统,并通过一定的方法和手段使存储与检索这两个过程所采用的特征标识达到一致(匹配),以便有效地获得和利用各种信息资源。

在存储和检索的两个过程中,存储是为了检索,而检索又必须先进行存储。这就是信息检索的完整的过程。目前为了方便网络用户的检索,网络信息资源的存储越来越趋向于利用自然语言来标引信息。

由图2.6可知,科技文献检索系统由两大部分组成:文献的存储过程和检索过程。

在存储过程中,首先是对大量的原始文献(10大文献源)进行筛选(根据具体的藏书建设方针进行采购或收集),然后开始对文献加工。在加工过程中,第一步是对文献内容进行主题分析;第二步需将主题分析上升为概念分析;第三步根据某种检索语言的词法和语法将主题概念转换为标引词,这样就在检索工具中形成了存储标识。为了保证检索工具总是严格有序的,对手工检索工具而言,所添加的存储标识必须处于适当的索引位置;对于机检系统,则必须重作索引。

检索过程则为存储过程的逆过程,首先必须要用户有所谓"情报需求"(当然,图书馆也可以主动为其服务)。针对用户的情报提问,同样必须要对其内容进行分析,因为常常有用户不能清楚地描述他(她)究竟需要检索什么样的文献,这是第一步;第二步,同样需要作进一步的主题概念分析;第三步,将概念分析的结果根据同一种检索语言的规则转换成检索词(规范化词或自由词),最后则是用检索标识(检索词)与存储标识(标引词)相比较,如能取得一致,则检索命中,否则需改换或修改检索词,重新进行。

图2.6中,左边部分为数量有限的文献加工人员所从事的工作,右部则是面向广大用户提供的服务,而检索工具则成为沟通二者之间的"桥梁"或界面。左、右两边都必须遵循同一种逻辑语言,这就是检索语言;而检索工具不能是"无源之水",必须有它的物质基础作为后盾,这就是文献库。

此图如果用节点(node,即具有两个以上的数据流向的点)图表示可能会更加直观。我们会发现在这个系统结构图中,检索工具是最大的节点,它几乎把整个系统的各个部分都紧密地联系在一起。检索工具是文献检索系统的核心。

文献加工提炼出检索标识,形成检索工具,并把它与文献本身分开;而文献检索则通过查询活动重新把检索工具与文献本身结合到一起。这种"一分一合"的目的是为了人们能更有效地、更充分地利用文献、利用知识。

该图也是任何一部检索工具的结构模型。这是由于检索工具不仅是文献检索系统的核心,同时也是文献检索系统的"缩影"。例如,美国的《工程索引》,它以SHE作为词表(检索语言),以美国工程学会图书馆为文献"后盾"(文献库),编辑者为美国工程信息公司(文献加工人员的群体),而"用户"则遍及全世界。

2.4　文献检索的方法、步骤和检索结果的评价

2.4.1　文献检索的一般步骤

（1）掌握课题要求——分析课题、分析已知情报

这一步应了解用户的检索要求。一个课题，可能仅仅是想了解一下，或已经在研制、进行之中，也可能是已经完成，检索目的是为了成果鉴定等 3 种情况。第 3 种情况是委托科技情报查新机构进行的。我们只涉及前两种情况。

①了解研究课题所属的专业、学科范围和检索范围及检索年限。

②了解检索目的和要求。

③了解已经有哪些已知情报。

（2）制订检索策略

检索策略（search strategy）是指为实现检索目标而制订的全盘计划或方案。它一般包括以下 6 个方面或步骤：

①确定回溯年限和查找范围。

②选择检索手段。

如手工检索、联机检索、光盘检索等。还有一种脱机检索，它们是订购国外的文献磁带，将数据装入小型机的数据库中为用户提供检索服务。这方面要注意首先可进行光盘检索，如无，则手工检索，最后才使用国际联机检索或在 Internet 网上查询。即使进行联机检索也有一些省钱的技巧。例如，先用手工检索试查一下，使用脱机打印，只输出文摘号再用手工检索文摘号，等等。

③选择检索工具或数据库。

无论是手工检索还是计算机检索，都应当到"富矿"中去检索，即选择那些存储和报道你需要的文献可能最多的检索工具。这是由于许多检索工具或数据库的报道内容有重复，而用户一般时间有限，不可能、也不需要对每个可能报道的数据库都去搜索一遍。例如，SA 中分为 PA，EEA，CCA 这 3 个分册，它们可能全部重复报道同一篇关于单片机控制电路并论及物理定律的文献。尤其是 EEA 和 CCA，对那些既涉及电子电路又与计算机控制有关的文献，重复量更大。即数据冗余量大，其容错能力也大，这样能方便用户，减少漏检的可能。反之，切忌到那些没有你所需要的文献的地方去查找，否则手工检索可能只浪费你一些时间，而机检则可能让你花上一大笔费用而毫无所得。

④选择检索方法。

直接法或常用法中的倒查法是最基本的。

检索方法通常分为直接法、追溯法和综合法 3 种。

A.常用法

常用法指通常使用各种检索工具查找文献的方法,也就是文献检索教材中介绍的主要方法。常用法又分以下 3 种:

a.倒查法。即从近年的检索工具查起,逐年回溯过去的文献,直到满足需要即止。此法较省时间,检索重点是近期文献。

b.顺查法。在时间先后上与前法相反,得预先确定一个检索的起始年代,再逐步查询到近期文献,检索起点的确定依课题而定,如要系统查找单片机的应用,则从 1985 年开始,因为它诞生不久。

c.抽查法。是选择课题内容最活跃、成果最多的时期重点查找,这也比较省时。

B.追溯法

利用引文索引或综述、述评文献、专著等文后所附的参考书目(不一定专指图书)信息入手,追溯查找原文,再利用那些找出的文献所附的参考文献扩大检索。这种方法查文献越查越旧,但是不用什么检索工具。

注意在文献检索中常说的"回溯"或"追溯"检索多少年,不是指使用这种方法,而是指常用法中的倒查法。它实际上是常用法中最"常用"的。同时,这里的"追溯"也不是联机检索中的回溯检索(RS:Retrospective Search)。

C.综合法

常用法与追溯法结合。即通过检索工具检索出一批文献,再利用检出文献进行追溯,从而扩大检索范围。

⑤确定检索途径和检索词。

检索途径已经由检索工具的结构预先确定,但大多数检索工具都能提供几种主要的检索途径,它们也正是我们在的系统结构分析一节中提过的"最佳断点"。这些途径如分类、主题词、著者等。检索词也就是文献加工的标引词,只是提法和角度不同而已,如果称为存取点,则更能说明概念。首先应拟出全部中文检索词,然后将其翻译为英文检索词,再用检索词表及其体现词与词间关系的参照系统来核定,从中选择最可能和最准确的词或词组。

⑥构造检索式。

这是计算机检索中用来表达检索提问的一种逻辑算式,由 AND,OR,NOT 或其他算符(也称算子)连接检索词。注意在各个不同的数据库中,可能使用的逻辑符号不同。例如,在 micro CDS/ISIS 系统中,用" * "" + "号代表 AND,OR,但在光盘系统中却必须使用 AND 这样的字符,而在国际联机系统中二者都可用。

(3)索取原文

①缩写刊名变全称。

对于西文期刊,可使用该检索工具的"引用期刊一览表"之类的索引对照转换。注意它们往往不是每期都有,但你完全可以用该检索工具的年刊、或往年的"引用期刊一览表",因为其摘录的期刊种数有一个大的基数,重要的摘引期刊多年不变。

对于日文、俄文期刊,同样先用"引用期刊一览表"查出其全称刊名,再用日-英、俄-英字母对照表转换为原刊名。对于某些中文期刊,则可能使用汉语拼音转换。对于书名,则不需要转换。因其并不缩写。可根据出版项等信息直接查英文图书。对于会议录名,一般也是缩写的。也得根据会议录专用索引还原。但许多工具也将其放置到"引用期刊一览表"中。

②通过馆藏查原文。

如果查出的文献是科技图书,可用图书馆的 OPAC 系统查找。一般有 3 种途径:书名目录、著者目录和分类目录。对中文的,使用书名目录较合适,外文的则用著者目录更好。如果希望借阅,应记下目录卡片左上角的图书分类号(实际上是分类号加上本馆自定的加工号共同构成的索书号),以便借出。例如,对于黄万新编著的《图书馆现代化技术》一书,可能在内封面上方出现这样几个符号:

822921	
	37.635
	H78

此处822921是馆藏号,也是财产记账的依据,因为是一本书唯一对应的一个号。一个图书馆拥有多少册书,就是由最大的馆藏号决定的。37.635 是该书所属的科图法分类号,而H78 则是著者姓名的拼音字头,加上顺序号。因此 37.635/H78 就是索书号。索书号唯一地对应着一种书。这种书可能有 3 本或 10 本,此即"复本量"。例如,重庆大学图书馆的纸质藏书有 377 万册,其中约 87 万多种书有复本。

如果查出的文献是期刊论文,则需要利用馆藏期刊目录(有书本式的和卡片式的)。期刊目录先按语种分为中文、西文、俄文、日文等目录,通过它们查得其馆藏号,该号可能是用铅笔在期刊封面上写的一个数字,例如《中文信息》1990 年 2 期,就是37079,如果 1984 年 2 期,也仍然是这个号。只要有了馆藏号,则不管语种,就能在期刊库中直接"定位"了,因为它自然也是排架用的号。

③如果本馆缺藏,则可能用到联合目录。

例如,《全国西文期刊联合目录》科技版,该目录汇集了 105 个单位的馆藏西文期刊。对于专利、科技报告、会议文献等特种文献("特种"的意义之一就是难得原文),可先在本馆查,如果查不到则到当地信息所查或其他大学图书馆等机构查询。

④复制原文。

一般先向本馆期刊室或检索室(如果复制检索工具中的二次文献的话)办理借出手续。注意由于期刊和检索工具都是不能外借的,因此此处不用"借阅"一词。最后到复印室复制。

2.4.2　检索结果的评价

对于检索效果或检索效率的评价主要是针对计算机检索而言的,但对于一般检索也常常定性地提及。

反映检索效果最重要的两个标准是查全率与查准率。

(1)查全率与查准率的概念

查全率 R(recall factor):检索出的有关文献量与存储的全部有关文献量之比。查准率 P(pertinency factor):检索出的有关文献量与检索出的总文献量之比。

如果把检索出的有关文献量用 a 代表,存储的全部有关文献量为 a+c(显然,c 是漏检的数量),检出的总的文献量为 a+b(显然,b 是误检的量),则

$$R=a/(a+c) \quad P=a/(a+b) \quad O=c/(a+c) \quad M=b/(a+b)$$

其中,O 是漏检率(omission factor),M 是误检率(miss factor)。这些概念中查全率和查准率是基础,O 和 M 是根据它们推出来的。这些指标都用百分数表示,而且不会大于 1。

查全率是指系统在进行某一检索时,检出的相关文献量与系统文献库中相关文献总量的比率,它反映该系统文献库中实有的相关文献量在多大程度上被检索出来。例如,要利用某个检索系统查某课题。假设在该系统文献库中共有相关文献为 100 篇,而只检索出来 70 篇,那么查全率就等于 70%。

查准率是指系统在进行某一检索时,检出的相关文献量与检出文献总量的比率,它反映每次从该系统文献库中实际检出的全部文献中有多少是相关的。例如,检出的文献总篇数为 70 篇,经审查确定其中与项目相关的只有 56 篇,另外 14 篇与该课题无关。那么,这次检索的查准率就等于 80%。显然,查准率是用来描述系统拒绝不相关文献的能力,有人也称查准率为"相关率"。

查准率和查全率结合起来,描述了系统的检索成功率。

如果把查全率和查准率用直角坐标系表示,就能直观地看到,检索效率曲线类似于某种双曲线(见图 2.7)。如果得到了较高的查全率,则查准率就一定差,如果保证高的查准率,那么查全率就下降(可见,海森堡测不准原理也一定是某种双曲线)。当然,也可以兼顾二者,同时得到较好的查全率和查准率,或者根据需要侧重查准(多用 AND 性质的检索)或查全(多用 OR 性质的检索)。图 2.7 是某个检索系统的查全率与查准率的关系特性曲线。

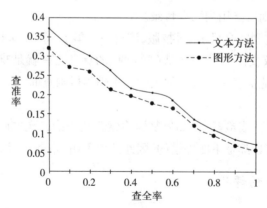

图 2.7 查全率与查准率呈双曲线(反比)关系

（2）影响检索效果的因素

1）影响查全率的因素

主要有文献库收录文献不全,检索词缺乏控制和专指性,词表结构不完整,词间关系模糊或不正确,标引不详,标引前后不一致,标引人员遗漏了原文的重要概念或用词不当等。

此外,从文献检索来看,主要有:检索策略过于简单,选词和进行逻辑组配不当,检索途径和方法太少,检索人员业务不熟练和缺乏耐心,检索系统不具备截词功能和反馈功能,检索时不能全面地描述检索要求,等等。

2）影响查准率的因素

影响查准率的因素主要有:检索词不能准确描述文献主题和检索要求,组配规则不严密,选词及词间关系不正确,标引过于详尽,组配错误,检索时所用检索词（或检索式）专指度不够,检索面宽于检索要求,检索系统不具备逻辑非功能和反馈功能,检索式中允许容纳的词数量有限,截词部位不当,检索式中使用逻辑或不当,等等。

【思考·练习·讨论题】

1.什么是零次文献、一次文献、二次文献和三次文献?

2.简述信息、知识、情报、文献及其相互关系。

3.什么是文献信息检索? 信息检索的基本原理是什么?

4.文献信息检索的分类有哪几种不同的方式?

5.文献信息检索有什么重要意义?

6.什么是检索语言? 检索语言有哪些类型?

7.检索语言有什么作用和功能?

8.10 大文献信息源有哪些?

第3章

计算机信息检索基础

【本章提要】

　　无论是使用数据库进行检索,或者是上网使用搜索引擎,都需要掌握计算机信息检索的基本技能。本章内容包括:数字文献信息资源;文字、符号、声音和图像等媒体概述;汉字编码和 GBK、Unicode 体系;计算机文本技术的发展(从纯文本到超媒体文本);计算机检索和数据库的基本知识、检索策略的拟订,等等。

　　本章最后一节介绍了用 AND,OR 和 NOT 构筑健康人生的构想。这也许是文献检索科学深深埋藏着的一座富矿,只要你善于开采和利用它们,你一定能收获一个健康、奋进、不平凡的一生。

3.1　计算机化的文献信息源

3.1.1　文献的载体和媒体——信息、情报和知识的依托

　　我们已经知道了文献信息主要是人类的精神产品,而精神产品又必须依附在某种物质载体上才能保存、流传。但文献信息的载体除了物理的以外,还有逻辑的载体,即用什么符号或文字表达文献信息。这两种载体都是必须同时具有的,并且都能看见。为了与真实的载体区别,人们把字符之类的信息载体称为"媒体"或"媒质"(media)。

(1)信息媒体的种类

　　信息的媒体是信息传播的形式,它们有符号、文字、声音、图像、动画等。情报是信息和知识的活化,总是伴随着人的情报活动而产生的。因此可把人的情报活动看作情报的媒体。

　　例如,蜜蜂采集花粉,尽管是为了它们生存的目的,但客观上却起着传播花粉,繁荣植物

的作用。蜜蜂在采蜜过程中有"语言"交流,并且有"数学语言"。已经发现蜜蜂用一种"舞蹈语言"作为传递消息的方式,而且"语汇"非常丰富。德国的诺贝尔奖获得者奥特鲁姆(Ortrum)揭示了蜜蜂"舞蹈语言"的秘密。

花丛(蜜源)在何方向? 距离蜂巢有多远? 表达这两个问题,在数学上要用解析几何的极坐标知识,而蜜蜂却巧妙地解决了它们。蜜蜂表达这些问题所用的跳舞动作和聋哑人的手语具有相同的性质。

信息可从一种载体或媒体转移到另一种不同的载体或媒体上,其转移成本可以低,也可以高,但我们总想不出有什么信息在什么时刻可以不要载体或媒体。也就是说,信息必然始终附于某种"壳"(shell),即使是在转移过程中也是如此。

(2)信息在空中的传播媒介

空中传播的无线电广播电视信号,也是将视频图像信号调制到载波(射频)频率上,利用地球磁场,把信号送到千家万户。图 3.1 是无线电广播电视信号的组成示意图。由图 3.1 可知,该信号除了图像信号(两个行同步脉冲之间就是 1 行图像的像素信息)之外,还包括了诸多的同步信号,以便传送稳定的图像:一是行同步信号,每扫描 1 行之前就同步 1 次;二是在行脉冲的后沿"骑"着 1 个很小的色同步信号,使该行像素的色与发送端保持一致;三是场同步信号,使 1 个屏幕的图像在扫描了 287.5 行(所谓"正程")之后,立即启动场同步信号,使屏幕在黑暗(消隐状态)之中"大踏步"地只扫描 25 行(偷工减料?)后就回到原点,接着,再扫描偶数场⋯⋯

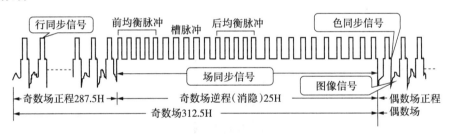

图 3.1　无线电广播电视信号的组成

电视接收机收到信号后,经过高频头进行高频放大,再经过变频和 3 级中频放大,最后经过鉴频取出视频和音频信号。本地机产生的行频和场频也必须经由无线电波中伴随着数据信号一起发送的行、场同步信号的同步,才能使本机稳定地接收图像。

图 3.2 是图文电视信号的发送原理,这是将图文数据包插入电视信号的奇数场(消隐状态下的 25 行)中的第 16 行(16H)或 21H 中,只要你的电视机具有图文电视解码卡,就能在收看电视节目的同时还能从图文电视信息中了解最新的航班、车船、股票等信息。

在这些无线电波传送的过程中,信息的载体和媒体又是什么呢? 可以想象一下,无线电波(实质是载波)是载体,而电视制式或对其系列脉冲的编码和定义就可认为是"媒体"。

可知,对于在空中传输的广播电视信号或图文电视信号而言:

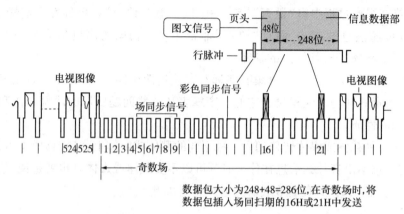

图 3.2　图文电视信号的数据包插入广播电视信号中的位置

◆载体:电磁波。

◆媒体:电视信号制式。

◆内容:电视节目或图文信息。

◆情报:你热衷于收看的节目内容。

◆知识:从情报中你得到了解的事物的规律性的东西。

结论:信息无论何时何地,即使在传输过程中,时时刻刻都不能离开物质载体和逻辑媒体。

总之,文献必然有载体和媒体,在其上必然承载信息内容,在信息内容中才可能含有情报(如果对人有用或有趣)或知识(如果有真实反映客观现实事物规律的东西存在的话)。文献的结构如图 3.3 所示。

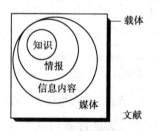

图 3.3　文献的结构

3.1.2　符号、文字、声音、图像、动画的特点比较

作为多媒体的信息载体,文字、符号、声音和图像在传递信息上有着许多截然不同的特点。

（1）符号

符号最不直观,或最"抽象",你可用一个极怪异的符号代表一种只有你自己才知道的含义。但符号一般最简单,占用机器的内存少,因其不易被理解而人机界面较差。

（2）文字

文字则以其"永久"构成人类文明的历史。其表达信息的能力可以"明察秋毫"到无与伦比的程度。知识和思想全靠文字得以积累和升华，以至于它们可以洞察未来，揭示从感知上得不到的东西。文字远比符号直观并且表达丰富，又比同属于视觉信息的图像简洁和确定，而且比起与它密不可分的一体化的语音来说，文字传递信息的速度快得多，因为文字毕竟是视觉符号。这些特点使文字永远成为使用得最多的信息介质，成为计算机信息处理的"主力"。其他的媒体可以从多方面补充它、完善它，但不要希望会完全代替它。

（3）声音

声音表达信息的细节最为丰富，使用面最广。例如，同样一句话在不同的时间或地点、用不同的语气或声调，其含义都可能有所不同。声音大致分为语音和音乐两大类，与音乐不同，语音所传递的信息更明晰（distinct）、确定得多。它还具有其他任何媒体不具有的最便于"携带"和"成本"最低的优点。

（4）**图形和图像**

图形化的"语言"给人们带来丰富多彩的感受。图形或图像传递的信息更直观、更快、细节也特别丰富（这一点同声音）。但由此也带来信息的确定性差的问题，如你从任何一个图形上可以"一下子"看到很多东西，但它究竟代表哪一种确切的含义，你多半不能立即回答，如果没有对应的文字说明的话。

（5）**动画**

在 Flash 动画出现之前，网页动画基本上以 GIF 动画为主。Flash 采用了矢量动画的形式，文件量较小，放大时也不会发生锯齿现象，并且和 RealPlayer 格式的影片一样，支持"流媒体"播放形式，即允许用户一边下载，一边播放，因此，Flash 动画可以流畅地在窄带网络上传输。此外，最新的 Flash 动画支持导入多种声音和视频文件，并添加了丰富的多媒体交互表现手段，可以帮助用户创建更加优秀的网络动画作品。

动画的交互性强，比其他媒体更有吸引力。动画作为一种交流手段，有着特有的表现形式和优点，例如，用 10 或 20 s 就可以讲述一个人的一生。

3.1.3　计算机化的文献信息源——ASCII 码和汉字内码

美国标准信息交换代码（ASCII）用 8 个位（bit）来表示一个 ASCII 码，构成一个字节（byte），因此一个字节就是信息、实质上是文献信息的最小构成单位。ASCII 码实质是 7 位编码，当高位为 0 时就是基本 ASCII 码字符集（$2^7 = 128$ 个），当高位为 1 时就组成扩展 ASCII 码字符集（$2^7 = 128$ 个），因此整个 ASCII 码是 256 个。它们就是所有计算机进行信息处理的基础。

汉字国标码是用 2 个字节表示的双 7 位编码,其内码实质上就是用扩展 ASCII 码字符集中的 2 个 ASCII 码。国标码和汉字内码都是二进制的,但也有区别。例如,"啊"字的国标码是(0000110 0100001)(注意这里 2 字节的高位是空着的),而其内码则为(1000011010100001)(注意它刚好将国标码中高位的"空"补充为"1"了)。汉字的所有输入法均称为"外码",不过有一个基本的外码非常特殊,是衔接内码和外码的"分水岭",它就是所有 GB 汉字系统都有的区位码。区位码是根据国家标准简体汉字 GB 2312—1980 将全部汉字 6 763 个放置在一个巨大的 94×94 的方阵中而得名,区位码长为 4,前 2 位是区号,后 2 位为位号。区位码就是汉字内码的十进制形式;反之,内码就是区位码的二进制数。

汉字输入码属于外码。不同的输入方法,形成了不同的汉字外码。常见的输入法有以下 4 类:

①按汉字的排列顺序形成的编码(流水码):如区位码。

②按汉字的读音形成的编码(音码):如全拼、简拼、双拼、搜狗等。

③按汉字的字形形成的编码(形码):如五笔字型、郑码等。

④按汉字的音、形结合形成的编码(音形码):如自然码、智能 ABC。

输入码在计算机中必须转换成机内码,才能进行存储和处理。

几乎所有的人类语言文字都用 ASCII 码来编码,字符集小的(如德语法语等西方语言)直接采用扩展 ASCII 码就行了;字符集大的就用两个甚至更多的字节来表示,例如,汉字 BIG5 码最全的字符集就必须用 4 个字节来代表一个汉字,因此可支持 6 万多个汉字,不过全是繁体。

常见的汉字编码有 3 种,即 GB 码(又称"国标码",相当于我国的"ASCII"码,流行于我国大陆及新加坡,含简体汉字 6 763 个);BIG5 码(又称"大 5 码",流行于我国港澳台地区,含繁体汉字 13 000 个);HZ 码(海外华人中曾流行)。BIG5 码仍是双字节,与 GB 码相同的是首字节高位也为"1",而第二字节的高位则可以为"1",也可以为"0"。HZ 码也是双字节,不过两个字节的高位均空着,代之以 ESC 换码系列的"˜{"和"˜}"来标识汉字。HZ 码是中国留学生为了使汉字信息能在国际网络上直接传送而开发的,后来随着汉字内码标准逐渐完善,HZ 码已被淘汰。但我们从中可以想象当初汉字要融入国际大家庭曾经多么煞费苦心。

3.1.4 GBK 汉字内码扩展规范

GB 2312 虽然包含了几乎所有的常用字,而且在其二级字库中还收集了许多我们也许一辈子都不会用到的字(如音 ta:1.ṭṭ 2.侂 3.傝 4.嚃 5.譶),但由于只有 6 000 多汉字,对于数量庞大的汉字来说简直是九牛一毛,不要说缺乏很多古代文献中的字,即使很多常用的人名、地名所含有的汉字都找不到。因此,GB 2312 虽然能够应付中国信息化初始阶段的汉字显示、处理的要求,但现在已经完全不能满足日益增长的汉字处理需求了。目前除了个别软件外,大多数信息化产品都不再使用 GB 2312,而使用 GBK 和与 GBK 对应的 Unicode 标准。

（1）GBK 标准简介

GBK 是新的汉字编码标准，全称《汉字内码扩展规范》（GBK），英文名称 Chinese Internal Code Specification，中国信息技术标准化技术委员会 1995 年 12 月 1 日制订，确定为技术规范指导性文件。第一版的 GBK 规范为 1.0 版。

GB 即"国标"，K 是"扩展"一词的汉语拼音首字母。GBK 向下兼容 GB 2312 编码，向上支持 ISO 10646.1 国际标准，是 GB 向后者过渡中的一个承上启下的标准。

ISO 10646 是国际标准化组织 ISO 公布的一个编码标准，即 Universal Multilpe-Octet Coded Character Set（简称 UCS），译为《通用多八位编码字符集》，它与 Unicode 组织的 Unicode 编码完全兼容。ISO 10646.1 是该标准的第一部分《体系结构与基本多文种平面》。我国于 1993 年以 GB 13000.1 国家标准的形式予以认可（即 GB 13000.1 等同于 ISO 10646.1）。

ISO 10646 是一个包括世界上各种语言的书面形式以及附加符号的编码体系。其中的汉字部分称为"CJK 统一汉字"（C 指中国，J 指日本，K 指朝鲜/韩国）。而其中的中国部分，包括了源自中国内地的 GB 2312，GB 12345，《现代汉语通用字表》等法定标准的汉字和符号，以及源自中国台湾的 CNS 11643 标准中第 1，2 字面（基本等同于 BIG-5 编码）、第 14 字面的汉字和符号。

（2）编码特点

GBK 也采用双字节表示，总体编码范围为 8140-FEFE，首字节在 81-FE 之间，尾字节在 40-FE 之间。总计 23 940 个码位，共收入 21 886 个汉字和图形符号，其中汉字（包括部首和构件）21 003 个，图形符号 883 个。

全部编码分为 3 大区域：汉字区、图形符号区和用户自定义区。

（3）GBK 的应用

在基本操作环境方面，微软公司自 Windows 95 简体中文版始，系统采用 GBK 代码，它包括了 TrueType 宋体、黑体两种 GBK 字库（北京中易电子公司提供），可用于显示和打印，并提供了 4 种 GBK 汉字输入法。从浏览器 IE 4.0 开始，简体、繁体中文版内部提供了一个 GBK-BIG5 代码双向转换的功能。

微软公司为 Internet Exporer 提供的语言包中，简体中文支持的两种字库宋体、黑体，也是 GBK 汉字（珠海四通电脑排版系统开发公司提供）。其他一些中文字库生产厂商，也开始提供 TrueType 或 PostScript GBK 字库。

许多外挂式的中文平台，如南极星、四通利方（Richwin）等，提供 GBK 码的支持，包括字库、输入法和 GBK 与其他中文代码的转换器。

在互联网方面，目前大多数中文搜索引擎，都能很好地支持 GBK 汉字的搜索。计算机外设方面，目前国内大多数办公用打印机都支持 GBK 汉字，但是有很多特种打印机目前还没有全面支持 GBK 汉字,金融上使用的特种打印机因考虑到人名的重要性,所以支持 GBK 的比较多。

便携式 IT 及通信产品方面,WINCE 因与 Windows 一样同出于 Microsoft,所以能很好地支持 GBK,但 PALM 因中文化进展迟缓,到目前才比较成熟地支持 GBK 的产品,大部分手机由于存储空间的限制,目前都还不支持 GBK 汉字。

3.1.5 Unicode 编码体系

如果把各种文字编码形容为各地的方言,那么 Unicode 就是世界各国合作开发的一种语言。在这种语言环境下,不再会有语言的编码冲突,在同一屏幕下,可以显示任何语言的内容,这就是 Unicode 的最大好处。

那么 Unicode 是如何编码的呢? 其实非常简单。

就是将世界上所有的文字全部用两个字节统一进行编码。可能你会问,两个字节最多能够表示 65 536 个编码,够用吗?

韩国和日本的大部分汉字都是从中国传播过去的,字形是完全一样的。例如,"文"字,GBK 和 SJIS 中都是同一个汉字,只是编码不同而已。像这样统一编码,两个字节就已经足够容纳世界上所有语言的大部分文字了。

(1) UCS-2 与 UCS-4

Unicode 的学名是"Universal Multiple-Octet Coded Character Set",简称为 UCS。现在用的是 UCS-2,即两个字节编码,而 UCS-4 是为了防止将来两个字节不够用才开发的。UCS-2 也称为基本多文种平面。

(2) 兼容 codepage

既然统一了编码,那又如何兼容原先各国的文字编码呢? 这时就需要 codepage 了。

什么是 codepage? codepage 就是各国的文字编码和 Unicode 之间的映射表。例如,简体中文和 Unicode 的映射表就是 CP 936。下面是几个常用的 codepage,调用相应的兼容代码页只需修改 codepage 后面的地址(数字)即可。

codepage=936　　简体中文 GBK

codepage=950　　繁体中文 BIG5

codepage=437　　美国/加拿大英语

codepage=932　　日文

codepage=949　　韩文

codepage=866　　俄文

兼容代码表的实质不过只是一张代码转换表,例如,GBK 的编码对应 Unicode 的编码(简体中文 GBK),通过查这张表,就能简单的实现 GBK 和 Unicode 之间代码的转换。

从上述对 ASCII 码和汉字编码的叙述可见,对于西方文字而言,仅仅一个 8 位字节的字符编码就够了,而对于汉字文化圈,则需要两个字节,而汉字已经是世界上最大的字符集,因此,对于全人类的文字而言,两个字节的编码足够了。

可见,计算机化的信息(不仅仅是文献了),不管天上飞的,电线中流动的,光纤中闪烁的,全部都是 0,1 代码的信息流。又由于二进制只有这两个代码,而且信息流的时间管道又约束着,因此除非特别需要,0 的位置就总是空着的。于是在我们想象的空间中,计算机化的信息,使世界充斥着无穷无尽、无边无缘、永不停歇的明明灭灭景观。在互联网中是如此,但假如能钻进 CPU 内部,发现的世界仍然如此。

3.2　计算机文本技术的发展和超文本技术

3.2.1　纸质文本的局限

什么是"文本"? 简单地说,文本(text)就是一页书或一页文章展现在我们面前的样子,是经过检索或翻阅最后让我们仔细了解其中信息和知识的界面。它是人与文献直接接触和面对以及交流的主要接口。

纸质文本经过上千年的演进和发展,其技术已经非常成熟,除声音不能直接在纸上表达以外,文字、图像等丰富的信息均能在纸上"演绎"。尽管现代印刷术的发展已经使印刷品琳琅满目、丰富多彩,但纸质文本和基于平面的屏幕文本表达本质上是全方位传播的信息时,其能力仍然是有限的。作家在文字的领域纵横驰骋,将文字的表达能力发挥到极致,某些特殊的表达甚至难以被其他方式所取代。例如,唐诗"天上明月光,疑似地上霜,举头望明月,低头思故乡",如果简单地用图画配图表示,不但很难表达原诗隽永的意境,而且长期这样的教学反而会滋生庸俗化的倾向并导致文字能力的低下。鲁迅先生的《伤逝》和其笔下的祥林嫂都是很有名的,但一搬上屏幕,就大为失色,即为一例。

但文字的表达能力是无穷而有限的,正如数列趋于极限,可以无限逼近,但却永远达不到终点。在这有限中冲击无限的是少数天才作家和勇于创新的人。纸质文本的固有局限是无法最后突破的,例如:

①不能直接表达听觉信息。只能用简谱或五线谱间接表达音乐。在早期计算机文本中甚至很难选用表达声音的标识,如用"sound"指示声音;用一个留声机和喇叭的小图标,旁边再加一只耳朵,让人知道这是音乐文件;豪杰解霸用一只喇叭带声波的图标,当未激活时声波为静止的灰色,当播放时变为波动的彩色。而听觉信息却是仅次于视觉信息的重要来源,开发它们有利于减轻视觉的疲劳。

②纸质文本缺少交互性。

③不便于修改。

④不能表达动画。

⑤不能方便地检索。

3D,4D 乃至多维空间比平面的信息表达空间大大增强,当把纸质文本计算机化后,尽管同样是一个屏幕的平面文本,却将以上缺点开始全面"弹劾",为全方位地表达信息开辟了崭新领域。新的表达空间开阔了新的表达能力,诞生了新的媒体制作职业。例如,Flash 动漫(创始者雪村,一首"东北人都是活雷锋"创造了一种崭新的计算机媒体艺术方式)。作家是在平面空间中用字词创造非凡意境的人,艺术家用形象,而多媒体作家(目前还未正式产生此称谓)则使用多媒体在计算机上创作。

3.2.2　计算机文本

但在计算机化的文本早期,要想在一页书信中使用一个小小徽标,或艺术字体,或彩色字符都是难以办到的。

(1)纯文本

计算机的传统文本,主要由单一的文字构成,其中的符号都很少,因此想选择一种不同的字体都办不到。最简单的文本是纯文本,也称正文(TEXT)文本,它是用文本编辑器(如行编辑软件 edlin、DOS 文本编辑器 Edit、Windows 的"记事本"和注册表编辑器 Register 等)产生的,一般用来编辑源程序,其特点是每行后一定有回车符,文末有文件结束符。纯文本不能容纳任何不同字体或修饰。其扩展名缺省为 TXT,但也可以是其他任何非特定文件扩展名甚至无扩展名也可。

(2)文书文本

第二类是文章编辑软件,如 WPS 或 Word 编辑的文本,这种文本允许较多的字体字号选择,并产生一些如"软回车"之类的用于自动排版的控制符。这类文本已经大量用于办公自动化中,但要作为图书印刷还不行。文书编辑软件和纯文本编辑器在早期都被笼统地称为字处理软件,而且前者通常都包含后者的全部功能,如 WPS 选 N 编辑就是编辑源程序,选 D 编辑就是文书编辑。

(3)排版文本

第三类文本应当是桌面排版系统或桌面印刷系统文本(如北大方正或国外流行的 Pagemaker),它们采用更多的字体和更大点阵数的字模,比文书文本多一套排版命令控制符,输出采用激光印字机,因此可获得较好的文本质量(用于书刊印刷)。

(4)多媒体文本

前面 3 种文本都不能容纳图像和声音,而多媒体文本就能作到。例如,你可在一封书信中,台头加上公司的徽标,插入一幅彩色近照,附上你的手写签名,或录入一段话(书信中用一个麦克风图标表示),等等。这一切都只在同一个软件(如 Word)中完成。

多媒体文本集文字(世界各种文字)、图形、图像、声音、音乐、动画等于一身,是一种梦幻般的全息文本,能全方位地表达任何信息。但文本中的特殊控制信息还不能表达,如文本中的文字或图标之间所内含的、所隐藏的关系就无法涉及,因为多媒体文本只是体现视觉和听觉等所表达的东西,而表现思维中的关系和知识单元之间的关系就超过了它的能力。这就产生了下面一个——超文本。

(5)超文本

什么是超文本?

超文本(Hypertext)是用超链接的方法,将各种不同空间的文字信息组织在一起的网状文本。超文本更是一种用户界面范式,用来显示文本及与文本之间相关的内容。现时超文本普遍以电子文档方式存在,其中的文字包含有可以链接到其他位置或者文档的连接,允许从当前阅读位置直接切换到超文本连结所指向的位置。超文本的格式有很多,目前最常使用的是超文本标记语言(Hyper Text Markup Language,HTML)及富文本格式(Rich Text Format,RTF)。我们日常浏览的网页上的链接都属于超文本。

超文本能按人脑的联想思维模式,非线性地存储、组织、管理和浏览信息的技术。

超文本是基于文本、图像和声音等信息的一种非线性组织形式。在其中的信息单元(基本信息单元可以是一个单词、一个句子、一幅图像或一段音乐),它们不是按线性序列排列,而是依赖数据库中文献单元之间的知识内容的特殊关系和可能出现的相互联系来组织的。换句话说,它是一种内含"智能"的知识网络数据库系统。图 3.4 是超文本系统的模型。

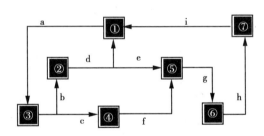

图 3.4　超文本系统的结构模型

在超文本中,最小的知识单元是结点(nodes),知识单元用链路(links)相联结。用户界面是窗口,通过鼠标器单击窗口文本中的醒目的关键词而自动激活所有有关的资料。

人们在阅读文献时,可能会只对某些章节感兴趣,可能需要查证某个术语,也可能需要参考对同一个问题的不同说法,等等,这时人的思维总是在几个不同的思路上同时展开,沿着这些思路并行延伸或摒弃某些结点。这一过程在相互依赖和制约的过程中反复进行,最终得到明确的有价值的结论。这一过程是非线性的。但对于现代的计算机系统,大多数是通过目录的形式组织文件,信息以字符文本方式作线性存储。这样就使非线性的思维方式与线性的信息组织之间构成矛盾,严重妨碍了人们接受、理解与重组所需信息的能力。

Ted Nelson 是第一个提出超文本概念的人,他说:

超文本是自然语言文本信息与计算机动态显示非线性信息能力的结合。

被誉为"HTTP之父"的 Ted Nelson,1937 年出生于美国纽约,1958 年获得斯沃斯莫尔学院哲学学士;1960年获得哈佛大学社会学硕士;1966 年在 Project Xanadu 基础上创立了专注于电脑外围设备、电脑包等产品设计制造的 HTTP 公司。通过多年发展,HTTP 公司在全球网络交互设备市场取得绝对主导地位;此外在电脑、笔记本、iPad 类平板电脑、手机等产品的配件和电脑包等领域也居于领导地位。2002 年 Ted Nelson 从 HTTP 公司退休,仅保留董事长一职。

1960 年他构思了一种通过计算机处理文本信息的方法,并称之为超文本(hypertext),这成为了 HTTP 超文本传输协议标准架构的发展根基。时过 3 年,年仅 26 岁的 Ted Nelson 即构思了现代互联网应用的深层 HTTP 基础架构。

Ted Nelson 组织协调万维网协会(World Wide Web Consortium)和 Internet 工作小组(Internet Engineering Task Force)共同合作研究,最终发布了一系列的 RFC(Request For Comments,是一系列以编号排定的互联网协议和标准的文件),其中最著名的就是 RFC 2616。RFC 2616定义了 HTTP 协议中人们今天普遍使用的一个版本——HTTP 1.1。由于 Ted Nelson 对 HTTP 技术的发展做出突破性历史贡献,他被称为"HTTP 之父"。

(6)超媒体

几年前曾有过其他一些文本的说法,如复合文本,它就是多媒体文本的早期说法。此外,还有一种"全文本"的说法,如武汉大学的全文本检索系统。它指可检索文献的篇名、文摘等凡是处于计算机文档中的任何词,并非是能对文献的原文全文进行逐字搜索。另外有一种用于古典名著中词频统计的全文本搜索系统,这就是像通常的字处理软件中查找某个特定字符那样的搜索(实质上还是几何定位方法)。

超媒体(Hypermedia)文本是指使用超文本技术实现多媒体信息的非线性组织,因此,超媒体就是多媒体加上超文本。或者说用超文本技术管理、组织多媒体信息的文本技术。

在超文本技术中,结点和链路都各有多种类型。但可以说,如果结点是纯粹的关键词,则是超文本系统,典型的例子是 Gopher 系统。它完全是菜单引导作主链,关键词的链路实现跳跃的信息浏览系统。但在超文本的非线性链路中,如果大量的结点并非单纯的关键词,还包括图形、图像、声音,小到一个图标,大到屏幕上一块大的区域(如同儿童学英语的光盘,当小白兔跳进花园中,就开始学习单词)都成为网路中的结点,这就是超媒体了。

超媒体技术将多媒体技术的生动表现形式和超文本技术自由的、符合人脑思维习惯的交流方式融为一体,为信息管理领域带来革命性的变化。由于超文本和超媒体在非线性存取方面并无本质上的区别,因此,现在网页上尽管大多是超媒体信息,但人们仍然愿意称其为超文本,而且人们对此也多是见怪不惊。

3.3　计算机信息检索概述

3.3.1　计算机信息检索的特点

计算机信息检索(简称机检)克服了手工检索(简称手检)的弊端,使信息检索不仅能跨越时空,在短时间内查阅大型数据库,还能快速地对几十年前的文献资料进行回溯检索。而且大多数联机检索或网络检索系统的数据库更新速度非常快,通过计算机信息检索可以得到更多更新的信息。

与手工信息检索相比,计算机信息检索的特点如下:

①速度快,效率高。仅几秒钟就可从成千上万条记录中找出所需信息。

②检索范围广。可迅速而方便地浏览相关学科或主题的所有数据库中的记录,在网络中,几乎每一台个人计算机都可以成为信息源。

③检索不受时空的限制。只要拥有相应的软件和硬件设备,就可在任何地方借助光盘和通信网络查询所需信息。

④由于数据更新快。可及时获得最新信息。

⑤检索辅助功能完善、使用方便。检索软件可采用菜单驱动,几乎所有检索系统都有查询服务或提供操作演示盘,界面友好,检索结果的输出方式多种多样,并可按要求做排序、统计、绘图等加工。

与手工信息检索相比,计算机信息检索的本质没有发生改变,变化的只是检索手段、检索对象、信息的表示方式、存储信息的结构和匹配方法。计算机信息检索用能够识别的代码来表示信息,用便于快速存取的文档方式替代了查阅纸质载体索引、文摘的方式,搜索信息的方式由手工方式转变为机器自动匹配。它由原先对表达概念的语词符号的比较变为没有内涵的字符串的匹配和逻辑运算,将用户信息需求的字符串与计算机内存储的大量字符串进行比较和逻辑运算的过程。

在机检匹配中若二者一致或部分一致,并符合给定的逻辑运算条件,即为命中,并将命中的信息以屏幕显示或打印的方式输出提交给用户。

3.3.2　计算机信息检索的发展阶段

从计算机信息检索的发展历史来看,美国海军军械试验中心(NOTS)1954 年利用 IBM-701 大型计算机建立的科技文献检索系统应是世界上第一个计算机信息检索系统。从那时起随着计算机技术、通信技术和检索技术的发展,计算机信息检索经历了下述 4 个主要的发展阶段。

（1）脱机检索阶段

此阶段是从 20 世纪 50 年代中期到 20 世纪 60 年代中期。进入 20 世纪 50 年代后,在计算机应用领域穿孔卡片、穿孔纸带、数据录入技术及设备相继出现,以它们作为存储文摘、检索词和查询提问式的媒介,使得计算机开始在文献检索领域中得到应用。

这一阶段主要以脱机检索的方式开展检索服务,其特点是不对一个检索提问立即作出回答,而是将大批提问式汇集后集中进行处理,且进行处理的时间较长,人机不能对话,因此,检索效率往往不够理想。

（2）联机检索阶段

此阶段是从 20 世纪 60 年代中期到 20 世纪 70 年代初。由于计算机分时技术的发展、通信技术的改进,以及计算机网络的初步形成和检索软件包的建立,用户可通过检索终端设备与检索系统中心计算机进行人机对话,从而实现对远距离之外的数据库进行检索的目的,即实现了联机信息检索。

这个时期,计算机处理功能的加强、数据存储容量的扩大和磁盘机的应用,为建立大型的文献数据库创造了条件。例如,美国的 DIALOG 系统(DIALOG 对话系统)和 ORBIT 系统(书目情报分析联机检索系统)、BRS 系统(存储和信息检索系统)、欧洲的 ESA-IRS 系统(欧洲航天局信息检索系统)等都是在此时期开始研制并逐步发展起来的。

（3）光盘检索阶段

20 世纪 80 年代中后期出现了光盘数据库系统,CD-ROM 技术利用激光束在光盘上刻写记录并读取数据库信息,用户以较低的价格购买或租用光盘,不受时间限制在带有光盘驱动器的计算机上实现信息检索。20 世纪 80 年代末出现了以光盘塔和局域网技术为核心的光盘网络,它使多个用户能同时检索同一大型数据库,共享信息资源,检索效率得到了很大的提高。

（4）网络检索阶段

此阶段是从 20 世纪 70 年代初到现在。由于电话网、电传网、公共数据通信网都可为信息检索传输数据,特别是卫星通信技术的应用,使通信网络更加现代化,也使信息检索系统更加国际化,信息用户可借助国际通信网络直接与检索系统联机,从而实现不受地域限制的国际联机信息检索。

现代通信技术的发展给联机检索提供了越来越广阔的空间,人们的检索目标不仅是局限于与某台主机连接进行联机检索,现在的电子商务、电子政务、政府上网工程、图书馆、信息服务机构、科研机构等政府和企业或个人信息的网络化使网络信息成为现代信息获取的主渠道。这些上网信息构成极其丰富的网络信息资源。

3.4　文献数据库的类型和数据库的数据结构

3.4.1　文献数据库的类型

根据数据库所存储的信息类型不同可划分为文献线索型数据库、全文型数据库、术语型数据库、事实型数据库、数值型数据库及多媒体数据库等。

（1）文献线索型数据库

文献线索型数据库是一种存储目录、文摘、索引、题录等二次文献的数据库。检索的结果是文献线索或摘要，而不是文献原文。常用的有书目型数据库、索引型数据库和文摘型数据库等。

1）书目型数据库

书目型数据库是一种存储和检索书目信息的文献数据库，通常都是传统图书目录的机读化产物，故又称机读目录，主要报道馆藏各种文献的书目信息和存储地址。通过该类数据库可以获取有关文献信息的外部特征、原文的存储地址，有提要的书目还可获得文献信息的内容特征。目前多数书目型数据库既能提供书目线索，同时又提供相关链接，指引浏览全文，大多数索引型和文摘型数据库也都在向全文数据库发展。

2）索引型数据库

索引型数据库是一种存储和检索期刊论文外部特征信息的数据库，利用该类数据库可以获取查询原文的线索。

3）文摘型数据库

文摘型数据库是一种不仅提供文献外部特征，而且还提供文献内容摘要信息的数据库。利用它既可获得文献信息线索，又可对原文内容信息有所了解。

（2）全文数据库

全文数据库是一种存储文献全文或其中主要部分的源数据库，主要是指各种图书、期刊、法律条文及案例、新闻报道以及百科全书、手册、年鉴等全部文字或原著的全部内容，被转换成计算机可读的形式。它将二次文献的检索同原文献的获取融为一体，用户可用自然语言检索，从数据库中直接获取所需文献全文及字、句、段、章、节及相关信息。因此，全文数据库与书目数据库相比，具有更为直接、迅速、详尽而可靠的特点。按文献类型划分，全文数据库包括电子图书全文库、电子期刊全文库、电子报纸全文库等。

（3）**术语型数据库**

术语型数据库也称词语型数据库，是专门存储揭示各类名词、术语、词语的形、音、义与使用方法以及词义演变、发展等信息的检索工具。目前，术语型数据库大多是辞书、词典、百科全书等数字化版本。

（4）**事实型数据库**

事实型数据库也称指南型数据库，是一种存储简单而确定的、独立存在的非文献信息，如机构、人物、产品、年份、地理位置、事件等，每个条目都是对一个事实的确切、完整的描述。因此，事实型数据库提供的是关于各类型事物的实体性信息。事实型数据库类型较多，按信息内容划分有人物数据库、机构名录数据库、产品或商品信息数据库以及投资指南库、基金指南库、商标指南库、技术标准库等。

（5）**数值型数据库**

数值型数据库是一种以自然数值形式表示、计算机可读的数据集合。数值性数据是从文献中分析、概括、提取出来，或从调研、观测及统计工作中直接获得的数据，包括定义数值和说明这些数据项所必需的文字（文本数据）。数值数据库不仅可直接提供数据信息，还具有统计、运算和分析数据的功能。

数值数据库的数据分为微观数据和宏观数据两类。微观数据描述的是个体或事件的信息；而宏观数据是综合统计数据，它可以直接来自应用领域，也可以是微观数据的综合分析结果，包括统计数据库、管理数据库、科学数据库等。

（6）**多媒体和超媒体数据库**

多媒体数据库是多媒体技术、Internet 技术、网络技术与传统数据库技术相结合的产物，是一种能够对文本、数值、图形、图像、声音、动画、视频等复杂的多媒体对象进行一体化存储、管理和检索的数据库。它克服了普通数据库信息类型的单一性、信息传播的单向性和信息使用的被动性等缺点，人们可从中同时获得多种形式的信息。超媒体数据库是多媒体的网络式表达，它存储的是文本、图形、图像、视频等各种媒体信息以及它们的组合形式，人们可根据需要在多媒体信息单元之间快速检索和浏览。

3.4.2 数据库的数据结构

数据库主要部分是由一系列记录所组成的文档。

（1）**数据库的记录格式**

记录是构成数据库的基本单元，是对某一实体属性进行描述的结果。一个数据库可能包含几万条甚至几十万条记录,一条记录又包含若干个数据字段。这些数据字段就是文摘中的若干著录项目,如原始文献的篇名、著者、文献出处、出版时间、文摘、主题词及语种等,它们是构成记录的最小信息单元。

为了方便计算和检索,每一个字段都有自己特定的标识符,称为字段名,如 AB 代表文摘字段、TI 代表篇名字段、AU 代表著者字段、CS 代表著者所在工作单位、SO 代表文献出处、LA 代表语种、DT 代表文献类型等。

一条完整的记录由检索系统存取号、索引字段组成。

1)检索系统存取号

检索系统存取号是计算机检索系统为每一条记录规定的能被计算机识别的特定号码。在同一个数据库中,每篇文献只有一个存取号,通常存取号由 6~9 位数字组成,出现在每条记录的左上角。

2)索引字段

索引字段分为基本索引字段和辅助索引字段,基本索引字段用来表征文献主题内容特征的字段,包括题名、文摘、叙词、自由标引词 4 种字段,提供从主题内容特征查找文献的途径;辅助索引字段是表征文献外部特征的字段,包括著者、文献出处、出版年份、语种、分类代码等字段,提供从文献的外部特征查找文献的途径。数据库记录的著录项目(字段)较多,因此计算机检索能够提供比手工检索更丰富的检索途径。值得指出的是,不同的数据库其记录的字段种类、数目、名称、代码不尽相同,在检索时,可根据每个数据库的使用说明了解可查询字段的设置情况及使用方法。

(2)数据库的文档结构

文档结构是计算机检索系统中数据库的每条记录数据项的编排方式,有顺排文档和倒排文档两种。

1)顺排文档

顺排文档存入了数据库的全部记录,文献记录按照存取号的大小顺序排列,类似于检索刊物中按文摘号排列文摘款目。每一篇文献为一条记录单元,一个存取号对应一条记录,存取号越大,对应的记录就越新。由于它存储记录的是最完整的信息,因此,又把它称为主文档。如果在顺排文档中进行检索,计算机就要对每个检索提问式逐一扫描库中每条记录,存储的记录越多,扫描的时间就越长,这样检索效率会很低。

2)倒排文档

倒排文档是将主文档中的可检字段(如主题词、著者)抽出,按某种顺序重新排列所形成的一种文档。不同的字段组织成不同的倒排文档(如主题词倒排文档、著者倒排文档等)。倒排文档可以按主题词的字顺排,也可按分类号的大小排。按表达文献内容特征的主题词排列的文档称为基本索引文档;按表达文献外部特征排列的文档称为辅助索引文档。倒排文档只有文献的标识、文献命中篇数及文献存取号,因此,在实施检索时,必须与顺排文档配合使用,先在数据库的倒排文档中查得文献篇数及其记录存取号,再根据存取号从顺排文档中调出文献记录。

倒排文档类似于检索工具中的辅助索引。倒排文档与顺排文档的区别是:顺排文档以完整记录为处理和检索单元;倒排文档以记录中的字段为处理和检索单元。

所谓"倒排",是指在倒排文档中的记录存放形式是"倒序"的,即文摘号在后,而主题词在前。

一个检索文档的倒排总是及时备好的,因此机检时计算机的主要工作就是"查表"。例如,当用户查找关于 A AND B 的文献时,机器立即在倒排文档中搜索,取出 A 和 B 各自的命中文献号,再对这两个集合进行 AND 的布尔运算,得到命中文献记录号的集合,最后显示命中多少个记录。

3.5　计算机检索常用的布尔逻辑

3.5.1　布尔逻辑:AND,OR 和 NOT

在计算机检索和网上检索中,通常用到 3 个布尔逻辑作高级检索,但有时也出现在一般检索中,它们是 AND,OR 和 NOT。AND 是逻辑"与",它常用"＊"作为代替符号,但在有些大型搜索引擎上还可用"&"符号代表。事实上与数学中的"乘号"非常相像,我们知道在数学中,乘号一般是用"×",但也常常不写,如 A×B＝AB,在结果上是相同的。

(1)逻辑 AND

在网上检索时,这个 AND 的代替符因每个网站而略有差异。与 OR 和 NOT 不同,OR 的算符绝对是"＋",而 NOT 的运算符一般是"－",但 AND 的运算符就五花八门了,如可用空格、逗号、& 、＊,或直接用"AND"。

事实上对于人类来说,AND 应当是最"亲切"的、用得最多的。例如,人类的产生和发展就是一系列重大自然历史条件"AND"的结果。微软公司的成长壮大也是一系列"AND"造就的,如果该公司成长过程中哪一个对手没有犯一些致命的错误的话,那比尔·盖茨就不会这么幸运了。

逻辑"与"或"AND"把两个关键词联系到一起,表示被检索的文献必须同时含有这两个词。使用"与"运算可以缩小检索范围,提高检索的查准率。例如,我们打算查找在锅炉的计算机控制中使用专家系统的情况,就应当输入:专家系统 AND 锅炉。其逻辑图如图 3.5 所示左边图。

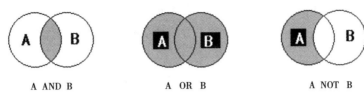

图 3.5　计算机检索中使用的布尔逻辑

图 3.5 中：

A＝"专家系统"命中的文献数

B＝"锅炉"命中的文献数

A AND B 的逻辑式表示命中文献是 A 和 B 的交集（即图 3.5 左图中的阴影部分）。

可用这个"专家系统 AND 锅炉"来测试一下文献数据库。例如，当查 CNKI 或维普中文全文数据库时，得到的结果是：如果单用一个词，"专家系统"有 4 000 多篇，"锅炉"有 1 万多篇，"专家系统 AND 锅炉"就只有 80 多篇了。这里的 3 个数据每年都会增加，但相应的比例变化不大。

当查找美国的工程索引（工程信息村）这类的英文数据库，也可用它来试一下。单独查"expert systems"和"boilers"，再用"expert systems AND boilers"查找，结果差不多也只有 100 多篇。

又如，查找"用胰岛素治疗糖尿病"的文章，可使用检索式：insulin（胰岛素） AND diabetes（糖尿病）。

（2）逻辑 OR

逻辑"或"用"OR"或"＋"表示。两个检索词用 OR 相连，表示被检中的文献含有二词之一或同时含有二者，用于检索具有并列关系的组配。使用"或"运算可以扩大检索范围，提高文献的查全率。例如，要查计算机或机器人方面的文献，就输入：

computer OR robot 或"计算机＋机器人"

用逻辑图（或文氏图）表示为

A＝computer 命中的文献篇数

B＝robot 命中的文献篇数

A＋B 则为二者的"并集"（见图 3.5 中间图）。

OR 能提高查全率，如某用户想查找研究杜甫的文献，检索途径选择题名后，输入"杜甫"，命中 540 篇。但考虑到研究杜甫的文献题名中未必都出现"杜甫"两字，也可能会出现"杜诗""李杜"，于是改用"杜甫＋杜诗＋李杜"表达式，结果命中 608 篇。

（3）逻辑 NOT

逻辑"非"就是 NOT，检索词 A、B 若用 NOT 相连，则表示被检文献在含有检索词 A 而不含 B 时才被检中。用于从某一检索范围中排除不需要的概念。使用"非"检索指令与"与"

运算有同样可以减少输出结果的功能,当然,在缩小检索范围的程度方面,自然也会有一些差异。使用"非"逻辑检索的例子如查找汽车方面的文献,但不能找出含有拖拉机的文献,于是就用:car NOT tractor。

用文氏图表示 A 的集合中排除了含有 B 的部分,就是最后的结果:A−B(见图 3.5 右边图)。

在 AND,OR,NOT 众多的"快捷"算符中,建议使用空格、+、−这几个最简单的符号,它们是大多数搜索引擎都认可的。

(4)用括号改变逻辑运算的顺序

当在检索式中不用任何括号时,AND,OR 和 NOT 的运算优先级别从高到低为:NOT,AND,OR,如果需要改变运算顺序,则用括号来"无条件"地改变它们的顺序。例如,检索式:(A OR B)AND C,表示先执行"A OR B"的检索,再将"A OR B"的结果与 C 进行"与"。

例如,欲检索重庆大学在 2011—2012 年之间关于遥感遥测技术在航空航天中的运用的有关文章,检索式可书写为:重庆大学 AND(遥感 OR 遥测)AND(航空 OR 航天)AND(2 011 OR 2 012)。

3.5.2 AND 和 OR 是逻辑对的证明

AND,OR 和 NOT 是最基础的几种逻辑。其中 AND 和 OR 是典型的逻辑对。所谓逻辑对是如果改变逻辑的性质的话,则它们会向自己的对方转化。例如,我们只要变更一下正负逻辑,AND 就能变为 OR,OR 就能变为 AND。其证明非常简单,如图 3.6 所示。

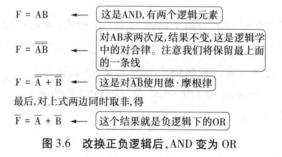

图 3.6 改换正负逻辑后,AND 变为 OR

这也是为什么半导体工业和计算机制造业常常用与非门代替或门制作逻辑电路的原因(与非门的制作工艺最简单)。

NOT 逻辑最简单,它没有自己的逻辑对(或互补逻辑),或者说,它的逻辑对就是自己本身。这几种逻辑中,最简单的是 NOT 逻辑,它是计算机进行运算的基础(0 或 1);最"宽松"的逻辑是 OR,它的 4 种可能的结果中有 3 个是真;最"严格"的逻辑是 AND,它只有一个真的可能。在信息检索和数据库中,大量使用的是 AND 和 OR。例如,查找一篇文献的出处,其实质就是一连串的 AND 的逻辑组合,只要你稍稍勤快一点,记下了这短短的一条信息,就可以毫不费力地在一个庞大的期刊库大厅中迅速找到你所需要的文章。这个例子说明:

AND 具有"聚焦"的作用,可使我们在信息检索中迅速定位。AND 能提高准确度和查准率。OR 与它相反,具有"散焦"的作用,但也有扩大视角、开阔视野的优点,扩大检索面、提高查全率。一连串的 AND 或 OR,会更迅速地增强它本身的功能,而 AND 和 OR 的各种组合,则能适应千变万化的需要和用途。

3.5.3　数据库操作命令中隐含的 AND 关系

在常见的数据库管理系统中同样广泛使用 AND 和 OR。例如,下例是 FoxPro 人事数据库中的一条命令:

LIST ALL 职工姓名,工资 FOR 职称 = "工程师"

此例将列出数据库中全部工程师的名单及他们的工资。FoxPro 命令一般由命令本身、范围、字段名表和条件项 4 个部分构成。其一般格式为

命令动词　[记录范围]　[字段名表]　[for/while 条件]

初看起来,后 3 个可选项之间似乎彼此并无多大关系,实际上它们却是 AND 关系。例如,如果不要记录范围的约束(即为缺省的"ALL"),则将显示全部记录;如果没有字段名表,则将输出全部字段;如果没有条件选项,则将无条件输出全部记录。这也正是只键入 LIST 后立即回车,什么条件也没有时的输出结果(立即输出数据库全部记录)。可见范围、字段名表、条件选项彼此之间,全都隐含着"与"的关系。LIST 输出全部记录,所加的限制越多,则输出的记录将越少甚至为 0。

当输出结果多于几十上百篇,我们会感到难以一一阅读,这时应在检索策略上多加一些 AND 的成分;当输出结果太少或为 0,就应增加 OR 的检索分量;从而使无论什么检索题目,都输出几条到十几条或几十条的检索结果。这正是检索的目标和技能所在。在这里,你仍然看到了人机工程学的影子,它似乎是无所不在的!

但无论何时当检索结果为 0 时,注意千万不要轻易相信这个结果,尤其是驾驭着搜索引擎在无边无际的互联网的数字海洋中漫游时。因为这多半是自己的检索式有问题,而互联网则几乎是无所不包的,我们所能想象出来的所有东西,互联网上都有,甚至我们想象不出的东西,互联网上也有。

3.5.4　AND 逻辑和 IP 地址的子网掩码

AND 逻辑在 IP 地址的子网掩码的计算中大派用场。

32 位的 IP 地址由网络地址和主机地址两部分组成。例如,一个 C 类地址,主机地址长 8 位,支持 $2^8 - 2 = 254$ 台主机(减 2 是由于全 0 代表本机,全 1 为广播地址,必须去除)。但如果给有着 50 台机器的局域网一个 C 类地址,就太浪费了(有 204 个 IP 地址空置),这时就把主机地址的 8 位,分出头 2 位来作子网地址,支持 01,10 两个子网(00,11 不用,理由同前),每个子网就能支持 $64 - 2 = 62$ 台机器。但此时,又用什么办法告诉互联网上所有计算机和网络,本机 IP 地址的网络地址长度改变了? 这时子网掩码(Subnet Mask)就起作用了。

子网掩码只是一种标识方法,长度同 IP 地址一样,只不过分为两段:前半段全是 1,后半段全是 0。当一个 IP 地址被它的子网掩码相"与"后,子网掩码的全 0 部分就使 IP 地址的主

机部分"消失",留下的就是 IP 地址的网络地址部分。子网掩码就像一只"手电筒",电门一按,就"照亮"了 IP 地址中真正的网络地址。如果将来自不同地方的两个 IP 地址分别与它们各自的子网掩码相与,剩下的部分如果相同,则表明它们来自同一个网络或同一个子网。

例如,一台机器的 IP 地址为:192.168.0.1(这个地址实际上是常见家用路由器所占用的 IP 地址,不过,并不妨碍此处举例),子网掩码为:255.255.255.0,将这个 IP 地址和它的子网掩码用二进制展开并相"与",得到这台机器的网络地址。

> IP 地址　11000000.10101000.00000000.00000001
> 子网掩码11111111.11111111.11111111.00000000
> ―――――――――――――――――――――――――
> AND 后　11000000.10101000.00000000.00000000

将 AND 后得到的网络地址化为 10 进制表示:192.168.0.0。

假设另一台机器的 IP 地址为192.168.0.25,子网掩码同上述,则这台机器的网络地址用同样方法得出:192.168.0.0,可知这两台机器均属于同一个子网(确切地说,应属于同一个网络,因为它并没有划分子网)。

子网掩码的实质是告诉访问者你的网络地址长为几位,如此而已。可知子网掩码可分为两类:一类是没有划分任何子网的,它们的子网掩码(这儿有些语病了——既然不存在子网,为何又称子网掩码呢?)是标准的,如255.0.0.0(A 类地址的子网掩码);255.255.0.0(B 类地址的);255.255.255.0(C 类地址的)。另一类就是前面所举例子,将 8 位主机地址中,取出 2 位来建立两个子网,这时的子网掩码就不是"标准"的了。现在假设要设置一个大型计算机网络实习中心,需要安置 180 台机器在中心大厅里,要求是只能用一个 C 类 IP 地址。

前面我们用添加两个子网的方法,一个子网支持 62 台机器,两个子网可支持 124 台。这样不能满足要求。现在假设将 8 位的主机地址分 3 位出来,结果会怎么样呢?

子网数量达到(2^3-2)个 =6 个,每个子网的计算机数量为(2^5-2)台 =30 台,这样就可以支持总数为 180 台机器同时上网了。

3.5.5　布尔逻辑的"人文"特性

老鹰的视力似乎是趋于"AND"的,它可以在几千米的高空准确无误地辨别地上的动物,就连蛇、鼠这样的小动物也逃不过它们的眼睛,还能从高空俯冲下来,迅速缩短时空距离,捕获海面下的鱼。

而金鱼的眼睛就不行了,它只能看清近距离的东西。

鱼类虽然属于低等脊椎动物,但眼睛的构造却与人眼相似。所不同的是,人眼的水晶体是扁圆形,可以看到远处的东西;而鱼眼的水晶体却是圆球形,只能看见较近的物像。所有的鱼都是近视眼,仅能看清 1 m 以内的东西,这与它们水晶体的弯曲度不能改变有关。

但金鱼却能以近于 300°角环视四周,金鱼的眼睛应当是富于"OR"的。此外,金鱼的优哉游哉的生活也足以让多少同样大小的动物羡慕。

3.6　用 AND，OR 和 NOT 构建健康人生

人生是否可以量化，以数学的方式最终归结出一条千真万确、颠扑不破的人生公式来？古往今来，确实有许多思想家和学者煞费苦心，试图借"公式"形式来阐述自己的人生见解和成功人生的秘诀。

AND，OR 和 NOT 虽然只是计算机文献检索的 3 个基本逻辑算符，其人文属性却在人们的实际生活中时时处处、隐隐约约现身，向人们揭示了人生的真谛和奥秘。

3.6.1　学会 NOT：拥有健康人生

这里的 NOT 指的是，我们要对那些从潘多拉魔盒里跑出来的魔鬼大声地说"不！"

NOT 逻辑是十分"坚决"、果断的逻辑，黑白分明、水火不容，非常具有"原则性"。

NOT 意味着凡是违反国家法律、违背道德底线的事坚决不做，凡是歪门邪道的事决不参与，远离诱惑，远离毒品，远离传销，远离坑蒙拐骗。追求真善美，传播正能量。

（1）有所作为和有所不为是对立而又统一的两个方面

有所作为是"AND"，有所不为是"NOT"，AND 是目标，NOT 是手段，手段服从于目标。因此，要想真正做到有所作为，那就得学会放弃。要想达到做人的崇高境界，就得抛弃低级趣味，要想保持为人正直和诚实，就得放弃阴险狡诈和自以为是，要想在事业上有所作为，就得远离浮躁和过重的功利心，要想追求生活中的宁静与快乐，就得从令人心乱情迷的光怪陆离和喧嚣中脱身。

（2）掌握 NOT，学会放弃

为与不为，不仅仅是对某些具体目标的选择，更多的是面对整个人生方向的选择。

一个行囊，如果装得太满就会很沉重。一个生命背负不了太多太沉重的行囊。拖着疲惫的身躯走在人生大道上，我们注定要抛弃很多。果断地放手是面对人生面对生活的一种清醒的选择。只有学会放弃那些本该放弃的包袱，生命才能轻装上阵，一路高歌；只有学会放弃，走出烦恼的困扰，生活才会倍感绚丽和富有朝气。生活值得我们追求的东西很多，如果纠缠在那些毫无结果的东西上，拼命地追求那些本该放弃的，却又放弃那些本该追求的，到头来一定是竹篮打水一场空。

美国石油大亨摩尔因心肌衰竭住进了医院。摩尔的心脏手术十分成功，5 个月后就出院了。但是他没有回美国，而是卖掉了自己的公司，回到他 10 年前在苏格兰乡下买的别墅。他在传记中解释了原因："富裕和肥胖没有什么两样，也不过是获得超过自己需要的东西罢了。"是的，对于健康的生命而言，任何多余的东西就是负担。在人生奋斗中，只有学会放弃

一些东西,才能有所进步。

如果说执着是一种精神,那么放弃则是一种勇气和境界。得不到的或不该得的就应果断的放弃。匆匆的生命有限的人生,不允许你四面出击,分散自己的时间和精力,在大好时光中忙忙碌碌、终无所为。

(3)掌握 NOT,学会说"不"

NOT 还意味着学会说不,拒绝某些不合理的要求。这不仅需要勇气,而且也需要智慧,不要管对方是什么样的人,也不要管对方处在什么位置,我们要学会说"不"! 只有这样才能显示你高贵的品格和永不妥协的原则。

学会说"不"是一门重要的艺术,一项重要能力。我们需要学会用"不"的智慧保护自己,用"不"的力量说服别人,用"不"的方法正确决策,用"不"的秘诀改变人生。

我们要把那些什么随礼,那些无关痛痒的琐事推掉,给自己多留点业余时间,去做自己想做的事情,这样生活才过得有滋有味。我们要学会说"不",不要让一些无用的应酬拖垮我们,不要不好意思去拒绝,因为你还有许多比应酬更重要的事情去做。

判断人在社交中的心理成熟度,要看你能否自如地对别人说"不",能否大方、主动地请求别人的帮助,以及能否承受别人的拒绝。能够说"不"和能够接受被拒绝,都是需要自信和勇气的。

但是如果冷冰冰地拒绝一个人,有时很难办到。这里应该学习一个人的处世风格,他就是英国作家托马斯·哈代的小说《德伯家的苔丝》中主角苔丝的男友安玑·克莱,书中形容他的性格"恰如一片肥沃、丰腴的土壤,但只要将一把锋利刀刃插入,立即就会碰到坚硬的岩石"。

(4)不要为小事烦恼

人生时光太匆匆,我们需要对其说"不"的对象又太多太多,除了前面所述的坚决拒绝违法犯罪、反对一切假恶丑、学会放弃、学会说"不"等外,就连日常生活中的琐碎小事也不应该被我们斤斤计较,影响我们本该快乐的心态。

罗勒·摩尔先生只是在经历了第二次世界大战中一次刻骨铭心的战斗之后,才彻底领悟到这一点。

1945 年 3 月,罗勒·摩尔和其他 87 位军人在贝雅-SS318 号潜艇上。当时他们的雷达发现一支日本舰队朝他们开来,于是他们就向其中的一艘驱逐舰发射了 3 枚鱼雷,但都没有击中。这艘舰也没有发现他们。但当他们准备攻击另一艘布雷舰的时候,该舰突然掉头向潜艇开来(是一架日本飞机看见了这艘水下 60 ft(1 ft=0.304 8 m)深的潜艇,用无线电告诉了它)。他们立刻潜到 150 ft 深的水下,以免被日方探测到,同时也准备应付深水炸弹。他们在所有的船盖上多加了几套钢栓,同时为了在沉降中保持安静,他们关闭了所有的电风扇、冷却系统和发动机。

3 min 之后,突然天崩地裂。6 枚深水炸弹在他们的四周爆炸,冲击波把他们直往水底压,一直到达 276 ft 深的地方,他们都吓坏了。按常识,如果深水炸弹在离潜艇 17 ft 之内爆炸的话,差不多是在劫难逃。那艘布雷舰不停地往水下扔深水炸弹,先后攻击了 15 h,其中有十几个炸弹就在离他们 50 ft 左右的地方爆炸。大家都躺在床上,保持镇定。罗勒·摩尔吓得不敢呼吸,他不停地想着:"这回完蛋了。"

在电风扇和空调系统关闭之后,潜艇温度上升到近 40 ℃,但摩尔却感到发冷,穿上毛衣和夹克衫之后依然全身发抖,牙齿打颤,直冒冷汗。

15 h 之后,攻击停止了,显然,那艘布雷舰在炸弹用光以后才不得不离开了。这 15 h 的功击,对摩尔来说,感觉上就像过了 1 500 年。他过去的生活都一一浮现在眼前,他想到了以前所干过的坏事,所有他曾担心过的一些无稽的小事。

在他加入海军之前,他是一个银行的职员,曾经为工作时间长、薪水太少、没有多少机会升迁而发愁;他也曾经为没有办法买房子,没有钱买新车,没有钱给妻子买好衣服而忧虑;他非常讨厌自己的老板,因为这位老板常给他找茬;他还记得每晚回家的时候,自己总感到非常疲倦和难过,常常跟自己的妻子为了一丁点儿小事吵架;他甚至还为自己额头上的一块小伤疤发愁过。

多年以前,那些令人发愁的事看起来都是大事,可是在深水炸弹威胁着要把他送上西天的时候,这些事情又是多么的荒唐、渺小。就在那时候,摩尔向上天发誓,如果他还有机会见到太阳和星星的话,就永远不会再忧虑。他认为在潜艇里那可怕的 15 h 里所学到的,比他在大学读了 4 年书所学到的要多得多。

(该故事转引自《学会选择,学会放弃》一书,作者唐汶(著名心理咨询专家),九州出版社,2007 年 9 月出版)

3.6.2　学会 OR:拥有和谐人生

OR 逻辑是十分宽松的逻辑,两个变量时 4 种情况中有 3 种为真,3 个变量时 8 种情况中有 7 种为真。显然,学会 OR,就是要学会宽容,学会与他人和谐相处,体验融入自然之美,感受融入社会之乐,珍惜生命、生命是上帝的馈赠,懂得感恩、感恩是生命的回馈。

构建和谐社会是一个长期的社会过程,个体作为社会的一个细胞,每个人都构建自己的和谐人生,对于社会进步而言有着积极的意义。

和谐人生重要的是心态,态度决定一切。世界的好坏是随着我们的心态而改变的。一个坚信一切事物之发生必有助于我,必有助自己成长空间拓展的人,其人生必然是其乐融融。构建和谐社会于他而言,就比较容易理解和接受。而对于一个一天到晚只会怨天、怨地、怨人、怨己的人而言,人生就像是一场艰辛的磨难。

(1)学会 OR,和谐人生,要"淡定"

从大处着眼,"富贵不能淫,贫贱不能移,威武不能屈",是平和心态;从实际出发,"胜不骄,败不馁",也是平和心态;处逆境不惊惶,遇顺势不张狂,这是平和心态;门庭若市不浮躁,门可罗雀不怨尤,也是平和心态。心平才能气和,内和才能外顺。忆圣贤,陶令归隐,"采菊东篱下,悠然见南山",这是一幅融入自然的美景;屈子投江,徒留下无尽叹息,仍免不了国败家亡;看伟人,小平同志"三起三落",始终襟怀坦荡,笑傲人生,为后人留下许多"春天的故事"。伟人如此坦荡,小人何必凄楚。这就需要调适心态。"人比人,气死人",不能把别人拥有的硬要当作自己的追求目标;"跳一跳,摘月亮",也别让不切实际的目标成天跟自己过不去,让人平添许多烦恼。只有平和理性、淡然洒脱的人,才能身心通泰,进入幸福境界,营造和谐人生。

(2)学会 OR,就是要学会宽容,学会与人为善、和谐相处

古有"己所不欲,勿施于人",今有"我为人人,人人为我"。历史告诉我们,动不动就拳脚相向,决不会赢来敬意;人与人你死我活,世界就会布满创伤。必要的妥协并非懦弱,耐心的对话是一种智慧。战国时期,赵将廉颇和丞相蔺相如不和,蔺相如却能避其锋芒,用忍让化解矛盾,终使将相同心,共御外侮。武则天时,宰相娄师德被人叫骂不恼,遭人排斥不计较,遂化政敌为友,留下"仁厚"美名。可见,同在世上,不必争个你高我低;相处共事,无须时时处处"针尖对麦芒"。

(3)AND,OR 和 NOT,这三者都是情商的重要元素,但最能体现情商的就是 OR

而今,我们正在建设和谐社会,因此,每个人不论职位高低、不论什么岗位,都能够尽己所能服务他人、服务社会。在关键位置上,以卓越才能和创造性成果为经济发展和社会进步贡献智慧与力量,这是一种尽责;在平凡岗位上,脚踏实地、埋头苦干,以辛勤劳动和不懈努力推动工作开展、创造幸福生活,也是一种尽责;在日常生活中,自觉遵守社会公德和家庭美德,促进社会公共环境和家庭生活稳定和谐,是一种尽责;在休闲独处时,注意加强自我修养,培养健康文化生活情趣,保持高尚精神层次追求,以心理和谐促进社会和谐,同样是一种尽责。如果每一位公民都有一颗责任之心、一份利他之情、一些友爱之举,社会中和谐因素就会不断增加,社会的和谐程度就会不断提高,我们的人生也会在建设和谐社会中得以升华。

(4)珍惜生命,融入自然、融入社会

人的生命本质上是来自自然,但人一旦呱呱坠地就立即落入社会的怀抱,因此融入自然、融入社会应当是顺理成章的事。

融入自然,与泉水潺潺为伍,与清云白鹤为友,悠然见南山,闲来赏菊花,处陋室,调丝琴,做学问,"红袖添香夜读书"。厚待自然的人,自然也不会忘记馈赠。

融入社会,要懂得感恩。一个人的衣、食、住、行,无不依赖于千千万万人的努力才得以支撑。没有他们的努力,我们的生活是不可想象的。所以,常怀感恩之心,不仅是一种品德,而且是一种责任。遗憾的是,我们似乎早已习惯了索取、奢求、埋怨,我们总是认为生活亏待了自己,自己生活得很累,很悲惨。而造成这种窘状的原因,我们不分析我们自己,而是归罪于别人,归罪于社会。南辕而北撤,援木而求鱼,失之远矣!

(5) 掌握 OR,和谐人生,还要洁身自好

古人教导曰:"日省其身,有则改之,无则加勉。"同时,"欲修其身者,先正其心;欲正其心者,先诚其意。"牢记"勿以恶小而为之,勿以善小而不为。"

要知道,"千里之堤,溃于蚁穴"。因此,人生在世,要洁身自好、好自为之,常修为政之德,常思贪欲之害,常怀律己之心,算好"四笔账",严守"四条高压线",坚持以"八荣八耻"为准绳,这样才能年少有志、年老有为,使得整个人生更有意义、更加和谐。

(6) 随遇而安是美德

随:顺从;遇:遭遇。指能顺应环境,在任何境遇中都能适应。随缘不是得过且过,因循苟且,而是尽人事,听天命。"随"不是跟随,是顺其自然、不怨怼、不躁进、不过度、不强求;"随"也不是随便,是把握机遇,不悲观、不刻板、不慌乱、不忘形。

俗话说"不如意之事十有八九",在一个人一生当中,根本不可能永远风平浪静、一帆风顺。人生遭际不是个人力量所能左右的。而在诡谲多变、不如意事常存的环境中,唯一能使我们不觉其拂逆而轻松面对的办法,那就是要做到"随遇而安"。

"橘生淮南则为橘,橘生淮北则为枳",是何缘故? 这是水土不同之故。想一想,人生假如同此橘,应该如何应对呢? 当今社会,千变万化,每个人一生当中所处的环境不会一成不变,我们怎么去面对呢? 有大智慧的人都认为,坚持自己的信念,随遇而安吧。

大文学家苏东坡曾经多次被流放,可是,他说,要想心情愉快,只需要看到松柏与明月也就行了。何处无明月,何处无青松? 只是很少人有他那般的闲适与心情罢了。如果大家都能够做到随遇而安,及时挖掘出身边的趣闻乐事,甚至去找寻苍穹中闪耀的星星,这样,即使是环境没有任何改变,你的心境也会从此大不一样了。

太阳每天早上都是新的,月亮每个十五都是圆的,花是香的,草是绿的,家人是爱你的,朋友是温馨的,同事是投缘的……

因陋就简、随遇而安的小例子:

例如,水管滴滴答答漏水,但不是很严重:用桶接上,还能节省水费。

又如,电冰箱性能好,又节电,但面板有一破损处:干脆画上一朵花。

(练习题:请多在日常生活中收集一些类似例子以备课堂讨论或作业之用)

(7) 幽默是一剂良药

幽默是一种特殊的情绪表达。它是人们适应环境的工具,是当面临困境时减轻精神和心理压力的方法之一,更是一种与生俱来的觉察能力,并有着它特殊的生理机理与社会作用。

幽默可以淡化人的消极情绪,消除沮丧与痛苦。具有幽默感的人,生活充满情趣,许多看来令人痛苦烦恼之事,他们却应付得轻松自如。用幽默来处理烦恼与矛盾,会使人感到和谐愉快,融洽友好。

幽默是一种机智,是生活的调味品,是人际关系的润滑剂,它具有大的穿透力,能给人们带来轻松的笑声和欢乐、缓冲矛盾和冲突,缩短人与人之间陌生的距离。幽默能改善人际关系或摆脱困境,更有利于个人的身心健康、社会的轻松和谐,它是一种高雅的生活情操。善用幽默的人不仅招人喜爱,更能获得别人更多的支持和帮助。

幽默是一个敏锐的心灵在精神饱满、神气洋溢时的自然流露。对于每个人来说,幽默是人们的一种精神食粮,它可以减少人们的压抑与忧虑,维护心理的平衡,给人一种轻松愉快的感觉。一个广告里适当地表达了幽默,连广告也变得不那么令人讨厌了。

中国人的幽默感与西方人士比较,实在差一大截。在大学生中不懂得幽默的人也比比皆是。笔者曾在一次课上,几乎使出浑身解数也不能让埋着头、嘴角抿得紧紧的学生们抬起头,开心地一笑,多少小幽默也撬不开他们的嘴,最后不得不认输了。只是有几分疑惑:难道想让学理科的学生拥有一点轻松的课堂氛围就这么难?

在大学校园的文化氛围里大力倡导幽默感,可以说是最值得尝试的举措了,而且也比大多数流于形式的每周一次或几次、每次一个小时的心理咨询更有效。首先,心理咨询机构的挂牌就值得商榷,对于那些明白人,知道心理同身体一样会生病,而且往往也能自己想办法去寻医问药,不需要这个每周的咨询,恰恰是那些学历虽高但对心理和法律常识几乎是空白的人,他们最需要做心理咨询,但是,由于无知,他们大多数人都把接受心理咨询当作不可告人的可耻的事。这样一来,心理咨询尽管每周一次或几次,但也常常门可罗雀就不奇怪了。不明就里的校方还美滋滋地做学期总结,写道:本校学生心理状态基本良好,整个学期下来只有缪缪几例,还主要是诉说睡不着觉的问题,云云。

幽默的表达需要时间,需要动用更多的智慧和理智,这些都为冲动的情绪留下了缓冲的余地,为消除、驱赶"冲动的魔鬼"争取到了宝贵的几分钟甚至几秒钟。人的情绪、欲望和冲动都有一个最大的特点,那就是"来得快、去得快",正如旧小说中常见的"说时迟那时快""怒从心头起、恶向胆边生",往往是"一失足成千古恨",一脚就踹进了地狱。但对于习惯于幽默的表达的人来说,他常常需要换个方式重新思考,而在他这宝贵的短短几分钟里,冲动的情绪和邪恶的念头也许早就烟消云散了。正所谓:放一放,与草木同朽,忍一忍,与日月争辉。

(8)校园文化,多一些 OR,多几分幽默

人在受刺激的时候,可能会有一些不好的念头,钻了牛角尖,就出不来了。但是,要相信,没有什么事情是过不去的,竞争处处存在,地球人这么多,你是不是到了最后谁都容不下呢?

人活一世,平平淡淡才是真,那么多的美好,你怎么就看不见呢?春暖花开了,你在忙什么?忙着恨吗?太可悲了,没有什么事情比你每天保持愉快的心情被爱所包围来的重要。还有,当你面对那些无力回天的事情的时候,为何不试试找找幽默感,释放一个无奈的苦笑呢?

3.6.3　学会 AND：拥有进取人生

人生是短暂的，其本质应是美好而宝贵的，因此我们任何人都没有理由随意放任自己、浪费青春、糟蹋生命。那么，如何让人生更有意义呢？对于这个问题，许多人都能够不假思索一口气说出奥斯特洛夫斯基的经典名句作答：

人最宝贵的是生命。生命属于人只有一次。人的一生应当这样度过：当他回首往事时，不因虚度年华而悔恨，也不因碌碌无为而羞愧。这样，在临死的时候，他就能够说：我已把自己的整个生命和全部精力都献给了世界上最壮丽的事业——为人类解放而斗争。

用时下的观点理解这段名言，其本真要义，就是我们在这里提倡的"进取人生"——AND。AND 逻辑是严格的、进取的，它"一心一意"、义无反顾，勇往直前，有着 NOT 那样的坚定和勇敢，又有着 OR 那样的阳光与和谐。

（1）AND 意味着进取

人生要进取。人生实践是一个创造的过程。适应历史发展的趋势，以开拓进步的态度迎接人生的各种挑战，就能不断领悟美好人生的真谛，体验生活的快乐和幸福。要积极进取，不断丰富人生的意义，不能贪图安逸、满足现状、因循守旧、碌碌无为，否则，人生就会失去应有的色彩。要发扬自强不息、敢为人先、百折不挠、坚韧不拔的精神，始终保持蓬勃朝气、昂扬锐气，充分发挥生命的创造力，在为他人谋福利、为社会作贡献中努力提升生命的价值，在创造中书写人生的灿烂篇章。

（2）AND 意味着勤奋

曾国藩是中国近代史上最有影响的人物之一，但他幼时的天赋却并不高。

据坊间传说，有一天他在家读书，把一篇文章重复背诵好多遍了，还在努力背诵。他不知道，这时候早有一个贼，潜伏在他家屋檐下，企图等读书人睡下之后捞点好处。可是等啊等，就是不见他睡觉，仍在翻来覆去地读那篇文章。贼人大怒，跳出来说，这种水平读什么书？然后将那文章摇头晃脑、一字不差地背诵一遍之后，扬长而去！

勤能补拙是良训，一分辛苦一分才。贼人是很聪明，至少比曾先生聪明，但是他只能成为贼，他的天赋没有加上勤奋，变得不知所终，而曾先生却成为被世人所钦佩的人。

确实，没有人能够只依靠天分成功。上帝给予了天分，但还需要勤奋将天分转化为天才。伟大的成功和辛勤的劳动是成正比的，有一分劳动就有一分收获，日积月累，聚少成多，奇迹就可以创造出来。

伟大的物理学家爱因斯坦给出了一个著名的成功公式，即

$$W = X + Y + Z$$

式中，W 代表成功，X 代表艰苦的劳动（勤奋），Y 代表正确的方法，Z 代表少说空话。许多人都对爱因斯坦与众不同的天才大脑感兴趣，而他自己却不以为然，他最引以为自豪的却是几十年如一日的"艰苦的工作"。

（3）AND 意味着坚强

一棵挤压在石缝中的稚嫩幼苗,因为学会了坚强,最终突破石缝,长成一棵参天大树;一缕跳跃在峡谷中的涓涓细流,因为学会了坚强,最终汇入江河,实现了奔向大海的梦想。人类的一切劳动成果,都是依靠坚强铸造的。

坚强和百折不挠属于那些能在困境中重新站起来的人,那些能扼住命运咽喉的人,他们的坚强品质得到人们的尊敬与喝彩。

（4）历史上从来不缺少坚强和与命运抗争的楷模,因坚强而受到喝彩的人数不胜数

爱迪生就是其中的一位。爱迪生年轻时生活很困难。因此,他干过很多份临时工,如报童、送报员、服务生等。有时他忍着饥饿和寒冷去搞发明,更糟的是他常常为发明一件东西而经历几十、几百次的失败。然而他却没有倒下。用他的话说"即便再贫困,我也要去发明""失败了怕什么,至少我知道以前的方法行不通"。爱迪生是坚强的人,因此他受到世人的喝彩。

合上史册,看看现在的风云人物。霍金先生就是坚强的人。他面对罕见的疾病没有倒下,而是扼住了命运的咽喉,顽强地进行科学研究。他曾对记者说:"即使我只有一个手指头可以动,我也会坚强地活下去并继续我的研究。"霍金先生以他的坚强赢得了世人的喝彩。他的书畅销全世界,他的事迹被每个人传颂。

美国著名作家、盲人教育家海伦·凯勒,是一位盲聋哑,集三重残疾于一身的不幸者。然而,就是这样一位看似已经"被上帝遗弃的人",却并没有沉浸在漫无边际的黑暗里无法自拔。她顽强地向厄运挑战,积极寻找生活中的阳光,剔除阴影,她不但学会了读书、说话,甚至还能写出优美的文章供无数人阅读,成为后人景仰学习的励志经典。

小溪虽是细流,但是只要坚强,终会拥抱大海;雏鹰虽然幼小,但是只要坚强,终会翱翔蓝天。

从这些楷模的身上,我们得出了一个结论:坚强的人值得喝彩。同时,我们心里也会油然滋生这样的想法:我也要做一个坚强的人,赢得人生的喝彩!

3.6.4 构筑健康的人生公式

理解了 AND,OR 和 NOT 向我们袒露的人文特性,用它们来组建我们与众不同的人生公式是再也合适不过了。这就是如图 3.7 所示的公式。

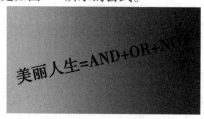

美丽人生=AND+OR+NOT

图 3.7 AND,OR 和 NOT 对人生的指导意义

或者,表述为

人生 = 健康人生 + 和谐人生 + 进取人生

AND 将贯穿人的一生,是生命的主旋律,是命运的主线,它引领着人生的航船驶向人生的目标,尽管历经艰难险阻、迂回曲折,但仍将百折不回、勇往直前;OR 让我们一路欣赏沿途美丽的风光,每一天都被开心和快乐所萦绕;NOT 就像一个忠诚的卫士,时刻保护着航船避开悬崖、暗流、礁石和险滩,不让人生的航船在途中抛锚、搁浅……

"不想当元帅的士兵不是好士兵。"拿破仑这句为世人咏叹的经典名句,折射出的正是人们对生活、对事业的一种积极向上的态度。"生当作人杰,死亦为鬼雄。"李清照傲世的自信和精神追求,同样是一面进军的战鼓,催促我们勇往直前。

人生大道,有平坦、有崎岖,有鲜花满径,也有荆棘遍布。没有进取心,就好像没有风的帆,不流动的水,青春不会闪亮,生命也黯然无光。变幻的世界,机遇无处不在,无时不有,但它不会主动来到你的身边,需要你不断进取,用主动的心态去催化,一分耕耘,一分收获,道理简约而不简单。

再好的人生哲学都要我们一步步在琐碎的日常生活中去实现、去体会,同一个事物也常常呈现不同的矛盾的两面。例如,同样是半杯水,我们可以为那满的一半而满足(乐观主义),也可以为那空的一半而忧心(悲观主义)。不论你是现实主义者还是理想主义者,都要学会化悲观为乐观,变消极为积极,从负面引导到正能量。以下为保持人生积极态度的 10 条实用准则:

相信它们简单而实用。

(1)放松精神

当你感到身体不适或沮丧时,放松自己并努力做深呼吸。放松身体有助于消除消极想法,控制感情和净化身心。

(2)随心所欲

做你自己想做的事,如果你手里做的事与心里想的事毫不相关,就会感到不舒服。尽量避免做让自己内心矛盾的事。

(3)积极思考

生活并不总是一帆风顺,总会有一些不顺或意想不到的事情发生,不管是面对生活难关,还是感情失控,关键要学会接受那些无法改变的事实,不失望,也不生气,相信"乘风破浪会有时,直挂云帆济沧海",困难和危机总会过去的。

(4)不要攀比

培养积极态度最好是自己跟自己比。攀比和幻想,总想着你应该如何,事情又该如何,这些都不利于你的精神健康和自我认识。恨人有,笑人无的嫉妒思想,是最要不得的消极心理。应该摆正你自己的位置,但不要攀比,因为每个人都有自己的情况。

(5)把握现在

如果你总是想着将来要干的事,那么你将失去现在。沉迷于未来会导致焦虑和担忧,使你不能享受现在的生活。为避免对没有发生的事感到茫然和痛苦,最好在不放弃理想的情况下着眼于此时此刻。

(6)忘掉细节

过于追求完美容易使人的幻想破灭。生活总是充满着烦琐的小事,如果你总希望一切都符合自己的想象并花很多精力和时间去处理太多细节,你将不能享受生活的原味。找到平衡,不要过度追求完美,会让你感觉好一些。

(7)运动身体

尽量舒展身体,多做运动,在跳舞、散步或慢跑中寻找新的创造力。运动让人快乐,有助于消除不良情绪。

(8)注意形象

穿得整洁、漂亮会给人带来良好的自我感觉。试着改变习以为常的形象,每次出门前好好打扮自己,不要把自己的心灵禁锢起来。

(9)关心他人

关心并帮助他人可以让自己感到快乐和积极。别人的麻烦会让你觉得发生在自己身上的问题并不那么严重。

(10)保证睡眠

改善睡眠质量是保护大脑最有效的方法。优质的睡眠可以保持白天饱满的精神状态。休息不好直接会影响人的情绪,让人疲倦、易怒。

【思考·练习·讨论题】

1.数字化文献资源有哪些种类?

2.数据库有哪些类型?

3.用本书证明逻辑对的方法证明 NOT 的逻辑对就是自己本身。

4.你打算怎样规划你的人生?你将怎样用 AND,OR,NOT 来构建你自己的人生?它们各应占多大的分量才合适?结合上网实践和你的经历写一篇感想文字(或长或短皆可)投寄到你的任课老师邮箱里,不管算不算实习作业,给不给分数都不重要,重要的是你找到一个最合适的人倾吐你的秘密。

第4章

互联网信息资源和搜索引擎的使用

自从我厌倦了寻找,我便学会了找到。

——尼采

如果把搜索比喻成是一种生活方式毫不为过。越来越多的公司依赖于客户反馈的查询结果,越来越多的研究者依赖于通过搜索引擎获得信息,甚至出现了新的公司形态——专业提供有偿排名提升的市场营销公司。很多人的每一天都是这样度过的:一半时间花在搜索上,另一半时间花在收发电子邮件上。

没有几个人会记得5年前的搜索引擎是什么样的,用起来有多么的蹩脚,但这又有什么关系?重要的是现在的搜索引擎确确实实融入了人们的生活。

拉坦德拉女士就是一个很好的证明。她是一个普通人,4年来一直经营着维尔京群岛上出租游艇的生意,基本上是通过自己的网站做宣传。自从她的网站列在 Google 的免费搜索引擎上之后,每天通过谷歌网站造访该网站的人数多达3 000多人,占其全部生意的85%。拉坦德拉女士坦率地说,她的收入几乎完全依赖于 Google 网站。

互联网搜索可以追溯到多年以前的情报检索课程,世界上很多所有名的大学都专门设立了该项研究课程。国内中文搜索引擎技术的领先者百度搜索,其创始人及总裁李彦宏最早就是在北京大学接触到这门科学,现在的他仍然没有离开这个领域,可以说见证了互联网搜索技术的整个变迁过程。他在 2003 年曾说道:"实际上,这整个历史可以看成是新一代搜索引擎淘汰上一代搜索引擎的历史。"

【本章提要】

本章介绍了互联网上的信息资源的种类和特点以及搜索引擎。对网络信息资源的分类采用了多角度的视野:按信息资源的主题内容可分为新闻类、学术类和专题类3大类;按照信息资源传播的范围可分为光盘局域网信息资源、传统联机信息资源和 Internet 网络信息资源;按照信息加工层次可分为网络指南、搜索引擎、联机馆藏目录、网络数据库、电子期刊、电子图书、电子报纸、参考工具书及其他动态信息。对于搜索引擎介绍了其源起、类型、工作原理,并介绍了几种常见大型中英文搜索引擎的使用特点。

本章全面介绍了搜索引擎的通用检索特点,是学习的重点,要求学生在操作实践中逐渐掌握使用搜索引擎的主要技能。

4.1 网络信息资源的类型

互联网作为一个规模空前、无与伦比的最大的广域网,虽然其规模和性能已经远远超出通常意义下的计算机网络,但这个超级网络"巨无霸"仍然带着计算机网络基本结构的重要特征:同样是由通信子网和资源子网两大部分构成的。通信子网由网络节点和通信链路组成,常见设备有交换机、路由器、各种 MODEM、集线器等,资源子网由提供资源的主机和请求资源的计算机组成,通信子网负责通信,资源子网负责信息处理,在由它们组成的平台上实现信息交换和信息共享。其示意图如图 4.1 所示。

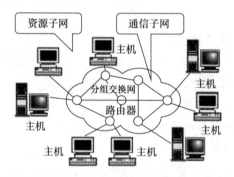

图 4.1 互联网包括通信子网和资源子网,网络信息资源存在于资源子网上

网络信息资源(Network Information Resources)也称为虚拟信息资源,是指通过互联网和计算机网络可以利用的各种信息资源的总和。

互联网信息资源是以数字化形式记载,以多媒体形式表达,在磁介质、光介质以及各类通信介质上存储,并通过互联网进行传递的信息内容集合。互联网从产生起,发展至今已成为学术交流以及大众信息传播的平台。互联网上的网页数量已超几百亿,从而成为全球最大的信息资源宝库,成为人们获取信息的重要渠道,网络信息资源搜索也因此成为人们日常生活、学习和工作中不可或缺的部分。

网络信息资源多种多样,可按不同的标准划分为不同的类型。下面主要介绍按信息来源、信息内容划分的类型。

(1)按信息来源分

网络信息资源按信息来源可分为政府信息资源、公共信息资源和商用信息资源等类型。

1)政府信息资源

政府信息资源即各国政府在 Internet 上发布有关该国与政府的各种公开信息,主要包括各种新闻、统计信息、政策法规文件、政府档案、政府部门介绍及政府成就等,目的是进行国家与政府的形象展示。

2)公共信息资源

公共信息资源即为社会公共服务的机构所拥有的信息资源,它主要包括公共图书、科技信息、新闻出版、文化共享、环境保护、地理、海洋、气象、食品卫生、科学数据以及广播电视信息资源等。公共信息资源大部分由政府资助的研究机构发布,具有公益特征,可以免费获取。例如,瑞典隆德大学图书馆开放存取期刊列表(DOAJ,http://www.doaj.org)、中国的文化共享网络等。

3)商用信息资源

商用信息资源即商情咨询机构或商业性公司为生产经营者或消费者提供的有偿或无偿的商用信息,包括产品、商情、咨询等类型的信息。这类信息资源大部分对特定的目标用户开放,时效性比较强,分析性资源居多,需要付费购买。

(2)按信息检索工具类型划分

1)搜索引擎

搜索引擎常被称为网络机器人,网络爬虫,网络蜘蛛。搜索引擎具有强大的检索功能,能提供布尔逻辑检索、短语或邻近检索、模糊检索、自然语言检索等方式查询信息。搜索引擎的数据库主要是由机器人自动建立的,不需人工干预。常见的搜索引擎有谷歌、百度等多种。

2)网络资源指南

网络资源指南又称目录指南,是按主题的等级排列的主题类目索引,类别目录按一定的主题分类体系组织。排列方法有字顺法、时序法、地序法、主题法等或是各种方法综合使用。用户通过逐层浏览类别目录、逐步细化的方式来寻找合适的类别直至具体资源。资源指南是人工编制和维护的,在信息的搜集、编排、HTML编码以及信息注解上要花大量的人力物力。网络资源指南一般提供两种访问资源的途径:检索方式和浏览方式。著名检索工具雅虎就属于目录指南。

3)网络数据库和网络全文数据库

网络数据库包括综合性和专业性期刊数据库、专利数据库等信息资源。这类信息资源可分为商业性和非商业性的数据库。

许多著名的国际联机数据库检索系统(如Dialog,STN,OCLC)都开设了与Internet的接口,用户可通过远程登录或WWW方式进行付费检索。另外,有许多从事传统信息服务的机构开发了网络数据库,如ISI公司推出的Web of Science、美国工程信息公司开发的EI Village、英国的INSPEC数据库、EBSCO公司提供的BSP(商业资源数据库)、UMI公司的PQDD(硕、博士论文数据库)、中国科技信息所与万方数据公司开发的万方数据资源系统等。这些数据库由专门的信息机构或公司专业制作和维护,信息质量高,是专业领域内常用数据库。

网络全文数据库更是一类有极大价值的信息源。

4)联机馆藏目录系统(OPAC)

公共联机馆藏目录系统(OPAC)在网络环境下提供图书馆书目数据的查询,成为用户在网络上获取图书馆书目信息的重要途径。

网络上有许多图书情报机构提供馆藏书目信息、中外文期刊联合目录信息,其中包括各图书馆和信息机构(情报所等)提供的公共联机检索馆藏目录、地区或行业的图书馆的联合目录等。如中国国家图书馆(原北京图书馆)、中科院图书馆和许多高校图书馆都有自己的OPAC。全国高等教育文献保障体系(CALIS)(http://www.calis.edu.cn)提供61所高校图书馆的馆藏期刊、书目和学位论文联合查询。在美国,包括国会图书馆在内的600多所公共图书馆、大学图书馆及4 000多个学术机构的馆藏机读目录库,通过网络对外开放。

5)学科信息门户网站

学科信息门户是将一学科领域内的有关信息资源、研究机构、主要人物、主要会议和参考工具等整合在一起,为该学科内的用户提供高质量的网络信息获取服务的一个网络入口。学科信息门户的构建是基于一定的学科分类体系,提供层级浏览结构和主题浏览,并支持基于关键词或主题词的检索。CALIS一期和二期、中国科学院文献情报中心都建有重点学科信息门户网站。

6)电子出版物

由于网上信息传播速度快,越来越多的出版商注重网上报刊发行。目前国内外已有很多出版商和信息服务中介加入电子出版行业。电子出版物有电子图书、电子期刊和电子报纸等。

7)网上参考工具书

参考工具书是作为工具使用的一类特殊的图书,它是用特定的编制方法,将大量分散在原始文献中的知识、理论、数据、图表等,用简明扼要的形式,全面系统地组织起来,供人们迅速查找资料线索和解决疑难问题。它有以下特点:编纂目的主要是供人们查考,而不是供人们系统学习,在内容上广泛全面,及时更新,在编排体系上简明易用。

善于利用各种参考书和各种工具,往往是那些科学大师、艺术巨匠娴熟的技能之一。爱因斯坦访问美国时刚下飞机被人问到声音的速度是多少,大名鼎鼎的物理大师竟然回答不出的"糗事",被人们好一阵子津津乐道,开心了好久,其实当时的人们在开心之余,也一定意识到爱因斯坦是怎样的一个单纯的人,同他为之献身的科学那样质朴无华、无须雕饰。一般人总会对此遮遮掩掩,而爱因斯坦却十分坦然:随便那本中学书上都有的东西为什么要死记它呢!

下面爱因斯坦"应试"的故事,同样讲他如何善于利用当时的各种工具书为自己减轻脑力的负担,为他的天马行空的思想实验留出足够的空间。

爱因斯坦"应试"

据说,大名鼎鼎的发明家爱迪生辞退不称职的助手后,又贴出了招考新雇员的广告。可是,前往应试的人没有一个能使他满意。恰在这时,爱因斯坦到他家做客。

"哎,找一个合适的助手真难啊!"爱迪生大发牢骚。

"要具备什么样的条件才能荣任您的助手呢?"

"那么,我来试试。"爱因斯坦说。

于是,爱迪生开始口试爱因斯坦:"请问,在常温下,白云母的电阻率有多大?"

答:"在《电工手册》里有现成的答案。"

"请问,从纽约到芝加哥有多少英里?"

"可查一下《铁路指南》。"

"不锈钢是用什么材料制成的?"

"这个,可查查《金相学手册》!"

爱迪生评价说:"你虽然对答如流,可惜只能打零分。"

爱因斯坦哈哈大笑道:"考官先生,我当不了您的助手,我自动告退!"

名闻遐迩的大科学家为何当不了爱迪生的助手呢?爱因斯坦说:"我从来不记忆词典、手册里的东西,我的脑袋只用来记忆那些还没有载入书本的东西。"

爱因斯坦这话句话并非言过其实,它表明:爱因斯坦作为一个开拓型的科学家,对创新思维的重视程度是远远超过机械记忆的。

(标签:爱因斯坦 言论 电工参数)

Internet 上有为数众多的指南、名录、手册、索引等传统的和现代的参考工具书。这些网络版参考工具书使用起来非常方便,用户只需要输入待查的词或词组,就可以找到相关的定义和使用方法。网络中许多参考资料和工具书是可以免费使用的,如英国大不列颠百科全书、汉语词典、学校或企业名录、中国国家统计局统计资料等大型工具书已加入因特网。

8)软件资源

Internet 上的软件资源十分丰富,大部分可供免费下载使用,还有许多的共享软件,在一定时期内试用,也有很多在线注册购买的软件,还有很多程序源代码,供用户使用或二次开发,对广大的计算机用户有较大的吸引力。

9)开放获取资源

开放获取不是指一种检索工具,而是比任何检索工具都有力的一种网络信息获取方式。开放获取一般指能够提供科研人员免费或低成本地获取科研信息的一种出版机制、出版系统平台、经济运行模式或激励政策,使他们所创造、发表的文献能被所有感兴趣的人轻易获取,从而使科学成果无障碍地传播,使全球科研人员不受地域和自身经济状况的影响平等地获取科研信息。

10)其他动态信息资源

各级政府机构、高等院校、团体、公司在网上发布的消息、政策法规、会议消息、研究成果、产品目录、出版目录和广告等。

总之，Internet 是信息的海洋，通过它，人们可以了解发生在世界各地的国际大事与生活趣闻，我们应充分利用这个巨大的信息资源以获取需要的信息。

4.2 搜索引擎——网络冲浪的驾驶舱

面对浩如烟海的网络资源，搜索引擎就好像是航船的驾驶舱，引领着人们在网络中冲浪。目前，搜索引擎已经成为信息检索最有效的工具。搜索引擎（search engines）是一种利用网络自动搜索技术，对互联网的诸多资源进行索引或标引并提供给用户使用的重要工具。搜索引擎提供的检索服务，就是将纷繁复杂的内容整理成符合检索目标的有序信息。

搜索引擎是互联网上 3 大最流行的服务（E-mail、搜索引擎、WWW 浏览器）之一，使用频率仅次于电子邮件。

4.2.1 搜索引擎的类型

（1）按工作方式划分搜索引擎——全文、目录索引和元搜索引擎

1）全文搜索引擎（Full Text Search Engine）

全文搜索引擎是名副其实的搜索引擎，在国外具有代表性的搜索引擎有 Google，Alltheweb，AltaVista，Inktomi，Teoma，WiseNut 等，国内著名的有百度、北大天网等。它们都是通过从互联网上提取的各个网站的信息（以网页文字为主）而建立的数据库，检索与用户查询条件匹配的相关记录，然后按一定的排列顺序将结果返回给用户，因此它们是真正意义上的搜索引擎。

2）目录索引类搜索引擎（Search Index/Directory）

目录索引虽然有搜索功能，但在严格意义上算不上是真正的搜索引擎，仅仅是按目录分类的网站链接列表而已。用户完全可不用进行关键词（keywords）查询，仅靠分类目录也可找到需要的信息。目录索引中最具代表性的莫过于大名鼎鼎的 Yahoo!，其他的还有 Open Directory Project（DMOZ），LookSmart，About 等，国内搜狐、新浪、网易搜索也都属于这一类。

目录索引与全文搜索引擎的区别在于它是由人工建立的，通过"人工方式"将站点进行了分类，不像全文搜索引擎那样，将网站上的所有文章和信息都收录进去，而是首先将该网站划分到某个分类下，再记录一些摘要信息，对该网站进行概述性的简要介绍，用户提出搜索要求时，搜索引擎只在网站的简介中搜索。

它的主要优点有：层次、结构清晰，易于查找；多级类目，便于查询到具体明确的主题；在内容提要、分类目录下有简明扼要的内容，可使用户一目了然。其缺点是搜索范围较小、更

新速度慢、查询交叉类目时容易遗漏。

目录式搜索引擎由于维护成本高,而互联网信息爆炸式增长,使得人工分类应接不暇、疲于奔命、难以为继,因此,许多综合性目录搜索引擎已经退出历史舞台。目前目录式搜索引擎多见于小型的专业搜索引擎以及综合性搜索引擎的某个局部,例如百度的分类目录(baike.baidu.com)。

3)元搜索引擎(Meta Search Engine)

元搜索引擎在接受用户查询请求时,同时利用其他多个搜索引擎进行搜索,并将结果返回给用户。这是一种调用其他独立搜索引擎(源搜索引擎)来完成检索功能的搜索引擎。检索时,元搜索引擎根据用户提交的检索请求,调用独立搜索引擎进行搜索,对搜索结果进行汇集、筛选、删并等优化处理后,以统一的格式在同一界面集中显示。元搜索引擎虽没有网页搜寻机制,也无独立的索引数据库,但在检索请求提交、检索接口代理和检索结果显示等方面,均有自己研发的特色元搜索技术支持。

著名的元搜索引擎有 InfoSpace,Dogpile,Vivisimo 等,中文元搜索引擎中具代表性的有北斗、搜星等。在搜索结果排列方面,有的直接按来源引擎排列搜索结果(如 Dogpile),有的则按自定的规则将结果重新排列组合(如 Vivisimo)。

(2)根据综合或专业用途分为通用搜索引擎和垂直搜索引擎

1)通用型搜索引擎

搜索引擎的出现,整合了众多网站信息,都起到了信息导航的作用。通用搜索引擎就如同互联网第一次出现的门户网站一样,大量的信息整合导航,极快的查询,将所有网站上的信息整理在一个平台上供全体网民使用,于是信息的价值第一次普遍被众多商家认可,迅速成为互联网中最有价值的领域。互联网由此从低谷演变为第二次高峰。大家熟知的搜索引擎 Google、百度、雅虎等都是通用搜索引擎的杰出代表,它们为互联网的发展作出了重要的贡献。

2)垂直型搜索引擎

通用型搜索引擎的性质,决定了其不能满足特殊领域、特殊人群的精准化信息需求服务。垂直搜索引擎是针对某一个行业的专业搜索引擎,是搜索引擎的细分和延伸,也是对网页库中的某类专门的信息进行一次整合,定向分字段抽取出需要的数据进行处理后再以某种形式返回给用户。在学术应用中,垂直搜索引擎较广泛使用,如 CALIS 学科导航、数字图书馆、学科门户等。

垂直搜索的特点就是"专、精、深",且具有行业色彩,显得更专注、具体和深入。众多专业性网站、行业网站独立服务于互联网的成功,恰恰证明了互联网的格局本该是多方面的。例如,对买房的人讲,他希望找到房子供求信息,这些信息和文章、新闻等是不同的。

4.2.2 搜索引擎的原理

搜索引擎(Search Engine)是网络信息检索工具的重要的一类。搜索引擎一般由采集器、索引器、检索器及用户接口组成,如图 4.2 所示。

图 4.2　搜索引擎的工作原理示意图

搜索引擎的原理,可以看作 3 步:从互联网上抓取网页→建立索引数据库→在索引数据库中搜索排序。

(1)从互联网上抓取网页

利用能够从互联网上自动收集网页的 Spider 系统程序,自动访问互联网,并沿着任何网页中的所有 URL 爬到其他网页,重复这个过程,并把爬过的所有网页收集回来。

(2)建立索引数据库

由分析索引系统程序对收集回来的网页进行分析,提取相关网页信息(包括网页所在 URL、编码类型、页面内容包含的所有关键词、关键词位置、生成时间、与其他网页的链接关系等),根据一定的相关度算法进行大量复杂计算,得到每一个网页针对页面文字中及超级链接中每一个关键词的相关度(或重要性),然后用这些相关信息建立网页索引数据库。

(3)在索引数据库中搜索排序

当用户输入关键词搜索后,由搜索系统程序从网页索引数据库中找到符合该关键词的所有相关网页。因为所有相关网页针对该关键词的相关度早已算好,所以只需按照现成的相关度数值排序,相关度越高,排名越靠前。

最后,由页面生成系统将搜索结果的链接地址和页面内容摘要等内容组织起来返回给用户。搜索引擎的 Spider 一般要定期重新访问所有网页(各搜索引擎的周期不同),更新网页索引数据库,以反映出网页文字的更新情况,增加新的网页信息,去除死链接,并根据网页文字和链接关系的变化重新排序。这样网页的具体文字变化情况就会反映到用户查询的结果中。

4.3　大型综合性搜索引擎介绍

随着 Internet 在中国的普及和发展,许多以中文为母语的国家和地区都相继开发出了各种各样的中文搜索引擎,世界著名的搜索引擎公司,如 Yahoo!,Google,AltaVista,Lycos,Excite 等先后也推出了中文版。下面介绍几种较有影响的中文和英文搜索引擎。

4.3.1　百度搜索

网址：www.baidu.com。

百度搜索是全球最大的中文搜索引擎，1999 年底成立于美国硅谷，2000 年 1 月该公司移回到北京发展，它的创建者是在美国硅谷有多年成功经验的李彦宏和徐勇。

百度一直致力于向人们提供"简单，可依赖"的信息获取方式。最初，百度将自己定位于一家向网站提供后台支持的公司。百度的主要产品是基于全球的中文网页搜索。百度搜索引擎拥有中国最强大的搜索技术开发团队，并申请了国内第一个搜索引擎专利"中文姓名的计算机识别及检索方法"，第一个支持中文 GBK 搜索，并实现了"动态网页"检索。百度是互联网中文信息检索和传递技术供应商，它的搜索引擎技术是各大门户网站的坚强后盾，如曾一度被新浪、搜狐、263、Tom、21CN 等采用。

百度在向门户网站提供搜索服务的同时，学习了 Google 的商业模式，把公司的网站改为搜索网站，同时也迅速添加了类似于 Google 的网页快照、地图搜索等特色功能。2001 年 10 月百度根据李彦宏先生的第三定律和百度自身庞大的搜索用户群，适时推出了搜索引擎的竞价排名的商业模式。

"众里寻他千百度，蓦然回首，那人却在，灯火阑珊处。"这是一种何等蜿蜒曲折、意犹未尽、令人惊喜的意境啊，这里的"百度"二字，十分完美地体现了百度搜索对开发中文信息搜索引擎技术执着的追求，不但是"路漫漫其修远兮，吾将上下而求索"，而且还饱含信心满满、志在必得的决心和勇气！

在位于北京大学附近的百度总部，李彦宏（英文名 Robin）接受了记者的专访，面对记者他追忆自己的人生点滴。人们只看到百度上市成功后的李彦宏，却很少有人注意到，李彦宏在美国工作最得意之时，毅然放弃外国公司丰厚待遇和期权，回国创立了百度。他是一个一直都很成功但仍能不断否定自己从而获得更大成功的人。

他以山西阳泉全市第一名的成绩考上北京大学图书情报专业，几年毕业后立志到美国继续学习和发展。当他收到美国布法罗纽约州立大学计算机系的录取通知书时，正值圣诞节。23 岁的李彦宏背着行囊，穿云破雾，踏上了人生的第二次征程。

美国布法罗纽约州立大学一年中有 6 个月飘着雪。在这里，他忍受过深夜彻骨的冰冷。白天上课，晚上补习英语，编写程序，经常忙碌到凌晨两点。在这里，他经历过中国留学生初来乍到的所有困苦。"现在回想起来，觉得当时挺苦的，但年轻就应该吃苦。"李彦宏评价这段经历时说。

毕业后李彦宏受聘到华尔街工作，在接下来的 3 年半时间里，每天都跟实时更新的金融新闻打交道，先后担任道·琼斯子公司高级顾问、《华尔街日报》网络版实时金融信息系统设计师。

1997 年，李彦宏离开了华尔街，前往硅谷著名搜索引擎公司 InfoSeek（搜信）公司。在硅谷，李彦宏亲眼见到了 InfoSeek 在股市上的无限风光以及后来的惨淡。InfoSeek 被迪斯尼公司收购后，公司对搜索引擎项目渐渐失去了兴趣，李彦宏感觉十分失落，遂决定自立门户，回国创业,并邀请好友徐勇做合伙人。

场景转移到 2000 年初北京大学,李彦宏与合作伙伴徐勇,在北大的资源宾馆租了两间房,连同 1 个财会人员和 5 个技术人员,一行 8 人,悄无声息地开始了创业。创业初始,定位于搜索技术,业务是为其他网络企业提供中文搜索技术服务——这是李彦宏从风险投资商手里拿到首期 120 万美元投资的"概念"。很快,包括新浪、网易在内的国内主要门户网站陆续用上了百度的技术,百度借此收取一定数额的技术服务费。

中文搜索百度登录美国纳斯达克的当天,百度股价上涨 354%,开创纳市 5 年来新股首日增幅之最。

上市前一个月,李彦宏开始逐步调整策略,宣布百度坚持独立发展,拒绝被 Google 收购,上市之后,李彦宏进一步与 Google 划清界限。"百度不仅是最大的中文搜索引擎,还是最大的中文网站,如果不能够控制在中国人手中的话,我觉得可以说是一个民族的悲哀。"李彦宏说。

当李彦宏从纽约归来走出首都机场时,疲惫的眼神一下子变得有些惊讶:五六束鲜花、十几个镜头一下子围了上来。登录美国纳斯达克股市的中国企业已经 20 多家了,这样的凯旋场面估计还是第一次。当然,上市第一天股价便狂涨 350% 的公司也只有百度一家。

古往今来之成大事业者,必经过 3 种境界。"昨夜西风凋碧树。独上高楼,望尽天涯路"乃第一境。"衣带渐宽终不悔,为伊消得人憔悴"此第二境也。"众里寻他千百度,蓦然回首,那人却在,灯火阑珊处"为第三境界。千百劳作,终有所成,这是何等的喜出望外,但又恰属于情理之中! 一分耕耘、一分收获;一分探索、一分成功。

(扩展阅读请见参考资料来源:http://it.people.com.cn/GB/42891/42894/3687320.html)《京华时报》(2005 年 9 月 12 日 B33 版,作者辛苑薇,张见悦)

(1)百度的检索方式

百度搜索提供了简单搜索、高级搜索和网页目录等几种方式。当打开百度主页后,直接进入简单搜索方式,只需在搜索框内输入需要查询的内容,按"Enter"键,或者鼠标单击搜索框右侧的百度搜索按钮,就可得到最符合查询需求的网页内容,如图 4.3 所示。

搜索设置 | 登录 注册

新闻 **网**页 贴吧 知道 音乐 图片 视频 地图

| | 百度一下 |

百科 文库 hao123 | 更多>>

把百度设为主页 把百度添加到桌面

加入百度推广 搜索风云榜 关于百度 | About Baidu

©2012 Baidu 使用百度前必读 京ICP证030173号

图 4.3 百度的简单检索画面

（2）**百度的检索特点**

1）百度快照

每个被收录的网页，在百度的服务器上都存有一个纯文本的备份，称为"百度快照"。当检索到的链接网页打开速度较慢，或者是网站服务器暂时中断或堵塞、网站已经更改链接、"该页无法显示"（找不到网页的错误提示信息）等。可通过"百度快照"快速到达页面的文本内容。不过，百度快照只保留文本内容。

2）高级检索

高级检索可定义搜索结果中"包含以下全部的关键词"（相当于 and）、"包含以下完整关键词"（相当于 and 且"精确匹配"）、"包含以下任意一个关键词"（相当于 or）、"不包括以下关键词"（相当于 not）。还能设置每个显示页显示多少条记录、搜索网页的时间、文档格式、关键词位置以及指定要搜索的站点等，通过这些限定条件，使检索结果更为准确。

与大多数搜索引擎相同，百度搜索提供"分类检索"和"关键词查询"两种方法。关键词检索将会有目录、网站、网页、新闻这 4 种依序的结果，除非先选定其中之一。检索结果的页面中检索词显示为红色。

百度同样支持多关键词查询。关键词之间可用空格、逗号、+以及 & 符号，它们都代表 AND，而用竖线符号"|"代表 OR，"-"仍然为 NOT（例如，要武侠小说，但不要金庸，则输入"武侠小说-金庸"）。在输入的关键词前加"t:"将搜索网站标题（title），加"u:"则搜索网站地址（URLs）。

为了避免检索结果数量过多（这是大多强力搜索引擎的"通病"），百度对网页检索结果进行了一些技术处理：一是"站点类聚"，是指在检索结果中，如果来自同一站点的网页不止一页，则只提供内容最相关的一页，其余隐藏，同时会提供该网站的一个链接，显示为"此站点上的更多结果"；二是"内容类聚"，是指在检索结果中，如果某些网页内容相同，则同样只保留一篇，其余隐藏。

3）精确检索——使用双引号和书名号

如果输入的查询词很长，百度在经过分析后，给出的搜索结果中的查询词，可能是拆分的。给查询词加上双引号就可达到不拆分查询词的目的。中文书名号检索，如《计算机网络技术》，则书名号会出现在搜索结果中，而且被书名号扩起来的内容，不会被拆分。

（3）**百度的特色产品简介**

百度的产品和服务范围非常广泛，涉及人们生活的方方面面。其产品多达 100 多种，包括 MP3 搜索、图片搜索、新闻搜索、地区搜索与影视搜索等。以下只简单介绍百度贴吧、百度知道、百度百科等几个与文献相关的最有特色的服务。

1）百度贴吧

百度贴吧是世界最大的中文交流平台，这是一个自由网络空间。贴吧里每天都有无数新的思想和新的话题产生。贴吧的形式类似于一些社区网站的 BBS,但是它的创建比在 BBS 上发帖、找帖方便得多。贴吧通过用户输入的关键词自动生成讨论区,使用户能立即参与交流,发布自己所拥有的关于感兴趣话题的信息与想法。

2) 百度知道

百度知道于 2005 年 11 月正式发布,是一个基于搜索的互动式知识问答分享平台。与大家惯用的搜索服务不同,"百度知道"并非是直接查询那些已经存在于互联网上的内容,而是用户自己根据具体需求有针对性地提出问题,通过积分奖励机制发动其他用户来创造该问题的答案。同时,这些问题的答案又会进一步作为搜索结果,提供给其他有类似疑问的用户,达到分享知识的效果。百度知道的最大特点,就在于和搜索引擎的完美结合,让用户所拥有的隐性知识转化成显性知识,用户既是百度知道内容的使用者,同时又是百度知道的内容的创造者,在这里累积的知识数据可以反映到搜索结果中。通过用户和搜索引擎的相互作用,实现搜索引擎的社区化。

3) 百度百科

始于 2006 年 4 月的百度百科是一部内容开放、自由的网络百科全书,也是全球最大、最全的简体中文知识性百科全书,涵盖所有领域知识、服务所有互联网用户。

在百度百科中每个人都可以自由访问并参与撰写和编辑,分享及奉献自己所知的知识,所有人共同编写成一部完整的百科全书,并使其不断更新完善。它为用户提供了一个创造性的网络平台,强调用户的参与和奉献精神,充分调动草根大众的力量,汇集上亿网民的头脑智慧,积极进行交流和分享,同时实现与搜索引擎的完美结合。

4) 百度文库

百度文库是供网友在线分享文档的开放平台,在这里,用户可在线阅读和下载涉及课件、习题、考试题库、论文报告、专业资料、各类公文模板、法律文件、文学小说等多个领域的资料。平台上所累积的文档均来自热心用户的积极上传。"百度"自身不编辑或修改用户上传的文档内容。

百度百科与百度贴吧、百度知道、百度文库四位一体的服务,共同构筑了一个完整的知识搜索体系,成为百度网页搜索的有力补充,更好地提升了用户的搜索体验。

4.3.2　谷歌搜索

网址:http://www.google.com.hk/。

Google 是一个功能强大、使用方便的搜索引擎。图 4.4 是 Google 中文的检索界面。

谷歌是易用性最强的搜索网站,它提供了简单易用的免费服务,用户几乎可以在瞬间得到相关的搜索结果。Google 与其他搜索引擎最大的不同在于,使用复杂的自动搜索方法,可避免任何人为感情因素。Google 的结构设计确保了它绝对诚实公正,任何人都无法用金钱换取较高的排名。Google 可以诚实、客观并且方便地帮助用户在网上找到有价值的信息。

Google 搜索　　手气不错

Google.com.hk 使用下列语言：中文（繁體）　English

图 4.4　Google 简洁的检索界面

（1）谷歌概况

谷歌不止是一个搜索引擎。可以说谷歌是一本最大的词典，也可以说谷歌是一本百科全书，谷歌还是全球第一的媒体公司。

全球最大的搜索引擎服务商谷歌，每天 24 h 不停地对全球互联网进行反复、蜘蛛网式搜索，将不同的网页收集在一起，再按照一定的算法将所有的网页编辑成统一格式的索引，供用户使用。事实上，用户利用谷歌进行搜索时，搜索的并不是互联网，而是储存在谷歌服务器中的互联网网页拷贝（即所谓"网页快照"）的索引。据称，谷歌的目录中收录了全球 24 亿多个网址，并逐一将其网页下载、复制，以网页快照形式存放在其 12 万余台分布式服务器中，使用 200 多条 T3 级宽带。谷歌平均每天提供约 2 亿次搜索服务。为了安全起见，谷歌还对上述信息资源做了异地备份，并定期对所存内容进行更新。目前，谷歌目录中存有 80 亿个网页。

谷歌的网页分级（PageRanking）技术是谷歌的两位创始人拉里·佩奇（Larry Page）和赛吉·布林（Sergey Brin）在斯坦福大学的博士论文，他们利用网络的链接结构，而不仅仅是使用文档的属性来判定文件的重要性，从而实现了更好的搜索效果，使谷歌在搜索技术方面取得突破并领先同行。谷歌对所有的互联网网页编制索引。

虽然很多人认为谷歌的成功在于发展了一种可以对网页搜索结果进行优先级排序的算法，实质上，除了拥有搜索引擎的核心技术之外，它最大的成功之处是将全球的互联网网页整个拷贝（镜像）下来这样一个有胆有识和非常具有战略意义的举措。

一个搜索引擎系统，12 万台服务器，这样大的规模，技术的复杂性姑且不论，敢想就不易。但是，谷歌认识到，随着信息技术的发展，存储器的成本与信息内容的价值相比，已经可以忽略不计。"信息是信息时代最重要的资产"，谷歌则把全球的信息资源变成了它的信息资产。谷歌利用互联网的开放性，几乎不花一分钱的代价就把全球不知多少人、花了不知多少钱、多少时间和精力，所生产的数字信息资源变成了自己的财富和利润的源泉；而且，就控制和拥有全球的信息资源而言，谷歌变得具有战略的重要性。谷歌已经改变了许多人的工作方法、学习甚至研究方法。有谷歌在，人们会觉得互联网就在身边；没有谷歌，很多人将无所适从,好像小学生没有了字典、科学家没有了图书馆。一旦没有了谷歌,人类就似乎失去了数字世界,对工作、学习和生活的影响是难以想象的。谷歌显示出了其在互联网时代举足轻重的意义。

2005 年底,公司员工总数约 5 680 人,年营业额却达到了 61.3 亿美元。2005 年 6 月 11 日的《华盛顿邮报》报道,谷歌的市值在 6 月 7 日这天达到 800 亿美元,超过时代华纳 20 亿美元,成为世界第一媒体公司;而此时距离 2004 年 8 月谷歌的上市,为时仅 10 个月。截止 2020 年底,谷歌员工总数为 135,301 人,2020 年营收为 1 825 亿美元,谷歌员工平均创造营收为每人每年 134.9 万美元,在 2020 年全球品牌 100 强榜单中排名第四位(苹果、微软和亚马逊分获前三位)。

"googol",是美国数学家 Edward Kasner 的侄子 Mition Sirotta 创造的一个词,表示为 10^{100},即 1 后边带有 100 个零的数字。Google 把这个词的词尾略加调整后作为公司名,暗含征服网上无穷无尽资源的雄心大志。Google 已经被公认为是现代规模最大、最受欢迎的搜索引擎,它给广大网民提供了免费的、最便捷的网上信息查询,还向 AOL(美国在线)、CompuServe、Netscape、Yahoo!、中国网易等知名门户网站和搜索引擎提供后台网页查询服务。

2010 年 Google 由于不愿意签署中国政府提出的对网上不良信息的筛选协议,加之在中国耕耘 4 年后,市场份额增长有限,于是部分退出了中国市场,并将总部搬迁至中国香港。但由于很多用户已经习惯了使用 Google,因此,很多人仍然通过其他方式使用 Google 搜索引擎和工具。

(2)谷歌的功能和特点

1)界面简洁

谷歌界面有时甚至让人觉得过于简陋,它既没有分类目录,也没有什么广告、新闻等服务项目放在主页上拥挤不堪。首页作为用户开始接触的门户,美观、简洁是一大根本,可使用户直观地感觉到搜索引擎功能的存在,而且意识到其搜索功能的强大,从而有继续搜索操作的愿望。

由谷歌创始的简略界面后来被众多搜索引擎纷纷起而仿效,这真应了一句老话,"简单的便是强大的""简单就是美"。当你打开一个门户网站,满屏充塞、挤满了无数链接,还有众多的游动广告,看得你眼花缭乱,这时你的心情无形中处于压抑状态。而谷歌放弃了在小小屏幕上尽量展示互联网丰富多彩内涵的无助且无奈的企图,干脆让屏幕空着,给人以简单、深邃、有力和美的感受,并给人留下想象的巨大空间。

2)PageRank 算法

Google 采用了新一代的网页级别(PageRank)自动鉴别技术,这种技术是该公司独创的,以一个网站被其他网站链接的频率来评介该网站的检索级别。网页的质量和被其他页面链接的次数成正相关。PageRank 算法是链接分析流派中的一个典型代表,也是第二代搜索引擎的重要特点。Google 将所发明的 PageRank 算法成功地运用到搜索结果的排序之中,此举使混沌的、杂乱无章的数以万计的查询结果变得井然有序,即网页内容与查询关键词的相关度较大的排在前面,使得人们在利用 Google 检索网络资源时,只需阅读前几页的结果即可基本满足要求。在 Google 分类目录里的网页摘要中,用一条长短不等的绿色横线标记网页被链接的频率,使用户一眼就明了网页的重要程度。

3) 技术先进、搜索结果精确、排序公正

有别于其他搜索引擎,没有人能花钱买到谷歌的一个更高级别的 PageRank,保证了排名的客观公正。谷歌搜索就是以这样诚信的服务让用户非常容易地找到高质量的网站。

除了具有其他搜索引擎已有的功能外,谷歌还有非常多的特色功能。例如,谷歌智能化的"手气不错"功能,提供可能最符合要求的网站。可选择的语言界面有 72 种之多(包括简体中文和繁体中文);语言翻译功能,能够把法语、德语、意大利语、葡萄牙语、西班牙语和英语、中文等互相翻译。

4) 搜索快速

谷歌搜索速度的快捷是它的又一大特色,用户所输入的任何关键字或信息,都能得到快速的响应,且其超链分析的算法还会将搜索结果排列出优先次序,从而使重要的结果排列在前,节省了用户的查询时间。谷歌在全世界拥有超过 10 000 台 Linux 服务器,200 多条 T3 级(传输速率可达 44.736 MBit/s)宽带链路,在超过 20 亿的网页中搜索、返回最相关网页的时间不到 1.5 s。目前,每天都有数千万用户登录谷歌,处理的网页搜索量达到每天超过 1.5 亿次。这方面某权威杂志的评价很有代表性:"由于简单有效,Google 已成为广大互联网用户的宠儿。"

(3) Google 的检索方式

1) 简单搜索

①独特的检索语法

Google 界面中有"高级搜索""语言工具"和"使用偏好"这 3 个链接。其中"使用偏好"可选择 26 种不同的语言,Google 具有自己独特的语法结构,它不支持"and""or"和"＊"等符号的使用,它自动带有"and"功能,当需要使用类似功能时,只需在两个关键词之间加空格即可,如"计算机 信息检索"。由于不支持"or"查找,所以谷歌无法接受"或者包含词语 A,或者包含词语 B"的网页,用户如需获取两种不同的信息,例如查 milk 或 eggs,则需分两次检索,一次查 milk,一次查 eggs。

Google 不支持"词干法"和"通配符(＊)"检索,要求所输入的关键词完整、准确、一字不差,才能得到最准确的资料。要获得最实用的资料,则需要增加关键词的数量,并逐步缩小检索范围。

②忽略部分词语

通常 Google 忽略 http 和 com 等字符,以及数字和单字,此类字词过于频繁出现于大部分网页,不仅无助于查询,而且大大降低搜索速度。用"+"可将这些字词强加于搜索项,但"+"

前面必须留一空格。也支持"-"功能。

③Google 搜索不区分英文字母大小写

所有的字母均当作小写处理。Google 对英文单词的拼写有纠错功能。例如,当对单词 psychiatrical(精神病学的)的拼写不是很确定时,就可根据拼读规则在 Google 搜索框中输入大致的单词拼写,如输入 spychiatrical 进行搜索,Google 就会提示"您是不是要找 psychiatrical?",这样就可判断出目标单词正确的拼写形式,这肯定比用书本字典方便快捷得多。Google 还可检验某种表达方式或搭配是否正确。例如,要表达"浓咖啡"时,是用 powerful coffee 还是用 strong coffee 呢? 这时只要分别在搜索框中输入 powerful coffee 和 strong coffee,就会发现英语中有 strong coffee,但没有 powerful coffee 的表达方式,除非其后有 grinder 等别的词(powerful coffee grinder 表示"功能强大的咖啡研磨机")。也就是说,英语中 strong 可以和 coffee 搭配,但 powerful 却不可以直接修饰它。

2)高级搜索

对于某些专用语的查询,可单击"高级搜索"按钮,进入高级检索界面。例如,要查找名言警句等专有名词时,要在键入的专有名词上加上双引号(英文字符双引号)。

Google 可指定域名或指定文件类型进行搜索,如利用"site:xxx.com"可在某个特定的网站进行搜索。例如,如果搜索中国教育科研网上关于搜索引擎的技巧,那么可这样输入:search engine tips site:edu.cn。如果要排除某网站或者域名范围内的页面,只需使用"-网站/域名"即可;利用"filetype:文件类型"可在一类文件中进行搜索,如"filetype:pdf""filetype:ppt"等。

此外,Google 还支持在一些词后加冒号,指定关键词出现的位置,如"inurl:"要求搜索的关键词包含在 URL 链接中;"link:"要求搜索所有链接到某个 URL 的网页;"intitle:"要求在网页标题中;"inanchor:"或"allinanchor:"要求搜索的关键词包含在网页的"锚"中。

3)其他重要检索功能

①"网页快照"功能

Google 进行网页遍历的时候,会给网页做一份索引快照(Snap Shot),并将其存储到 Google 的服务器中。当用户只是想大略浏览一下,或网页无法访问,或已被删除时,"网页快照"功能可很好地满足用户要求。

②"手气不错"功能(I'm Feeling Lucky)

如果在输入关键词后选择"手气不错",Google 将带你到它所推荐的网页,无须查看其他结果,省时方便。

③"类似网页"查找功能

如果单击"类似网页"链接,Google 会启动"侦察兵"寻找相似网页。Google 一般都是找同一级别的网页,如若该页是某个大学图书馆,则"侦察兵"能找到的多半也是一些大学图书馆的网页。而若搜索结果是 Google 所推荐的网站时,在搜索结果末尾会有 RN 标志。

④网页翻译功能

如果用户使用 Google 搜索外文网站,会惊喜地发现搜索结果页面上多数网站链接后面都出现了"[翻译此页]"链接,单击它就可以看到 Google 自动翻译的中文页面,目前该网页翻译服务仅局限于中文用户翻译英文网页。

⑤学术搜索(Google Scholar)

Google 的 Google Scholar 于 2004 年 11 月 24 日推出,是世界上第一个针对学术期刊、论文、著作、摘要的免费学术搜索引擎,它的面世为我国科研用户查找英文文献提供了一个强有力的学术搜索工具。

如今,甚至可通过 Google scholar 直接搜索维普、万方数据库的资源,对于有权使用全文的用户可直接下载全文。Google 学术搜索可从同一个位置方便地搜索各种资源,查找报告、摘要及引用内容,通过用户所在的图书馆或在 Web 上查找完整的论文,了解任何科研领域的重要论文。

⑥地图搜索

Google 地图搜索提供超级强大、友善的地图技术以及本地公司、餐饮等资信,包括公司位置、联络资信以及行车路线指示等。

在北美的部分地方,谷歌开通了"街景视图"服务。使用者可通过街道上的视角查看街景(如公交车站、商铺等)。但是该服务却有侵犯个人隐私的嫌疑,因为街景视图的照片是由 Google 的甲虫车在街上随机拍到的,街边路人的动作,停泊点上的车牌号都是一清二楚。

谷歌迅速搜索的基本技能:目标信息一定含有的关键字(用""连起来),目标信息不能含有的关键字(用"-"去掉),目标信息可能含有的关键字(用"OR"连起来)。

4.3.3 雅虎(Yahoo!)

网址:http://cn.yahoo.com/(中文主页,简称"雅虎中国")。

(1)雅虎简介

Yahoo 是 Internet 上最早的搜索引擎之一,Yahoo 的超强大数据库涵盖全球 120 亿个网页(其中包括雅虎中国的 20 亿个网页),拥有数十项搜索技术专利,有着精准的运算能力,支持 38 种语言,近万台服务器,为全球一半的互联网用户提供搜索需求。雅虎总部设在美国加州圣克拉克市,在欧洲、亚太区、拉丁美洲,以及加拿大及美国均设有办事处。其中,中文 Yahoo 网站于 1999 年 9 月正式开通。

在许多人的心目中,Yahoo 是搜索引擎的同义词,它也确有其过人之处,其分类目录查询就做得相当出色,无论从网站的数量还是分类的合理性方面都可圈可点。站点目录分为 14 个大类,每一个大类下面又分若干子类,搜索十分方便。该站点连接速度快,包含范围广,数据容量大,简便易用,是查询各种信息的好去处。

Yahoo 在登录我国的最初几年,我国网络用户给了 Yahoo 很高的赞誉,但在 Google 和 Baidu 面世后,中文雅虎开始衰落,终于在 2005 年 8 月被阿里巴巴收购。阿里巴巴董事长马云曾宣称:要把中文雅虎打造成中国最大的互联网搜索平台,在搜索技术上和 Google 及 Baidu 比肩。

(2)雅虎的得名和创始故事

Yahoo 是 Yet Another Hierarchically Officious Oracle 的首字母缩写,直译的意思是"另一个层次目录型正式指南",但从西方软件命名往往以圣经或神话人物着手,就用雅虎本身一查,得知 Yahoo 一词最早出现在 1726 年。这一年 Jonathan Swift(乔纳森·斯威夫特)创作了脍炙人口的《格列佛游记》,yahoo 这个词正是 Swift 在书中杜撰的一种人。在故事里,格列佛第四次航海时遇到海难,被海水带到一个不知名的岛屿上,那里就生活着那些 yahoo 们。这些被称为 yahoo 的人从没有受过教育,非常愚笨且野蛮。原来 yahoo 的原意竟是"乡巴佬"!

杜撰这么一个荒唐可笑的名称的不是别人,正是开发 Yahoo! 搜索引擎的两个年轻人——斯坦福大学的博士生杨致远(Jerry Yang)和大卫·费罗(David Filo)。杨致远 1968 年出生,并在中国台湾度过了他的童年时光,他的母亲是讲授英语和戏剧的教授。在杨致远两岁时其父去世,之后一直由母亲抚养和教育他和弟弟。杨致远有一个姨妈生活在美国。10 岁时,杨致远随家人移民到美国的加利福尼亚。

这两位在斯坦福大学计算机系小有名气的高材生,起先也很有一番常青藤大学学生发迹的常规思路:好好读书,拿上一连串的"A"到大公司报到上班。一日,两人无意中登录了一个叫"梅尔玫瑰"的搜索站点,尽管该站点内容空洞贫乏,缺少新意,但整个站点采用的分类目录的做法吸引了他俩。为什么不组织一个像这样可供登录者按自己的需求查询内容的站点? 这种创新的思路导致了雅虎的诞生,并成为后来雅虎建立网站的技术方向。

雅虎每天要接待数以万计的访问者,任何拥有大量忠实追随者的事物总是有价值的,杨致远坚信这一点。于是杨致远便中断了学业并成立了雅虎公司。公司的股票在华尔街上市后,杨致远的个人资产在一瞬间飞升为 1.7 亿美元。杨致远是 Internet 催生的亿万富翁。Internet 上充满了机会,杨致远抓住了机会,在 Internet 上威风八面的 Yahoo,就是这位来自中国中国台湾的华裔青年研制的。

Yahoo 两位创造人几乎是从零开始的,当时他们还只是两名穷学生。Yahoo 的成功在全美乃至中国台湾刮起了一股创业旋风,大学生们不再追求进入待遇优厚的公司或者攻读 MBA 什么的,他们两三个人自成一伙,杀入互联网络,像当年开拓西部荒野的牛仔,义无反顾。Yahoo 的成功证明,眼光等于 50% 的成功。

(参考扩展阅读:百度的百科名片:雅虎)

(3)雅虎的各语言版本

雅虎是一个以分类目录、网站检索为主,附带网页全文检索的搜索引擎。有中文、英文,以及法、德、意、西班牙、丹麦、日、韩等 10 余种语言版本,各版本的内容互不相同,如英文版主要收录英文网站,日文版主要收录日文网站,可以说,每一个不同的版本都是一个不同的、相对独立的搜索引擎。

雅虎英文版除主站外,又有多个地区分站,如亚洲站雅虎、加拿大站雅虎等,这些网站分别以收录这一地区的英文网站为主,也可视为独立的搜索引擎。

中文雅虎主要收录全球各地的中文网站,包括简体、繁体和图形中文网站。在同类搜索引擎中,它收录的网站相当丰富。

4.3.4　360 搜索

网址：https://www.so.com/（中文主页,简称"360 搜索"）。

（1）360 搜索

360 综合搜索,属于元搜索引擎,是搜索引擎的一种。它主要通过一个统一的用户界面帮助用户在多个搜索引擎中选择和利用合适的(甚至是同时利用若干个)搜索引擎来实现检索操作,是对分布于网络的多种检索工具的全局控制机制。而 360 搜索+,属于全文搜索引擎,是奇虎 360 公司开发的基于机器学习技术的第三代搜索引擎,具备"自学习、自进化"能力和发现用户最需要的搜索结果, 360 搜索主页如图 4.5 所示。

意见反馈　违法举报　未成年人举报　使用协议　隐私条款　免责声明　推广合作　360搜索联盟
©2021 so.com　京公网安备11000002000022号　京ICP备08010314号-19　京ICP证080047号　工商营业执照　互联网药品信息服务资格证书编号：(京)-非经营性-2018-0012

图 4.5　360 学术搜索主页

（2）360 学术搜索

360 学术搜索,拥有丰富的中英文期刊论文资源,收录了国内外学术站点超过 2 万家,如中文学术站点知网、万方、维普,外文学术站点 acm、IEEE、Springer 等。它共计收录中外文学术资源总量逾 2.65 亿条,其中,外文近 1.3 亿条,中文超 1.35 亿条。其总索引量已成为国内第一,360 学术搜索主页如图 4.6 所示。

（3）360 学术搜索实例

通过 360 学术模块搜索"无人机驾驶技术",对搜索结果提供自 2021 年以来按照时间筛选的多种排序方法。单击文章下面的相关标题可以直接出现与该文章相关的所有文章,单击"搜索全网"可以出现包含但不限于论文的一些新闻、各种网站报道等。360 学术搜索"无人机驾驶技术"如图 4.7 所示。

图 4.6 360 学术搜索主页

360学术 无人机驾驶技术 ✕ 搜索

网页 资讯 问答 视频 图片 良医 地图 百科 文库 英文 音乐 软件 翻译 **学术**

筛选：时间不限 2021年以来 2020年以来 2017年以来 自定义时间
排序：相关性 引证文献 发表时间

小型无人机自动驾驶仪技术
房建成，张霄 - 《中国惯性技术学报》，2008 - 万方
驾驶仪及MIMU等关键器部件,使其精度有了突飞猛进的提高.国内小型自动驾驶仪研究起步较晚,精度较国外水平还有较大差距.作者从功能、结构、内部组成、精度等方面,综述了当前世界各国最有代表性的小型自动驾驶仪.结论中指出在结合小型无人机特点的动力学建模、自...
找到引证文献：6 - 相关文章 - 搜索全网 - 更多版本

无人机遥控驾驶关键技术研究与飞行品质分析
丁团结，方威，王锋 - 《飞行力学》，2011 - 知网
无人机遥控驾驶方式相对程控方式来说,在时间延迟、情景遥现、数据链性能优化以及飞行控制等方面的要求较高,而这些因素也成为了困扰无人机遥控驾驶发展和应用的关键.借鉴无人机技术验证平台地面闭环试验的结果,以时间延迟、数据链路性能为重点针对无人机遥控驾...
找到引证文献：1 - 相关文章 - 搜索全网 - 更多版本

小型无人机自动驾驶仪技术
房建成，张霄 - 《中国惯性技术学报》，2008 - 万方
驾驶仪及MIMU等关键器部件,使其精度有了突飞猛进的提高.国内小型自动驾驶仪研究起步较晚,精度较国外水平还有较大差距.作者从功能、结构、内部组成、精度等方面,综述了当前世界各国最有代表性的小型自动驾驶仪.结论中指出在结合小型无人机特点的动力学建模、自...
相关文章 - 搜索全网

无人机相关技术与发展趋势
甄云卉，路平 - 《兵工自动化》 - 维普
路平 军械工程学院光学与电子工程系 河北石家庄050003 在线阅读 购物车 | ★收藏 | 分享 第1页 第2页 第3页 论文选题 论文检测 论文发表 摘要：无人驾驶飞机(简称"无人机(UAV)")主要包括飞机机体、飞控系统、数据链系统、发射回收系统、电源系统等.其相关技术涉及隐...
找到引证文献：53 - 相关文章 - 搜索全网 - 更多版本

图 4.7 360 学术实例

4.4　用自然语言测试搜索引擎

每一个人都可对搜索引擎进行一些如测试抓取时间、用关键词或自然语言搜索查找是否方便、快捷等。下面演示几个例子。

4.4.1　实例 1：搜索文章

这里有一篇文章,笔者在某期刊上曾看见过,但只记得文章名是与"人工智能新基建"相关的。用"人工智能新基建"作为关键词在百度搜索居然得到 5 400 万条记录,这样的结果显然不是笔者想要的,于是我又回忆起作者是著名经济学家"任泽平"。添加作者名输入"人工智能新基建任泽平"仍然得到了 17 万条记录,虽然没有达到精准搜索的目的,但找到了我想要的文章"人工智能新基建:迎接智能新时代"。于是,我将文章题目和作者名再改用百度学术搜索,结果精准找到了两个链接:一个是被维普网收录的,一个是被万方数据库收录的。见图 4.8。

图 4.8　用百度学术搜索一篇论文

此例中,人工智能与新基建不能说是一个关键词,可见即使是用自然语言检索,也能多加词语进行限定,类似于使用两个关键词的组合检索。这篇文章实际上可看作一个逻辑小故事。请读者自行搜索该文章并回答它涉及哪一种逻辑错误?(答案:NOT 逻辑)

4.4.2 实例2:选用合适的搜索引擎

欲查英国德温特专利索引(WPI)的创始人 Monty Hyams 先生的生平报道和照片,使用百度却一无所获,改而使用微软的必应进行网页搜索,则得到53 000 多条记录(见图 4.7)。可知,百度主要是擅长针对中文的信息搜索为主。

图 4.9　检索英文人名适合用"必应"搜索引擎

【思考·练习·讨论题】

1.互联网信息资源按信息检索工具类型划分,有哪些种类?

2.互联网的信息组织方式是什么?

3.简述搜索引擎的工作原理和主要功能。

4.搜索引擎的一般检索技术有哪些?

5.简述百度的主要搜索功能。

6.试着在 BBS 或某个论坛上发表帖子或博文,然后在之后 1 h 内不停地用百度搜索该文,直到找到为止,计算搜索机器人花了多少时间将你的博文加入庞大的索引数据库中。

第5章

门户网站与网络新媒体

生活在改变,互联网和新媒体是促成这一变化的主要力量。

感官搜集事物的表面现象,那就是感觉?当记忆起作用时,那便是经验;当头脑运动时,就有了知识;当头脑再对知识进行思考时,思想便诞生了。

——爱默生

【本章提要】

门户网站是搜索引擎之外的另一大类实用网络搜索工具,既有综合性大型门户,也有面向生活服务类的垂直搜索门户。本章在介绍门户网站和主题网关(学科信息门户)、生活服务类信息门户等的基础上,着重阐述了 Web 2.0 的概念及其引领的 2.0 热潮,以及自网络黑客以后盛行的网络客文化。

本章还介绍了众多的社交网络、六度理论以及众多成功的创新人物(简介),他们传奇般的创业经历不只是一个个励志故事那样催人奋进,且对于大学生创新意识的培养也有所启迪。

5.1 门户网站

5.1.1 什么是门户网站

门户(portal),原意是指正门、入口。门户网站是一个大型的 Web 应用框架,它将各种应用系统、数据资源和互联网资源集成到一个信息管理平台之上,并以统一的用户界面提供给用户,并建立企业对客户、企业对内部员工和企业对企业的信息通道,使企业能够释放存储在企业内部和外部的各种信息。

由于市场竞争日益激烈,门户网站不得不快速地拓展各种新的业务类型,希望通过门类众多的业务来吸引和留住互联网用户,以至于门户网站的业务包罗万象,成为网络世界的"百货商场"或"网络超市"。从现状来看,门户网站主要提供新闻、搜索引擎、网络接入、聊天室、电子公告牌、免费邮箱、影音资信、电子商务、网络社区、网络游戏及免费网页存储空间等。

5.1.2 门户分类

(1)搜索引擎式门户网站

该类网站的主要功能是提供强大的搜索引擎和其他各种网络服务,这类网站在我国较少,典型的例子是百度。

(2)综合性门户网站

该类网站以新闻信息、娱乐资讯为主,如我国的 3 大门户:163(网易)、新浪、搜狐,称为资讯综合门户网站。

有些综合性门户网站以新闻、供求、产品、展会、行业导航、招聘为主,这类集成式网站被称为行业综合门户网站,如众业、代理商门户、前瞻网等。

(3)地方生活门户

该类网站是时下最流行的,以本地资讯为主。一般包括本地资讯、同城网购、分类信息、征婚交友、求职招聘、团购采集、口碑商家、上网导航、生活社区等频道,网内还包含电子图册、万年历、地图频道、音乐盒、在线影视、优惠券、打折信息、旅游信息、酒店信息等非常实用的功能。此类网站如县门户联盟、城市中国地方门户联盟、新浪河南、瓮安在线、廊坊消费广场、丽江 360 网站、通话网、瓮安网、百汇网、贵州生活网、高安网、浙江热线、南昌百姓热线、芜湖民生网、武汉门户网、杭州 19 楼、成都第四城等。

(4)校园综合性门户网站

该类网站以贴近学生生活为主,包括校园最新资讯、校园娱乐、校园团购、跳蚤市场等,如嗨易网、大学生生活网、腾讯校园等。

(5)专业性门户网站

该类网站主要是涉及某一特定领域的网站,包括房地产、游戏、服装、美食、建筑、机电等。

(6)个人门户网站

个人网站就是个人制作的、具有个人风格和特定色彩的网站,个人门户网站相当于个人信息中心。互联网的发展已到了个性化的时代。我国最有名的个人门户网站是一览

（http://www.yeelan.com）。

中国目前有名的个人门户网站很多,除了一览,还有 2005 年出现的不少博客网站和所谓 Web 2.0 的一些网站,如播客(视频博客)类网站、分类信息网站、网摘类网站、rss 类网站以及论坛聚集网站等,都含有个人门户的某些特征,甚至 google,yahoo 的个性化主页,也可以说带有个人门户的痕迹。

(7)新闻门户网站

国家大型新闻门户,如新华网、人民网;商业门户,如网易、新浪、搜狐网、腾讯网 4 大门户网站;地方新闻门户,如千龙网、红网、东方网、长江网、大江网及大洋网等。中国香港地区有凤凰网、文汇网。

(8)政府门户网站

政府门户网站指由政府部门统一建立的门户网站,是电子政务统一的对外窗口,它通过高速接入互联网实现资源共享,为公众、企业和其他社会组织提供操作方便与快速的信息指引和在线服务。

5.2 主题网关（学科信息门户）

5.2.1 主题网关的概念

主题网关(Subject Information Gateway,SIG)又称为学科信息门户,是围绕某个主题而建立的网络信息资源导航服务,通过因特网向用户提供对文献、网站和服务的链接,实现网络信息资源的检索和开发利用。被引导的信息资源是由专家按照一定的选择标准和质量标准进行严格的质量控制而整合的,因而由主题网关引导的链接都是高质量的。主题网关这个名词在英文中经常有" subject gateway "" information gateway "" subject-based information gateway"等多种提法。

由于主题网关具有优于搜索引擎的特点,2001 年年底我国也正式启动了中国国家科学数字图书馆(The Chinese Science Digital Library,CSDL)项目,虽然起步较晚,但是在 SIG 建设方面已经作了大量的研究和开发工作,取得了一定的成绩和经验,目前已经由该馆资助建成并投入使用的有物理数学、生命科学、图书情报、化学及资源环境科学 5 个主题网关。

其实,中国高等教育文献保障系统(CALIS)在"九五"建设中启动的"重点学科网络资源导航库"服务项目,就是类似于主题网关的服务。它的目的是将 Internet 中相关重点学科的最优秀的网络资源提供给用户,帮助高校科研人员快速、准确地获取所需信息。

5.2.2 学术资源搜索门户网站

(1)读秀学术搜索 www.duxiu.com

读秀学术搜索是由海量全文数据及元数据组成的超大型数据库。其以310万种中文图书、10亿页全文资料为基础,为用户提供深入内容的章节和全文检索,部分文献的原文试读,以及参考咨询服务,是一个真正意义上的学术搜索及文献服务平台。

(2)Google Scholar(scholar.google.com)

谷歌学术(Google Scholar)是 Google 公司于2004年推出的一个专门面向学术资源的免费搜索工具,资料来源于学术著作出版商、专业性社团、预印本、各大学及其他学术组织的经同行评论的文章、论文、图书、摘要及文章等。

(3)Scirus(www.scirus.com)

Scirus 由爱思唯尔科学公司(Elsevier Science)于2001年推出,是互联网上最全面、综合性最强的科技文献门户网站之一。Scirus 收录了超过3.7亿条科学信息,研究人员在其中不仅能搜索到期刊内容,还能找到科学家的个人主页、课件、预印本资源、专利、机构库及网站信息等。图5.1是其主页。

图 5.1　Scirus 主页

与其他搜索引擎最大的区别在于,Scirus 既可以搜索网站(Web),也可以搜索期刊资源,而且专注于科技方面的内容。

Scirus 可检索免费资源和期刊资源。Scirus 涵盖多个与科技相关的网站,包括9 000万个网页,以及1 700万个来自其他信息源的记录。Scirus 覆盖的学科范围包括农业与生物学、天文学、生物科学、化学与化工、计算机科学、地球与行星科学、经济、金融与管理科学、工程、能源与技术、环境科学、语言学、法学、生命科学、材料科学、数学、医学、神经系统科学、药理学、物理学、心理学、社会与行为科学、社会学等。

　　Scirus 的检索界面友好，简洁方便，可分为基本检索和高级检索两种方式。Scirus 的基本检索非常简单，用户仅需输入检索词，按"Enter"键或单击"search"按钮即可检索到相关资料。此外，用户还可对检索结果加以限制，可来自于期刊、来自于网络或与输入检索词精确匹配。高级检索支持逻辑检索符"AND""OR""NOT"的应用，可对检索结果进行诸多限制，如检索入口、匹配方式、出版时间、文献类型、文件格式、文献来源及学科范围等。

　　（4）英国的 Intute www.intute.ac.uk

　　英国是目前世界上信息技术最为发达、信息化程度最高的国家之一，在科研信息化方面走在前列。Intute 是英国官方成立的免费教育和科技研究的信息门户（见图 5.2），是希望接受深入学术训练用户的必备参考，被美国图书馆协会评为 2002 年度最佳免费参考网站。

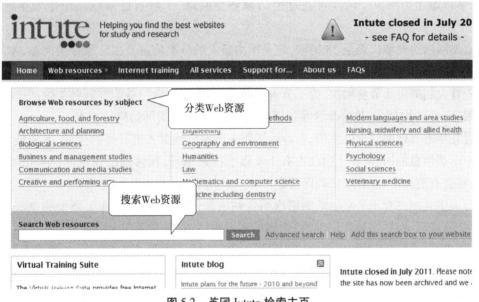

图 5.2　英国 Intute 检索主页

　　Intute 可以说是一个功能强大的搜索引擎，它的数据库是独一无二的，提供科技、艺术人文、社会科学以及健康生命科学 4 个大的学科的相关浏览和搜索，也可通过限定学科进行相关资源搜索。Intute 的另外一个重要特点是它的人工评估机制。考虑到自动化评估不能代替人工的价值判断，也不能动态地响应以满足英国高等教育和成人教育的需要，Intute 通过与英国高等教育和成人教育团体的交互，反映和发现同变化需求相一致的服务和资源。它提供特殊学科和交叉学科资源的使用许可，对所整合资源的质量，主要指资源的连续性、扩展性和可用性进行中肯的评估。Intute 的目标就是宣传最好的 web 网站，提供经过评估的高质量资源，以促进教育和科研活动。

　　此外，Intute 还提供因特网训练内容来帮助用户更好地从互联网获取适合自己的教育科研内容。用户可通过注册 MyIntute 获取个性化服务,包括保存 Intute 搜索记录,收取每周定制学科的相关信息,将记录导入用户个性化定制的界面等。

5.3 生活服务类门户网站

5.3.1 生活服务类网站分类

以分类信息为主流模式的生活服务类网站是为人们日常生活提供餐饮、娱乐、租房、买房、工作、旅游、教育、亲子、交友、婚嫁及培训等生活相关的"衣食住行用"的服务信息。生活服务类网站大都是地域性的网站,因为都与人们的生活息息相关,因此服务的人群较为集中,多以城市为单位。网友可通过生活服务类网站,了解自己所在城市中发生的生活信息。

这类网站的典型代表是 58 同城,它是国内最大的分类信息及生活服务类网站,本地化、自主且免费、真实高效是 58 同城网的三大特色。

随着人们的生活节奏加快,为了节省时间,人们希望不出门就能办理各类生活中需要的各类服务(如购物、水电费的缴纳等),因此,各种生活服务类网站应运而生。

近几年垂直性网站火爆发展,各种生活服务网站已经深入老百姓的生活,本地搜索所带来的生活类信息的内容,在美国已占有 1/4 以上搜索市场,在韩国已经超过 30%市场,而在中国,将会有更大市场,有更长的路要走。

分类信息网站对于公众生活的用途而言到底如何呢?据了解,作为典型的 Web 2.0 应用,分类信息网站是"一站式服务法"内涵的形象脚注,它代表了广大网民的一种生活方式新选择,不仅可为网民提供租房、二手买卖、找工作、拼车、交友等个人信息发布和搜索服务,而且完全免费。网民用户可在分类信息网站根据自己的供求状况发布分类信息,并基于地域、分类、时间等多维数据角度形成一个纵横交织的信息发布网络。也正是通过这个网络,广大网民能够实现高效的供需对接及互动,相较于传统平面媒体单渠道、单向信息发布形式,更符合现在互联网社会人们信息互动交流的偏好,于是人们将其纷纷融入自己个人生活的有机组成部分。

5.3.2 3D 地图 E 都市(www.edushi.com)

全球首个三维仿真城市,第一个真实三维的网上交互性城市,很酷的三维电子地图。图 5.3 是 E 都市的三维城市地图展示情形。

E 都市基于 Web GIS 和虚拟现实技术实现,运用网络拓扑方法、数据库管理系统 DBMS 技术对城市实体的制表储存、定位、搜索、属性信息存取进行数学建模,运用 3D 全景影像技术、图形引擎模型技术、短信即时互动技术,通过三维实景模拟的表现方式,无缝地集成都市电子地图、生活咨询、电子政务、电子商务、同城交友、虚拟社区等综合服务内容。

图 5.3　E 都市的三维地图

5.4　Web 2.0 时代和网络新媒体技术

5.4.1　什么是 Web 2.0

　　现在的互联网是一个单向的互联网,Web 2.0 正在将互联网改造成为以人为中心的多向的互联网,网络反过来也在改变人们的工作和生活方式,也许将来 SOHO 将成为人们主要的工作方式,外出旅行也不再需要旅行社的安排,因为你可以通过互联网安排好一切。

　　Web 2.0 带来的冲击将不会仅仅局限于互联网或者媒体,它对人们的影响也许比想象的还要大。美国《商业周刊》认为,从软件业、电信业、媒体业、市场营销业到娱乐业,几乎都将受到这股趋势的强烈冲击,并且即将发生翻天覆地的变化。

　　Web 2.0 是一次从核心内容到外部应用的革命。由 Web 1.0 单纯通过网络浏览器浏览 html 网页模式向内容更丰富、联系性更强、工具性更强的 Web 2.0 互联网模式的发展。这种发展变化已经成为互联网新的发展趋势。

　　总之,Web 2.0 是以 Blog, Tag, SNS, RSS, Wiki 等应用为核心,依据六度分隔新理论,XML, AJAX 等新技术实现的互联网新一代模式。

5.4.2 Web 2.0 引领"2.0 时代"

在我国,几种最具代表性的 Web 2.0 应用已经发展得极为迅猛。根据 CNNIC 的报告,截至 2010 年 6 月,作为 Web 2.0 代表性应用之一的博客,其用户规模已达 2.31 亿,博客空间超过 3 亿个;与此同时,SNS 等社交网站则使网民按照不同的兴趣爱好结成强大的群体交流空间,网民规模达到 2.1 亿;微博客等新型网络应用与手机短信、电子邮件、即时通信、网络电话等多种工具互通互联互发,信息发布能力、组织动员能力空前强大。中国互联网应用实现了历史性的一跃——用户创造网络,2.0 正式超越 1.0。

在 Web 2.0 引领之下,互联网在各个领域、行业内的应用纷纷宣布自己的 2.0 版本。刹那之间,创新 2.0、管理 2.0、媒体 2.0、教育 2.0、政务 2.0、图书馆 2.0……,忽如一夜春风来,千树万树梨花开,互联网全面进入了 2.0 时代。

(1)创新 2.0

即面向知识社会的下一代创新。面向知识社会的科学 2.0、技术 2.0 和管理 2.0 三者的相互作用共同塑造了面向知识社会的创新 2.0。创新 2.0 是知识社会条件下以人为本的典型创新模式,其例子包括 Web 2.0,开放源代码、自由软件以及麻省理工学院提出的微观装配实验室等。Web 2.0 正是创新 2.0 模式在互联网领域的典型体现。

(2)管理 2.0

传统的许多管理方法可以让员工更服从、更勤奋,但却不能让员工更创新、更忠诚,如果你想在未来的创新力经济中占领制高点,就需要员工兴致勃勃、诙谐幽默、满怀热情地工作。对此,管理 2.0 就能办到。

它的显著特征:每个人都可以发出自己的声音,领导人别把自己当作权力中心,要使创意民主化。要从过去那种"上面说了算"向"底层是权力源泉"的方向转变。选干部不是老板或上级说了算,而是由员工说了算,绩效管理也不单是老板或上级的特权。可以看看娱乐业,明星们的大红大紫绝非上层说了算,绝非权威专家能够圈点,如今皆由"底层"说了算——这个权力棒从上层交给了下层。

(3)新媒体 2.0

如果将广电传媒看作 Media 1.0 的版本,那么,毫无疑问,新媒体将使我们走进 Media 2.0 时代。如何把握 Media 2.0 的特征,是广电传媒制订应对战略的前提,让我们先从传媒的定义中寻找答案。

自媒体时代是指以个人传播为主的媒介时代,人人都有麦克风,人人都是记者,人人都是新闻传播者。这种媒介基础凭借其交互性、自主性的特征,使得新闻自由度显著提高,传媒生态发生了前所未有的转变。

在互联网上,每一个账号都像一个小小的媒体。发帖子、转微博、评新闻……信息、观点、态度便汇入了互联网的比特之海。自媒体——自我的小媒体,在近 5 亿网民、3 亿微博的努力之下,焕发出巨大能量:境内 50 余家微博客网站,每天更新帖文达 2 亿多条。

据统计,在 2010 年舆情热度靠前的 50 起重大舆情案例中,微博首发的有 11 起,占到了 22%。

(4)**教育 2.0**

教育 2.0 时代,是什么呢? 在它还没有完全到来之前,还难以准确下定义或描述它的全貌。不过可以从下面一些关键词中发现它的一些特征:全球化、数字原住民、Web 2.0、社区、联接主义、个人学习环境、用户创造内容……

可以从人们探索的足迹来发现教育 2.0。在过去的 10 年间,教育化快速发展。人们热衷于往教室里投放各种现代化设备,既有硬件也有软件。假如说黑板粉笔时代是教育 1.0,那么堆满现代化设备的学校充其量达到教育 1.5,因为教和学并没有得到实质性的变革,只是一个简单的硬件升级而已。

让我们来个"大学"DIY(do it yourself)。大家热衷于义务翻译国外高质量的公开课,转帖、浏览量最广的课程和演讲等,构建出一种创新的虚拟大学雏形。专注兴趣和好奇心的"分享主义者"线下聚会,头脑风暴,互相激发新思维。我的教育,我选择,我做主。

而那些发黄的讲稿,一成不变的老师面孔,僵化的大学教育,在教育 2.0 时代,传统大学的一潭死水会被打破,教育成为一种有趣的"自组织"情报活动,一种机会平等的推进剂,一种新思维的产生和改变的催化剂。

在课堂上开始能够浏览网页;淘汰了作业本,开始使用电子文档交作业;不必坐在教室,而是通过博客和视频完成课程……这些现象悄无声息地改变着沿袭了几百年的"传道、授业、解惑"的教学模式。网络应用的逐步普及,让以网络技术应用和学生主体为特征的教育 2.0 时代拉开帷幕。

在教育 2.0 时代,学校不再是闭关修炼的场所,而是人们了解现实世界的一个缩影。学习不再只是消耗知识内容,通过网络这个工具,学习者可在"无围墙的大学"里,按需学习,这才是真正意义上的全民教育。

(5)**政府 2.0**

Gov 2.0(Government 2.0,)是创新 2.0 时代的政府形态,通过以移动技术为代表的云计算、物联网等新一代信息技术工具和 SNS、社交媒体为代表的社会工具应用,实现以用户创新、大众创新、开放创新、协同创新为特征的作为平台的政府,完成政府形态从生产范式向服务范式的转变。

政府 2.0 是作为平台的政府、服务导向的政府、开放的政府,致力于以用户为中心,通过政府、市场、社会的协同与互动塑造公共价值。

(6)**总统 2.0**

美国总统奥巴马在竞选总统过程中对于互联网 Web 2.0 的应用也给人们提供了另一种

参考。在选举过程中,他不是简单地应用 Web 1.0 网站进行传统的网络募款或发布广告,而是全面地现身于各类流行的媒体之中,形成"无处不在的奥巴马(Obama everywhere)",在 Facebook、MySpace 这些社交网站中和数百万的用户成为"朋友",在更具 Web 2.0 特性的 Twitter 中得到数十万用户的"追随",在 YouTube 上建立专用的视频发布账号,被数十万用户订阅,发布了 1 800 多条视频,访问人次数以亿计。

在总统选举中,奥巴马也曾建立了一个具备典型 Web 2.0 特征的社交网站(MyBO),注册成员超过百万,注册行动只需几十秒即可完成。该网站的用户一旦输入有效邮编,立刻就可找到周边的人群、活动和团体,由此融入政治共同体。"我的邻居""我的团体""我的朋友"分别对应着各种社会网络,并动员其支持者在线拨打电话给其他犹豫不决的选民。该社区的设计中甚至包括类似网络游戏的任务系统,鼓励选民参与玩耍。

因为奥巴马十分热衷于各种 SNS 社会活动,由此被媒体幽默地调侃为"互联网总统"。

(7)图书馆 2.0

图书馆 2.0 是一个与传统理念非常不同的图书馆服务的理念,是指为满足当今图书馆用户的需求和愿望而不断调整自己,要求图书馆在任何时候、任何地点都能够向用户提供其所需要的信息,并保证消除使用图书馆的任何障碍。

与以往数字图书馆研究不同,这次图书馆 2.0 浪潮的兴起并没有太多的概念辨析,而更多的是现实实验系统的尝试。上海图书馆,厦门大学图书馆、上海大学图书馆、重庆大学图书馆的技术团队正在不断地努力构建图书馆 2.0 的技术原型。很多图书馆员正是通过 Blog 这样看得见摸得着的 Web 2.0 技术来感受图书馆 2.0 的。图书馆 2.0 不再是一个空洞抽象的概念,而是活生生的技术现实。

(8)时尚 2.0

时尚 2.0 就是利用网络传播时尚潮流。随着网络的普及,越来越多的奢侈品关注于互联网,将自己的秀在网上直播、在网上开销售店等。

网络无疑已经成为商品销售的大舞台,如今,奢侈品也要加入其中了。每个在业界混迹时间够长的人都记得,曾几何时,顶级时装设计师们全都躲在谜一般神秘莫测的厚重幕布后面,显得既神秘又酷毙,是什么让大师们一改常态,争先恐后地走上时尚前台?

2010 年春夏时装周,各大品牌纷纷利用新媒体造势:Louis Vuitton(路易斯·威登)在 Facebook 上直播成衣秀的全过程;时尚博主成为光顾秀场的常客;时装设计师和模特们都拥有了自己的 Twitter 账号且更新频繁;积家、古琦等品牌推出了 iPhone(手机上网)应用软件。

Dolce & Gabbana 则一口气请了 4 位知名时尚博主坐前排,不仅排位靠前,在"报道装备"上,这些博主的待遇也高于任何传统媒体的知名时尚评论员,且看:4 台特制品牌专供笔记本电脑一字儿排开,方便他们一边看秀评秀,一边即时进行网上更新。Louis Vuitton 和 Chanel 也不甘示弱,如法炮制。

互联网终于将时尚界纳入其广阔领地。Asos 和 Net-a-porter 等网上时装店正欣欣向荣,

Yves Saint Laurent 等品牌的短片可在 YouTube 上方便地观看,时装设计师和模特们突然全都拥有了自己的 Twitter 账号,其更新的频繁程度,就好像世界末日就要来临似的。

5.4.3　其他 Web 2.0 元素

(1)博客——网络日志

Blog 是继 E-mail,BBS,ICQ 之后出现的第 4 种网络交流方式,自推出后十分受大家的欢迎,是网络时代的个人"读者文摘",是以超级链接为工具的网络日记,代表着新的生活方式和新的工作方式,也代表着新的学习方式。

博客即网络日志,是一种通常由个人管理、不定期张贴新文章的个人网络媒体和写作方式,它的发表不经过任何机构的批准,单击鼠标即可完成,因此又被称为网络出版。博客上的文章(post)通常根据张贴时间,以倒序方式由新到旧排列(最新的排在最前面)。许多博客专注在特定的课题上提供评论或新闻,其他则被作为较个人化的网上日记。

"博客"一词,源于英文单词 Blog/Blogger。Blog 是 Weblog 的简称,Weblog,其实是 Web 和 Log 的组合词。Log 的原义则是"航海日志",后指任何类型的流水记录。Blogger 或 Weblogger,是指习惯于日常记录并使用 Weblog 工具的人,被称为"博主",而写博文这一行为又被戏称为"织围脖"。

中文"博客"一词,最早是在 2002 年 8 月 8 日由著名的网络评论家王俊秀和方兴东共同撰文提出来的。博客也好,网志也罢,仅仅是一种名称而已,它的本义还是逃不过 Weblog 的范围。

(2) RSS

通俗地讲,RSS 是本站点用来和其他站点之间共享资料和信息的一种简易方式。网络用户可在客户端借助于支持 RSS 的某些工具软件,阅读其他站点的相关内容。值得一提的是,这种操作并不需要打开其他网站。这在无形之中节约了浏览网站中大量信息所需要的空间和时间,而你需要付出的仅仅是下载一个支持这种操作的小软件。正是这个原因使得这种新兴的传播方式已经成为广大网络工作者和网络爱好者的首选。

(3)微博

自 2006 年 7 月 Twitter 在美国诞生以来,一种新的多媒体信息发布、共享与互动的即时传播平台和社交网络开始在世界范围内流行。这就是微博。

微博,是一个基于用户关系信息分享、传播以及获取平台,一种非正式的迷你型博客,也称为"一句话博客",它是一种可以即时发布消息的系统。用户可通过 Web、WAP、移动设备、IM 软件(MSN,QQ,Skype 等)和外部 API 接口等途径组建个人社区,以 140 字左右的文字更新信息,并实现即时分享。

Twitter 是 2006 年 7 月由博客(blogger)的创始人威廉姆斯(Evan Williams)推出的,英文

原意为小鸟的叽叽喳喳声,创始人认为鸟叫是短、频、快的,符合网站的内涵,因此选作网站名称。用户能用如发手机短信那样的几十种工具更新信息。Twitter 是一个社交网络及微博客服务网站。

Twitter 的创始人埃文·威廉姆斯(Evan Williams)在 2006 年发表的世界上第一个微型博客网站推特,目前已成为互联网时代炙手可热的明星。对很多人来说,Twitter 的迅速崛起实在令人意外,这对埃文·威廉姆斯来说,同样颇为感慨。要知道,他当初推出 Twitter 主要是为了方便朋友圈和业务圈里的交流和共享。

埃文·威廉姆斯,1970 年 8 月 20 出生在内布拉斯加州的一个农场,高中毕业后考入了内布拉斯加大学,中途认为"上大学是浪费时间"而退学。1994 年,埃文·威廉姆斯创办了一家互联网公司,虽然当时并不懂互联网,但他认为互联网最终将非常重要。通过自学,埃文·威廉姆斯知道了如何创建网站,并给一些企业做项目。但因没有管理经验,网站没经营多久就倒闭了。回忆过去,埃文·威廉姆斯说:"当时我赔了很多钱,包括我父亲的投资。公司因为拖欠国税局的税款而关门,当时我的很多员工都要疯掉了。"

在第一次创业失败后,埃文·威廉姆斯并没有放弃,他决定去硅谷闯荡。他进入一家媒体公司,最开始做销售,后来开始编写电脑程序,很快,他就开始承接硅谷巨头英特尔公司和惠普公司的业务。但他厌倦了公司的环境,决定辞职继续创业。1999 年,埃文·威廉姆斯与他人合伙成立了 Pyra 实验室,主要制作管理软件。在这期间,为了方便交流,埃文·威廉姆斯偶然发明了博客。后来,博客变成了公司的主业,Twitter 首页博客网站(Blogger.com)也随之上线。"Blogger"一词就是埃文·威廉姆斯发明的。2001 年,《财富》杂志曾将"博客网"评选为最佳创新网站。

2000 年,互联网泡沫破灭,埃文·威廉姆斯和他的公司也未能幸免。他别无选择,只有裁掉公司所有员工,最后只剩下他一人独自苦撑。不过,"博客网"不仅改变了网络世界,也改变了埃文·威廉姆斯的人生。2003 年,谷歌公司决定收购"博客网",濒临绝境的埃文·威廉姆斯把公司卖给了谷歌,这笔交易让威廉姆斯捞到了他的第一桶金。直到今天,埃文·威廉姆斯仍然认为"博客网"是他最大的创造。2005 年,埃文·威廉姆斯成立了一家播客公司,又"偶然"地创造了 Twitter,推出了微博,谱写了新的互联网奇迹。

后来 Facebook 曾开出 5 亿美元的高价欲收购 Twitter,却被拒绝了。

(4)WIKI——百科全书

WIKI——百科全书,Wiki——一种多人协作的写作工具。Wiki 站点可由多人(甚至任何访问者)维护,每个人都可以发表自己的意见,或者对共同的主题进行扩展或者探讨。

Wiki 的中文译名为"维客"或"维基"。简言之,Wiki 就是"大家协作撰写同一(批)网页上的文章"。其代表应用是知识库的合作编写。Wiki 使用简便,内容开放,与其他文章内容固定的互联网应用形成了鲜明的对比。在 Wiki 网站上,访问者可以修改、完善已经存在的页面,或者创建新内容。通过 Wiki 协作,Wiki 网站可以不断完善、发展,成为优秀的网站。例如,维基百科全书(Wikipedia)、天下维客(Allwiki)、百度百科等。

在维基的页面上,每个人都可浏览、创建、更改文本,系统可对不同的版本内容进行有效控制管理,所有的修改记录无论巨细全都保存下来,不但可事后查验,也能追踪、回复至本来面目。这也就意味着每个人都可方便地对共同的主题进行写作、修改、扩展或者探讨。同一维客网站的写作者构成了一个社群,维客系统为这个社群提供简单的交流工具。

Wiki一词源自夏威夷语的"wee kee wee kee",本是"快点快点"之意。在这里Wiki指的是一种超文本系统。

维基百科全书(Wikipedia)是一种在线百科全书,其实现基于一种看似不可能的观念。该观念认为一个条目可以被任何互联网用户所添加,同时可被其他任何人编辑。无疑,这是对信任的一种极端的实验。

Wiki百科并没有最终的确定条目,也没有对条目的限制,这意味着它永远处于不断丰富和完善中,每个读者既是创作者也是信息共享者。没有商业目的的用户合作使得Wiki百科在内容上日臻完善。通过Wiki百科全书撰写方式将用户与互联网真正黏合一起,将信息交流简易化、平民化,使普通的用户成为信息的产生者和信息交流的推动者。

(5)P2P

P2P是peer-to-peer的缩写,被称为对等互联网技术,或者称为点对点网络技术,它可让用户直接连接到其他用户的计算机,进行文件共享与交换。

在短短几年内,P2P软件能在互联网中迅速普及,其中起主导作用的是一款P2P文件共享软件Napster。Napster技术在1999年由美国东北大学的在校生Shawn Fanning开发成功,当时只是想和他在弗吉尼亚的朋友共享mp3歌曲文件,但Napster迅速在众多mp3数字音乐爱好者中传播开来,人们可通过Napster在网络上搜索自己需要的mp3音乐,并从任意一台联网且使用Napster的计算机中下载。当然,如果你愿意的话也可将自己觉得有价值的东西共享,让其他的网友进行下载。简单地说,P2P直接将人们联系起来,让人们通过互联网直接交互。

P2P使得网络上的沟通变得容易、更直接地共享和交互,真正地消除中间商,而不是像过去那样连接到服务器去浏览与下载。P2P另一个重要特点是改变互联网的以大网站为中心的状态,重返"去中心化",把主动权交还给用户。

现在使用P2P技术的软件比比皆是,人们也在不知不觉中感受到了P2P作为高科技发展载体的快乐。平常我们使用的QQ,MSN就不提了,其他软件更是铺天盖地,让人目不暇接,如电驴(eMule)、OPENEXT、迅雷(Thunder)、易载(ezpeer)、酷狗(KuGoo)等。

(6)即时通信工具(IM)和社交网络

即时通信(IM)是指能够即时发送和接收互联网消息等的业务。从10多年前开始,即时通信的功能日益丰富,逐渐集成了电子邮件、博客、音乐、电视、游戏和搜索等多种功能。即时通信不再是一个单纯的聊天工具,它已经发展成集交流、资信、娱乐、搜索、电子商务、办公协作和企业客户服务等为一体的综合化信息平台。

即时通信软件是通过即时通信技术来实现在线聊天、交流的软件,目前中国最流行的有QQ、MSN、POPO、UC、LAVA-LAVA、新浪 UC、网易泡泡、阿里巴巴、移动飞信、网易易信等,而国外主要使用 ICQ 和 MSN。

利用即时通信(Instant Messaging,IM)功能,你可知道你的亲友是否正在线上,以便与他们即时通信。即时通信比传送电子邮件所需时间更短,而且比拨电话更方便,无疑是网络年代最方便的通信方式。

最早的即时通信软件是 ICQ,ICQ 是英文中 I seek you 的谐音,意思是我找你。4 名以色列青年于 1996 年 7 月成立 Mirabilis 公司,并在 11 月份发布了最初的 ICQ 版本,在 6 个月内有 85 万用户注册使用。早期的 ICQ 很不稳定,尽管如此,还是受到了大众的欢迎。1998 年当 ICQ 注册用户数达到 1 200 万时,被 AOL 看中,以 2.87 亿美元的天价买走。目前 ICQ 主要市场在美洲和欧洲。

现在国内的即时通信工具按照使用对象分为两类:一类是个人 IM,如 QQ、百度 hi、网易泡泡、盛大圈圈、淘宝旺旺等。QQ 的前身 OICQ 在 1999 年 2 月第一次推出,目前几乎接近垄断中国在线即时通信软件市场。百度 Hi 具备文字消息、音视频通话、文件传输等功能,你可通过它找到志同道合的朋友,并随时与好友联络感情。另一类是企业用 IM,简称 EIM,如:E 话通、UC,EC 企业即时通信软件,UcSTAR、商务通,等等。

下面介绍几款最著名的即时通信软件。

1)腾讯 QQ

腾讯公司成立于 1998 年的 11 月 12 日,次年 2 月就推出了仿照 ICQ 软件的中国版 IM 工具 OICQ,它可以说是 QQ 的前身。时至今日,腾讯已经成为中国软件行业的巨无霸,QQ 的大名更是无人不知、无人不晓,差不多每个网友都拥有一个 QQ 号。腾讯 QQ 最大的优势就是其无比庞大的用户数量。而就其功能而言,可以说是青出于蓝而胜于蓝,且已经到达了一个相对的顶峰。QQ 已经成为了一个时代的标志!

QQ 可以说是中国 IT 行业的骄傲,它功能强大丰富、操作简单而易用,支持实时语音视频聊天,支持大文件传输、杰出的群功能,娱乐性很强,精彩的在线游戏等多种增值功能。它的身影已经遍布中国的大街小巷。对很多人来说,上 QQ、玩 QQ 已经成为生活的一部分。虽然它有很多收费项目让不少用户一直暗怀怨尤,但真的想要离开它却发现不是那么容易的事情!

1998 年 11 月,马化腾与其创业团队创立腾讯公司。该公司提供的即时通信产品 QQ 每天约有 1 亿中国人使用。腾讯现已发展成为中国市值第一、收入第一、利润第一的综合互联网公司,在全球互联网公司中市值也位居第三。其互联网全业务模式的战略布局增强了该公司在全球性金融危机中的抗风险性,获得资本市场热烈追捧。

马化腾,腾讯主要创办人之一,现担任公司控股董事会主席兼首席执行官。作为深圳土生土长的企业家,他曾在深圳大学主修计算机及应用,于 1993 年取得深圳大学理学学士学位。在创办腾讯之前,马化腾曾在中国电信服务和产品供应商深圳润迅通信发展有限公司主管互联网传呼系统的研究开发工作,在电信及互联网行业拥有 10 多年经验。1998 年和好友张志东注册成立"深圳市腾讯计算机系统有限公司"。

1998年底,腾讯的小企鹅"破壳而出",开始了它的创业征程。把一个单纯的聊天工具变成了一种生活方式。

2）MSN Messenger

微软公司1999年7月推出了网络即时信息客户程序MSN Messenger。MSN是一种优秀的即时通信工具,它基于Microsoft高级技术,可使网络通信更流畅。MSN从8.0版开始改名为Windows Live Message,虽然是国外最为流行的IM客户端软件之一,在中国它的市场份额也一直名列前茅,但却始终无法超越QQ。

MSN Messenger包含IM软件的大多数功能,如联系人名单、图释以及使用文本、声音和视频与你的朋友即时联系。此外,它还提供了轻松连接并共享照片和文档的新方式。与QQ不同,MSN的特色之处在于它的严肃和保守性,这使得它更受企业用户所青睐,同时这也使得它的用户群更集中在公司的白领中,而这也是MSN的市场占有率始终停步不前无法超越QQ的主要原因之一。

3）Skype

Skype是一家全球性互联网电话公司,它通过在全世界范围内向客户提供免费的高质量通话服务,正在逐渐改变电信业。Skype软件是网络即时语音沟通工具,具备IM所需的其他功能,如视频聊天、多人语音会议、多人聊天、传送文件、文字聊天等。它可免费高清晰地与其他用户语音对话,也可拨打国内国际电话,无论固定电话、手机、小灵通均可直接拨打,并且可实现呼叫转移、短信发送等功能。

4）Facebook

2013年2月美国知名科技博客网站Business Insider根据互联网流量监测机构comScore的数据,列出全球最大网站前20名榜单,名列榜首的是Facebook,拥有9亿多的独立访问者。

总部位于旧金山加利福尼亚大街的Facebook,是全球第一大社交网站。Facebook没有官方中文名称,不同汉语地区的使用者使用不同的译名,中国内地的脸谱、港台的脸书或面簿,此外还有"非死不可"的戏称。Facebook是美国排名第一的照片分享站点,每天上传850万张照片。2010年世界品牌企业500强中,Facebook超微软居第一。2012年5月18日,Facebook在美国纳斯达克证券交易所上市。

Facebook原指传统的纸质"花名册",通常美国的大学和预科学校都把印有学校社区所有成员的"花名册"发放给新来的学生和教职员工,帮助大家尽快融入社区。Facebook的名字也体现了Mark建立该站点的初衷,便于同学们尽快熟络。

马克·扎克伯格,美国社交网站Facebook的创办人,被人们冠以"盖茨第二"的美誉。哈佛大学计算机和心理学专业的学生。从外表上看,27岁的美国人马克·扎克伯格和刚刚走出校园的普通年轻人没什么不同。他身穿简单的T恤,宽松的牛仔裤,阿迪达斯运动鞋,讲起话来甚至有点腼腆。作为社区网站Facebook的掌门人,据《福布斯》杂志保守估计,马克·扎克伯格拥有 135 亿美元身家,是 2008 年全球最年轻的单身巨富,也是历来全球最年轻的自行创业亿万富豪。2010 年 12 月,扎克伯格被《时代杂志》评选为"2010 年年度风云人物"。2012 年 5 月 19 日和华裔女友普莉希拉·陈结婚。

5) 中国 SNS 网站巨鳄——陈一舟

2011 年 5 月 4 日,人人网在美国纽交所上市,首日市值达到 71.2 亿美元,仅次于腾讯、百度、阿里巴巴,成为国内第四大互联网公司。

人人公司董事长兼首席执行官陈一舟,于 1999 年开始创业,与周云帆、杨宁共同创办 ChinaRen,陈任董事长兼首席执行官,2000 年互联网泡沫,ChinaRen 被收购,陈进入搜狐任资深副总裁,蛰伏一段时间之后,2007 年底二次创业,一度成为互联网行业最具争议的人物,他的千橡互动,被媒体概括成一个充满教训和创业艰辛的反面教材。

对于中国的互联网行业来说,陈一舟这个名字不得不提。

他因为执掌全世界最大的虚拟社区网站 ChinaRen 而名噪一时,而曾几何时,随着千橡疯狂并购和神速发展,陈一舟再一次走向了中国互联网舞台的中央。千橡互动集团(Oak Pacific Interactive Corp.)董事长兼首席执行官陈一舟经常是一身便装打扮,胖乎乎、笑呵呵,但表情丰富、目光犀利。

这很难让人把掌控中国多家知名 Web 2.0 网站"幕后人物"、一家上亿美元资产公司的"大老板"和他本人联系起来,"陈总"少了一些商人的精明与圆滑,也没有面对媒体的谨慎和老道,这使得记者的采访更像是随意的聊天。

6) 播客

"播客"——Podcasting。Podcasting 这个词源自苹果电脑的"iPod"与 broadcast 的合成,指的是一种在互联网上发布文件并允许用户订阅以自动接收新文件的方法,或用此方法来制作的电台节目。这种新方法在 2004 年下半年开始在互联网上流行以用于发布音频文件。

播客与普通博客只能以文字和图片展示不同,它是以视频和音频为主的,且可展现播音、歌曲、戏曲、乐器演奏等艺术形式以及个人 DV 短片等多种视频信息,因此播客的出现,应该说是为网民提供了更具个性化的网络舞台。

就像博客颠覆了被动接受文字信息的方式一样,播客也颠覆了被动收听广播的方式,使听众成为主动参与者。有人说,播客可能会像博客(Blog)一样,带来大众传媒的又一场革命。

7) 拍客

互联网时代下,利用各类相机、手机或 DV 摄像机等数码设备拍摄的图像或视频,通过计算机编辑处理后,上传网络并分享、传播影像,做这些事的人被称为"拍客"。

"拍客"应具备的条件是:能拍摄热点原创的视频和广泛传播、分享、推广视频,如 2008 年点石拍客拍摄西单女孩翻唱《天使的翅膀》视频被传到网上,这个视频打动了许多人,而迅速成为点击率攀升最快的视频之一。

拍客并不是对那些摄影技术高超的人的称呼,相反,做拍客是一种眼界,是一种积极、主流、社会公德的态度,这样一种态度比技术更难能可贵。一个对生活和他人充满爱心的人,用自己手中的手机、数码相机或数码摄像机记录生活,那么,这就可以称得上是拍客。

8) 网络"客"文化

不知从什么时候起,网络"某客"开始走进了人们的生活,人们往往还是一头雾水,就已身陷其中。如今的中国互联网,"客"文化在网络生活中蔚然成风。从博客、播客到晒客、换客、威客,甚至反"流氓软件"的维权客,种类繁多的"客"不期而至,网络生活客时代全面来临。"网络 X 客"在网络生活中扮演着越来越重要的角色。它不仅使人们的生活更深入细致、实用和便利,同时也使人们的网络生活更加丰富多彩。

"客"的称谓在中华文化中源远流长、独占一隅,如说客、政客、侠客、宾客、顾客等,虽意义各自不同,但大多含"君"的尊称之意,也含稍许不失大雅的调侃,且不分男女,对女士只在名前加"女"字即可,如女某客。随着网络新媒体的不断开发,各种"客"还将源源不断地产生。

网络技术提供了不同于现实环境的虚拟空间,发端于"黑客"的网络"客文化",反映的是网络虚拟空间里网民的一种新的交往方式。一个"客"字,已经不仅仅是原始英文字节"er"的音译,更在于一种"说话投机"的认同感。

不过,眼下大行其道的各种网络"客文化",却也悄悄成为各种形态利益追逐的对象。切客、试客、拼客、奇客的圈子里,不仅有"意见领袖",还有"广告卧底"。披着"同好"的外衣,掘客、粉客等"职业客"的出现,正在用所谓注意力经济,感染以话题和兴趣爱好为纽带的圈子文化。

5.5　网络"客"文化

1) 闪客

网络新文化一族,是指专做 Flash 动画的人,也指突然出现在闹市中亮相几分钟后又突然消失的人。

2) 黑客、骇客、红客、白客

黑客,hacker,软件高手,网络专家,喜欢用智力挑战脑力极限的人。骇客,Cracker,居于黑客中的一批人,技术高超,但专搞破坏。红客,2001 年 5 月中美黑客大战中的中国一方。白客也是网络高手,但并不骚扰别人,白客正向网络守护神方向发展。黑客建设,骇客破坏,白客专杀黑客!

3）验客

验客是指互联网上自愿充当广大用户代表体验商家产品或服务并将感受在网上发表的人。

4）拼客

拼客是指组合起来共同进行某个活动，AA制，共享优惠，快乐还能交友。常见有拼房（合租房）、拼饭（拼餐）、拼玩、拼卡、拼用、拼车、拼游、团购等。

5）煮米客

煮米客是指专门从事网站域名买卖的人。主要集中在福建厦门。

6）威客

witkey，意思是智慧（wit）的钥匙（key），是指凭借自己的技能、知识和创造能力在网上帮助别人而获得报酬的人。

7）维客

wiki（维基），参与维基百科全书或百度百科全书或仅仅是面向社群的网络协作式写作的人。

8）搜客

搜客是指 web 2.0 的主要体现者，是指善于利用互联网汲取知识、解决问题的一类新生人群。

9）淘宝客

帮助淘宝卖家推广商品并按业绩获得佣金的人，也曾被称为"淘客"。

10）试客

类似于"吃免费午餐交作业"。shokey 由 shopping（购物）和 key 组成，意为购物指南。试客通常是指那些痴迷网上购物的用户圈子，购物前，先从网上免费索取商家的使用赠品，经过仔细试用且与同好互相交流后才决定购买或不购买。

11）掘客

dig（挖掘），是指网民自己发掘信息，上传博客，由用户阅读量决定信息在网站上的排名。掘客网站实际上是一个文章投票评论站点。

12）印客

印客即"in 客"，2006 年出现的网络新词。以互联网作为沟通渠道，把任何文字或图片变成具有永久保存价值的个性化印刷品，有的还提供网上销售。

13）信客

信客是指习惯玩微信、彩信、QQ、MSN 且乐此不疲的一类人，是移动通信网络中的"博客+播客"。

14）沙发客

"睡别人家的沙发"，从搭顺风车到睡路边床，全球自助旅行一族的一种新的自助游模式。此称谓源自一个叫 Couchsurfing（沙发冲浪）的全球自助游网站。

15）切客

checkin，签到，成为一种互联网上新时尚，是指那些随时随地、利用移动互联网终端、记录生活轨迹的都市潮人。

16）粉客——专业发帖人

粉客指具有一定技术水平的"职业粉丝"，专门在热门网站上发帖，为明星制作个人网页，发微博，扩大明星的影响力。粉客与粉丝（fans，爱好者们、崇拜偶像者）有密切联系。

17）技客——我教你炸油条

英文 Geek，最初为"奇"客，指的是智商，后来指"技"，指能力。技能交换、互教互学。

18）换客

将自己的闲置物品乐于与他人交换，使商品使用价值最大化的人，虽是以物换物，但决不存在物品等价的说法。

19）水客

水客一是指受雇于走私团伙，专门从港澳携带水货产品进关的人，二是指网络水客，专门在各大论坛、博客上发布留言、信息的群体，多为灌水者。水客现已从当初的个体和游击队，发展壮大为网络水军，轻易使人气飙升。

20）晒客和看客

晒客（share），就是热衷于用文字和照片将私人物件及私人生活放在网上曝光的网友。看客则是喜欢看别人晒东西的人，晒客和看客常常互动，他们或分享经验，或获得新知，在看别人盘点生活的同时也对比自己。

【小结】

网络生活"客"文化时代的来临

"客文化"表面上体现的是一种网络生活方式，其形式及过程都必须依托网络，但实际上，"品种"越来越多的"客文化"反而也表明虚拟的网络生活不再虚幻，正在迅速进入人们活生生的现实生活中。

"客文化"让人们的网络生活、现实生活变得更加丰富、细致和便捷，让人们有更多选择，生活得更有滋味，更有质量。透过"客文化"还可以感到，很多东西我们可以和别人共享，很多事情我们可以并且需要和别人共担。这不仅是一个尊重个体独立性和个人价值的社会，更是一个人与人相互协作、帮助、支撑的和谐社会。

【思考·练习·讨论题】

1.互联网上的门户网站有哪些类别？它们各有何区别？

2.国内 3 大生活服务类网站指的是哪三个？

3.网上查找 BBS 的类别和变种有哪些？

4.网络客文化反映了广大网民的个性张扬和极大的创新能力和想象力,请列出更多的网络客的种类。

第6章
国内大型综合性检索系统和开放获取资源

【本章提要】

本章的主要内容是国内大型综合性检索系统,包括 CNKI、维普、万方、超星、读秀等期刊文献和电子图书概况、特点,并详述了各数据库的检索途径及检索技巧。其中,重点要求对 CNKI 和维普进行较多的检索实践,同时要求重点掌握超星数字图书馆和读秀学术搜索引擎,以达到能熟练应用的目的。本章最后介绍了开放获取资源的概念和众多免费数据库的检索。

6.1 CNKI 知识网络服务平台

6.1.1 CNKI 数据库简介

网址:www.cnki.net,www.edu.cnki.net,dlib.cnki.net。

CNKI 知识网络服务平台,即中国知网,全名为中国国家知识基础设施(China National Knowledge Infrastructure),由北京清华同方知网、中国学术期刊电子杂志社等单位联手打造,以实现知识资源全民共享与增值利用的目标。1999 年 6 月正式启动后,采用自主研发数字图书馆技术,建成了世界上全文信息量规模最大的"CNKI 数字图书馆"。该大型网络出版平台也是全球最大的知识门户网站。

CNKI 平台资源按文献类型分为 11 个总库:中国学术文献网络出版总库、国际学术文献数据总库、中国经济信息文献总库、中国高等教育文献总库、中国精品科普文献总库、中国精品文化文献总库、中国精品文艺作品总库、中国党建文献总库、中国政报公报文献总库及工具书与知识元总库。

在文献总库的基础上,又针对各类行业用户,提供了 6 个知识仓库:中国基础教育知识仓库、中国医院知识仓库、中国城市规划知识仓库、中国建筑知识仓库、中国农业知识仓库及中国法律知识仓库。

每个总库、知识仓库都有各自独立的检索平台,平台中显示各自相关的子总库、子数据库资源,提供基于这些资源的统一导航和统一检索功能。例如,《中国学术文献网络出版总库》提供了符合学术文献特征的一系列检索方式;《中国法律知识仓库》则提供符合法律信息特征的相关检索方式。图6.1是中国知网的首页。

图6.1　中国知网首页

CNKI的主要数据库资源包括以下5个:

(1)中国学术期刊网络出版总库

中国学术期刊网络出版总库(CAJD)是目前世界上最大的连续动态更新的中国期刊全文数据库之一,收录国内出版的7 600多种学术期刊,其中核心期刊、重要评价性数据库来源期刊近2 700种,全文文献总量2 900多万篇。该库覆盖的学科包括自然科学、工程技术、信息科学、农业、医学、文学理论、历史、哲学、经济、政治、法律、教育、社会科学等。根据学科划分和用户对文献使用习惯,将数据库中的文献分为10个专辑,每专辑下分为168个专题。

(2)中国博士学位论文全文数据库

中国博士学位论文全文数据库(CDFD)是目前国内相关资源最完备、高质量、连续动态更新的中国博士学位论文全文数据库。收录1999年至今全国420家博士培养单位的博士学位论文,全文文献12万多篇,也收录部分1999年以前的学位论文。该库所收录文献的学科也分为10专辑,每个专辑下分为168个专题。

(3)中国优秀硕士学位论文全文数据库

中国优秀硕士学位论文全文数据库(CMFD)是目前国内相关资源最完备、高质量、连续动态更新的中国硕士学位论文全文数据库。收录1999年至今全国652家硕士培养单位的优秀硕士学位论文,全文文献 95 万多篇,也收录部分 1999 年以前的学位论文。

（4）**中国重要会议论文全文数据库**

中国重要会议论文全文数据库（CPCD）收录国家二级以上学会、协会、研究会、科研院所及政府举办的重要学术会议、高校重要学术会议、在国内召开的国际会议上发表的文献。1999 年至今,累计收录文献 131 多万篇。

（5）**其他数据库**

其他数据库还包括中国重要报纸全文数据库、中国专利全文数据库、中国年鉴网络出版总库、国家科技成果数据库、中国标准数据库、国外专利数据库及国外标准数据库等。

6.1.2　CNKI 的检索

从大体上看,CNKI 提供导航检索、逻辑式检索和智能辅助检索 3 种类型。导航检索可从不同的角度和途径导出（自动检索出）数据库中的相关内容,提供浏览和下载;逻辑式检索有初级检索、高级检索和专业检索 3 种类型供用户选择;智能辅助检索是通过数据库的辅助系统,发现同义检索词、查找同名作者的其他文献、智能查找该文献的相关文献。

不同数据库的可检字段不同,CAJD 的可检字段多达 10 余个。在数字出版平台中,每个文献出版总库根据资源特点提供统一的跨库检索平台,总体上有快速检索、标准检索、专业检索、引文检索、"知网节"检索、作者发文检索、科研基金检索、句子检索、知识元检索共 9 种跨库检索方式。从文献的内容特征和外部特征来看,快速检索、标准检索、专业检索是以文献的内容特征为检索对象的检索方式;引文检索、"知识元"检索、作者发文检索和科研基金检索是以文献的作者、科研基金等外部特征为线索检索文献;句子检索、知识元搜索是以解答用户的问题为目标,提供知识信息的事实检索方式。

（1）**分类浏览**

检索页面左边设有导航栏,导航栏提供专辑导航,利用专辑导航,可从各个专辑的角度进行族性检索;如要选择某专辑作为检索范围,可单击专辑栏目左边的方框（显示"√"）。在分类浏览检索中,可通过导航逐步缩小范围,最后检索出某一知识单元中的文章。例如,利用专辑导航查找通信协议方面的论文,依次单击电子技术与信息科学→互联网技术→通信协议,得到有关通信协议的相关论文集合。

单击其中的通信协议,可得到 900 多篇文献。这种浏览方式可使用户查询某一学科的所有文献,层次清晰、方便快捷。其缺点是检索结果数量太大,而且没有按日期排序,对专门使用某些特定期刊的读者来说并不方便。

（2）**简单检索**

简单检索提供了类似于搜索引擎的检索方式,用户只需要勾选数据库、学科范围,输入所要查找的关键词,单击"简单检索"按钮即可查到相关的文献。

在各种检索方式中,还运用了精确、模糊匹配检索。在精确匹配检索中,检索框中输入作者"王刚"则只能检索出"王刚"撰写的文献,在模糊匹配检索中,检索作者"王刚"则会检索出"王刚""王刚强"等撰写的文献。

检索中,如果要增加检索条件,可单击检索窗口左边的"⊞"按钮(最多可提供4个检索窗口)变为高级检索;反之,单击减号"⊟"按钮,则逐一减少条件选项,最后恢复为简单检索。这样可根据课题需要,增减内容检索条件,使用户能够灵活、方便地构造检索式,达到提高查准率或查全率的目的。

二次检索功能,在结果中再次进行检索,以缩小检索范围,达到精确检索的目的。

(3)标准检索

CNKI提供了规范的检索步骤。基于学术文献查全查准的核心需求,平台提出了"三步骤"的标准检索步骤:首先输入检索范围控制条件,其次输入目标文献内容特征,最后对检索结果分组筛选找到合适的结果。将以往散乱、低效率的检索方式转化为规范、标准、高效、可学习的检索过程,不仅使新用户可直观地学习检索的整个流程,也为检索高手进一步提高检索能力,提高信息素养创造了空间,真正使检索变为一门可学习和研究的技能。

例如,在标准检索中,检索过程被规范为3个步骤:首先输入时间、支持基金、文献来源、作者等检索控制条件;再输入文献全文、篇名、主题、关键词等内容检索条件;最后对检索结果按文献发表时间、文献来源、基金、作者进行分组分析和排序分析,反复筛选修正检索式得到最终结果。若对结果仍不满意,可改变内容检索条件重新检索,或选择历史检索。CNKI

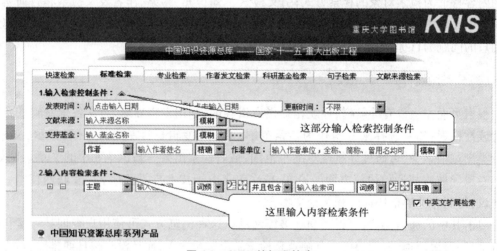

图 6.2 CNKI 的标准检索

标准检索界画面如图6.2所示。

（4）高级检索

高级检索为用户提供更加灵活、方便地进行多个检索条件的组合检索方式。图 6.3 是高级检索的画面。

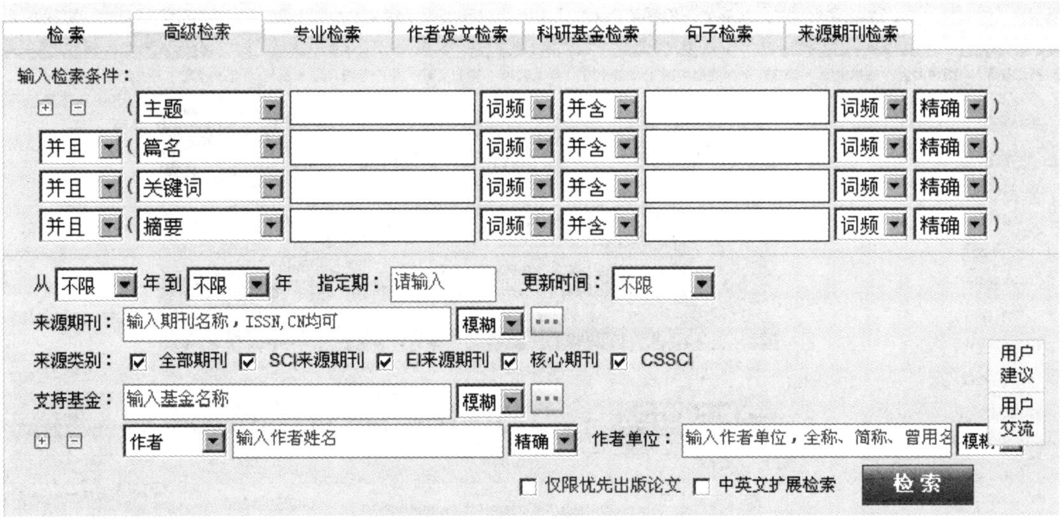

图 6.3　CNKI 的高级检索

其他还有专业检索、引文检索、学者检索、科研基金检索、句子检索、CNKI 知识检索等多种检索方式。

6.2　维普中文期刊全文数据库

6.2.1　数据库简介

网址：http://www.cqvip.com。

维普信息资源系统是由重庆维普资讯有限公司研制开发的网络信息资源。重庆维普资讯有限公司是国内著名的科技资讯类软件企业、全文数据库提供商,隶属科学技术部西南信息中心,前身是中国科技情报所重庆分所数据库研究中心。自 1989 年以来,一直长期致力于国内信息产业的发展,对期刊、报纸等文献进行科学严谨的研究,致力于信息资讯服务的深度开发和推广应用。其产品载体历经了 5 英寸软盘→3.5 英寸软盘→光盘→网上数据库→网上数据库的硬盘镜像等变迁。目前,维普已成为中国最有影响力的数据库建设者之一,是全球著名的中文科技信息服务提供商,是国内大型综合性文献服务网站。维普资讯主要产品有《中文科技期刊数据库》(全文版、文摘版、引文版)、《外文科技期刊数据库》(文摘版)、《中国科技经济新闻数据库》。其中,《中文科技期刊数据库》是重庆维普资讯有限公司的主导产品,是我国最大的综合性数字期刊数据库。图6.4是维普网的仓储式在线出版平台首页。

图 6.4　维普网——仓储式在线出版平台首页

(1)中文科技期刊数据库

中文科技期刊数据库源于重庆维普资讯有限公司1989年创建的中文科技期刊篇名数据库,是全国最大的综合性文献数据库,其全文和题录文摘版一一对应,包含了从1989年至今的12 000余种期刊刊载的2 300余万篇全文科技文献,引文3 000余万条,分3个版本(全文版、文摘版、引文版)定期出版。内容覆盖社会科学、自然科学、工程技术、农业、医药卫生、经济、教育和图书情报等学科。所有文献按照中国图书馆分类法进行分类,分为8个专辑:社会科学、自然科学、工程技术、农业科学、医药卫生、经济管理、教育科学和图书情报,8大专辑又细分为35个专题。

维普网上供广大读者检索使用的是《中文科技期刊数据库》(全文版)。网站提供的检索方式有两种:适用于大众用户的简单检索和适用于专业检索用户的高级检索。

(2)外文科技期刊数据库

外文科技期刊数据库文摘版是由重庆维普资讯有限公司联合国内数十家著名图书馆,以各自订购和收藏的外文期刊为依托,于1999年成功开发。收录1992年至今30余个国家,11 300余种外文期刊,800余万条外文期刊数据。数据库学科范围覆盖理、工、农、医及部分社科专业,按照《中国图书馆分类法》进行分类。

6.2.2　维普的简单检索

读者登录维普网首页,在数据库检索区,输入需要查找的检索词,单击"搜索"按钮即可实现简单检索。

(1)检索字段

在首页可看到简单检索有多个对象:"作品搜索""期刊搜索""店铺搜索""学者搜索""机构搜索""帖子搜索"。默认为"作品搜索"字段。

可对不同检索对象选定不同的特征属性进行检索。

(2)检索入口

在网站首页上显示的就是简单检索,简单检索适用于大众用户,也可称为快速检索,在"搜索"按钮的下方就是适用于专业检索用户的高级检索的入口,如图 6.5 所示。

图 6.5　简单检索的搜索框和高级检索的入口

(3)检索规则

简单检索的表达式输入类似于 google 等搜索引擎,多个检索词之间用空格或者" * "代表"与","+"代表"或","−"代表"非"。

注:检索过程中,如果检索词中带有括号或逻辑运算符 * ,+,−,( ),《》等特殊字符,必须在该检索词上用双引号括起来,以免与检索逻辑规则冲突。双引号外的 * ,+,−等,系统会将它们当作逻辑运算符(与、或、非)进行检索。

6.2.3　维普数据库的高级检索

读者登录维普网首页,在网页顶部的左边,通过选择"专业检索",即可进入高级检索页面。高级检索提供了两种方式供读者选择使用:向导式检索和直接输入检式检索。

(1)向导式检索

向导式检索为读者提供分栏式检索词输入方法。除可选择逻辑运算、检索项、匹配度外,还可以进行相应字段扩展信息的限定,最大程度提高了"检准率"。

(2)直接输入检索

读者可在检索框中直接输入逻辑运算符、字段标识等,选择"扩展检索条件"并对相关检索条件进行限制后单击"检索"按钮即可,如图6.6所示。

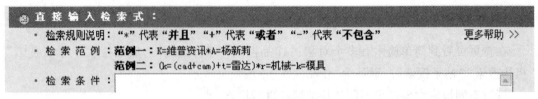

图6.6 直接输入检索画面

检索式输入有错时系统会返回"查询表达式语法错误"的提示,看见此提示后可单击"后退"按钮返回检索界面重新输入。

(3)检索范例

范例一:K=维普资讯 * A=杨新莉

此检索式表示查找的文献,关键词中含有"维普资讯",并且作者为杨新莉。

范例二:(k=(cad+cam)+t=雷达) * r=机械-k=模具

此检索式表示查找这样的文献:文摘中含有机械,并且关键词含有 CAD 或 CAM,或者题名含有"雷达",但关键词不包含"模具"的文献。

(4)高级检索的检索技巧

1)利用同名作者进行作者字段的精确检索

在向导式检索中,提供了同名作者的功能,由于同名作者功能中限制了勾选的最大数目(5 个),如果碰巧你需要选择的单位又超过了 5 个,此时你可考虑采用模糊检索的方式来实现检全检准。

例如,查询目标为浙江大学高分子科学与工程系作者为"王立"的文献,通过同名作者查看到相似的单位有 13 个,这时就可采用检索式"A=王立 * S=浙江大学高分子科学"来限制作者以得到精确的检索结果。

2)利用"查看相关机构"提高检全检准率

向导式检索中提供了"查看相关机构"的功能用于精确查找读者需要查询的机构名称,由于相关机构功能中限制了勾选的最大数目(5 个),如果碰巧你需要检索的机构超过 5 个,在实际检索时就需要考虑采用模糊检索的方式来实现检准检全。

例如,要查找"重庆大学建筑与城规学院"这一机构,如果以"重庆大学"作为基准查找,得到相关机构 2 074 个机构,通过筛选,选择出符合检索结果的共有词还有"建筑",此时就可调整检索式为"重庆大学 * 建筑",调整后再次查看相关机构,得到 144 个机构,很明显,筛选出的机构准确度得到很大的提高。这样就可直接在机构字段输入"重庆大学 * 建筑"进行检索了。

（5）**检索实例**

【实例】　查找 2001—2012 年我国核心期刊上有关"城市污水利用"方面的文献。

题解：确定检索词的同义词，分别为"污水、废水""城市、城镇""利用、使用"。输入时间条件为 2001—2012 年，期刊范围为核心期刊。检索结果请读者自行验证、查看.

6.3　方正 Apabi（阿帕比）数字图书资源

网址：www.apabi.com，www.apabi.cn。

北京方正阿帕比技术有限公司是方正集团旗下专业的数字出版技术及产品提供商。方正阿帕比公司自 2001 年起进入数字出版领域，在继承并发展方正传统出版印刷技术优势的基础上，自主研发了数字出版技术及整体解决方案，已发展成为全球领先的数字出版技术提供商。

Apabi 的含意分别代表着 Author（作者）、Publisher（出版者）、Artery（流通渠道）、Buyer（读者，即购买者）及 Internet（网络）。作者、出版社、发行商及读者是传统出版产业链的有机组成部分，也就是说，Apabi 是以因特网为纽带，将传统出版的供应链有机地连接起来，实现完全数字化的出版。Apabi 技术用原版式和流式结合的阅读体验和安全稳妥的版权保护技术，数据挖掘和知识标引等作为自己的核心竞争力。Apabi 在网络上还原了出版流程，可使出版社、报社、杂志社以低成本迅速进入数字出版；网站则可迅速建立数字阅读电子商务平台；图书馆可迅速建成数字图书馆，从而充分发挥各个角色在产业链中的优势和特点，实现多方共赢。

方正阿帕比依靠与出版社的传统友好关系，在 2000 年就开始着手于电子书的开发应用。方正阿帕比白主研发的 DRM 数字版权保护技术，能够有效地控制非法传播，解决了之前困扰电子书发展的版权问题，打消了出版机构的疑虑，对于用户而言，不再需要担心版权纠纷的困扰。如今，方正阿帕比已与超过 500 家的出版社建立全面合作关系，电子书的发展步入了健康、快速的发展轨道。

数字图书馆整体解决方案顺应网络时代发展新潮流，以极少的投入迅速建成数字图书馆平台，并能提供出版社最新正版电子书，帮助实现各馆自有馆藏资源数字化及安全发布管理，让读者享受网络阅读的轻松与乐趣。

6.4 超星数字图书馆

6.4.1 超星数字图书馆

超星数字图书馆是国家"863"计划中国数字图书馆示范工程项目,1998 年 7 月投入使用,2000 年 1 月在互联网上正式开通。它由北京世纪超星信息技术发展有限责任公司投资兴建。

北京世纪超星公司长期致力于纸张图文资料数字化技术及相关应用与推广,开发了易用、经济的 pdg 数字图书格式,为国内外图书馆、档案馆和出版社数字化提供了成熟的整体解决方案。目前,由全国各大图书馆采用超星 pdg 格式制作的数字图书超过 2 亿页,成为通用的数字图书格式之一。

为推动中国数字图书馆事业的发展,2000 年 1 月,世纪超星公司与广东中山图书馆合作,正式开通超星阅览器平台,现已成为一个由全国各大图书馆支持的庞大数字图书展示推广平台。2000 年 6 月,超星入选国家 863 计划中国数字图书馆示范工程;2001 年 11 月超星荣获"中国优秀文化网站"称号。

超星公司拥有自主知识产权的图文资料数字化技术(PDG)、专用阅读软件——超星阅览器(Superstar Reader),形成了数字图书馆的整套解决方案,并已成功应用于中央档案馆、中山图书馆、美国加州大学圣地亚哥分校图书馆等多家图书馆。PDG 电子图书格式是专为数字图书馆建设而设计的,具有很好的显示效果,尤其适于在互联网上使用。"超星阅览器"是目前国内技术最为成熟、创新点最多的专业阅览器,具有电子图书阅读、资源整理、网页采集、电子图书制作等一系列功能,它也成为中国乃至全世界数字图书馆建设的基本模式之一,为中国数字图书馆事业的发展贡献自己的力量。

目前超星电子图书数据库收录的电子图书,涵盖了中图分类法中的 22 大类,拥有数字图书 200 多万种。数据库提供了多种图书浏览方式和检索功能,可直接在线阅读,也可下载和打印。另外,还具有书签、交互式标注、全文检索、电子图书阅读、资源整理、网页采集、电子图书制作等一系列功能。用户可通过互联网阅读其中的图书资料,可将图书下载到用户本地计算机上进行离线阅读。

超星公司经过近 20 年的努力,构建了全球最大的中文数字图书馆。"珍藏科学著作,传承科学精神",以实际行动推进中国数字图书馆事业,为科教兴国战略作出自己的贡献。

超星图书浏览器是阅读超星数字图书馆藏书的必备工具,可从其网站免费下载。在浏览器中输入超星数字图书馆的地址,就能连接到超星数字图书馆主页(包库用户)或本地的镜像站。

图 6.7 是超星数字图书馆的主页。在其主页的描述文字中,超星用一句话概括了超星

最大的特点:超星读书——全球最大的中文免费电子书阅读网站。

图 6.7　超星数字图书馆首页

6.4.2　超星——打造中国最大的大学

"为了让更多的人得到高质量的学习机会,超星未来会把这些学术视频资源以超星数字图书馆的海量内容浓缩在一台学习终端上,通过更为简单、方便的形式去建立一所可以终身学习的'掌上大学'",2011 年 9 月 25 日,超星集团董事长史超对记者说。当日,完全由超星公司自主拍摄制作,历经近千名职工长达 6 年努力,以拍摄 5 410 位名师的 6 580 门课程及专题,制作视频达 8 万余集的超星学术视频库正式上线。有学者评价说:"超星浓缩这么多名家、名课,可以说是一所中国最大的大学。"

2000 年,一个规模庞大的超星数字图书馆开始渗入读书人的生活中,在北京上地信息产业基地,有一家企业,一本书到了这儿之后,被拆下封面,师傅用螺丝刀将书脊拆开,分散成一页页的书页,接下来是工人把书页一页页放进扫描仪扫描、纠偏,然后,进行数字压缩,被拆开的图书再经过师傅的双手恢复成完好无损的样子。经过这一道道的工序,厚厚的纸本书就变成了数字化图书。

这是一个奇特的企业,参观过的人都会发出这样的感慨。这一道道繁杂的工序不像是在做史超想象中的数字图书馆,倒像是做时装或别的什么东西。但它却吸引了大学以上这群被称为"知识精英"的人频频光顾。据中国台湾一家调查公司的调查,在超星数字图书馆目前的注册用户中,这部分用户占到了 73%。在不少大学生眼里,到超星数字图书馆去查找资料不仅是时尚,而且已经是学习生活的一部分。

奇怪的是,在超星数字图书馆(www.ssreader.com)里并没有那些时下最流行的小说或者值得让媒体狂炒的东西。它的魅力在哪里? 世纪超星公司董事长兼总经理史超说:"超星是图书馆,不是书店,不是书摊。"这里的藏书很特别,用史超的话来说,有不少"偏门书"。但正是这些"偏门书"让超星拥有了几十万的注册用户。"从用户反馈角度来看,你感觉没有人读的书恰恰是大家都在找的,这就是图书馆的价值。"史超说,现在读者访问多的,如像《文史资料》,这种书印数都很小,大量的都流散了,具有十分重要的文献和史料价值。超星数字图书馆不惜成本收集了 3 万多册,这个数目远远超过世界闻名的加州大学伯克利分校的中国问题研究中心的收藏,成为目前最全的收藏。这样的图书在超星图书馆数不胜数。像环保类图书,全国所有的环保类图书在超星图书馆里一本不缺。这样全品种的收藏,加上数字图书馆带来的方便,使网络时代的读书生活图景让读书人欢呼不已。

6.5　读秀中文学术搜索

网址:http://www.duxiu.com。

读秀知识库也称读秀学术搜索,由北京世纪读秀技术有限公司研发,它是在超星数字图书馆基础上开发的一个杰出的中文文献资源服务平台,其一站式检索实现了馆藏纸质图书、电子图书、学术文章等各种异构资源在同一平台的统一检索,通过优质的文献传递服务,实现了为读者学习、研究、写论文、做课题等提供最全面、准确的学术资料和获取知识资源的捷径。

最高大的树,有着最深厚的根。超星读秀杰出的深度揭示文献内容的能力是与其背后强大的超星数字图书馆的海量文献资源分不开的。读秀学术搜索集资源整合、深度搜索和文献传递于一体,其后台建构在由海量全文数据及元数据组成的超大型数据库基础上,以 8 亿页中文资料为基础,包括 218 万种中文图书等文献数据,占新中国成立以来已出版中文图书的 95% 以上,150 万种图书原文、6 亿页资料、2 亿条目次,并以至少 10 万种/年的速度更新,为读者提供深入图书章节内容的全文检索等多种功能。

超星读秀简洁的搜索界面如图 6.8 所示。

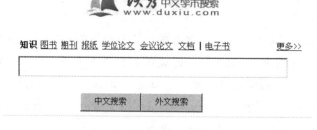

图 6.8　读秀知识库的检索画面

读秀允许上网用户阅读部分无版权限制图书的全部内容,对于受版权保护的图书,可以在线阅读其详细题录信息、目录及部分内容预览。

读秀早期常被称为"超星读秀",但也常常称为"读秀学术",那么,"读秀"和"超星"这两家公司到底有着什么样的关系呢?

　　成立于 2004 年的"读秀",是由超星数字图书网与几位个人投资者共同创建的股份制公司,注册资金 500 万元。超星只是股东之一,为读秀提供一部分图书的资源,公司在运作上是完全独立的。事实上,"读秀"与"超星"之间有着相当密切的联系,正是因为超星深厚的图书业背景,读秀才会借着分众化搜索的商业机会,进入"前无古人"的图书搜索市场。

　　"读秀"的特别之处在于以图书搜索引擎为平台,联合出版社、传统书店和网上书店,向上网用户提供所检索到的图书的供应商链接,使读者能快捷获知如何购买、阅读、借阅纸质版或电子版图书的信息。整合了图书查询、图书试读、图书导购、图书交易、图书广告等多种功能,为出版社、书店、书商、图书馆及上网用户之间提供了信息的沟通渠道。

6.5.1　超星读秀知识库的特点

读秀学术搜索具有下述特点:

(1)海量数据资源

　　读秀学术搜索系统拥有 280 万种中文图书资源、8 亿页全文资料,囊括中图法 22 大类,占 1949 年以来出版图书的 95% 以上,能够满足不同领域机构用户的专业需求,并且每年以十多万种新书(基本涵盖当年出版的新书)的速度增长。同时,读秀还与 Medalink 资源整合,提供外文文献搜索。

(2)突破传统的 MARC 管理方式,更加深度全面揭示图书内容

　　读秀学术搜索深入图书章节和全文,文献揭示从传统 MARC 扩大到封面、版权页、前言、目录、正文部分,"全信息"地打破了传统图书搜索的限制,使读者检索更全面和准确。

(3)实现全面多角度立体搜索

　　读秀学术搜索系统集成业界领先搜索引擎内核,突破一般检索模式,实现全文检索、图书、期刊、报纸、学位论文、会议论文等资源的垂直检索,并提供人物、网页、词典、词条、新闻、图片、博客等多个相关检索,当读者执行任何一种方式的垂直检索时,与之相关的其他频道的检索结果在网页右侧为用户一一呈现,使用户在最短的时间内获得最深入、最准确、最全面的文献信息。通过读秀的深度检索,可快速、准确地查找学术资源。立体式的深度检索突破传统检索模式,实现了目录、全文的垂直检索,读者可在短时间内获得最准确最全面的文献信息。

(4)提供整合资源和一体化服务

　　用户在读秀系统中检索图书,不仅可对读秀里的图书进行部分章节的试读,同时还可了解此图书是否有馆藏纸本及电子版全文信息,真正实现了馆内纸本图书、电子图书的联合查询。在读秀的知识平台上能检索到的文献类型包括图书、期刊、报纸、学位论文、会议论文、专利、标准、视频等。

(5)高效快捷的文献传递,有效补充了馆藏资源

读秀知识库的文献传递功能可实现海量资源版权范围内的合理使用,按照读者的咨询请求,使用 E-mail 方式可在最短时间内向读者提供任意文献的任何局部资料,有效地补充了馆藏资源。

(6)全国联合书目查询系统、馆藏互知系统

读秀学术搜索现已和全国 600 多家高校图书馆、100 多家公共图书馆及科研院所图书馆的 OPAC 和电子资源无缝链接,并在不断增加和更新,形成了全国联合书目查询系统,从而达到全国图书馆馆际互知互借的平台。

6.5.2 读秀学术搜索的检索方法

(1)检索模式

读秀学术搜索提供基本检索和高级检索两种检索模式。

1)基本检索

读秀首页搜索栏默认为"基本检索",提供图书、期刊、报纸、学位论文、会议论文等频道进行选择(单击"更多"按钮即可展开其他搜索频道)。以检索图书为例,选择图书频道,在搜索框输入关键词,然后单击"中文搜索"按钮,系统将在海量的图书数据资源中进行查找。

2)高级检索

利用高级检索可实现文献的多条件查询,对于目的性较强的读者建议使用高级查询。以图书检索为例,高级检索可对书名、作者、主题词、出版社、ISBN、分类号等字段进行逻辑组配检索,同时还可对检索年份及每屏显示检索结果数进行设置。

期刊、报纸、学位论文和会议论文的高级搜索界面类似,可通过单击"+"和"-"按钮来增加和减少检索字段。

(2)检索方法

1)深度全文检索

读秀将所有数百万种图书等学术文献资料都打碎,以每页为单位重新整合,因此拥有 6 亿页中文资料知识库,当读者输入一个检索词,将获得 6 亿页资料中所有包含该检索词的章节、文章等,且可对任何一个章节进行页数不等的试读。

2)图书检索

读秀以图书类信息的检索和提供最有特色。图书检索提供了书目、章节、全文等检索途径,实现了目录和全文的垂直搜索。选择图书频道,可选择基本搜索或高级检索界面进行图

书的查找。在搜索结果页面中,显示所有包含关键词的具体的书目信息,如作者、页数、出版日期、内容简介、主题词、分类等。如果对首次检索结果不满意,读秀还提供了下面 3 种方式缩小检索范围,帮助读者快速锁定目标文献。

①更换或添加检索关键词,选择检索结果上方的"在结果中搜索",进行二次检索,缩小检索范围。

②使用左侧聚类显示精确检索范围,单击相应链接,检索结果将按照所选分类进行细化,从而缩小检索范围,提高查准率。

③通过每本图书的"分类链接"查看相关分类结果(高级检索结果仅能通过此方法缩小)。

从检索结果页面单击书名或封面进入图书详细信息页面,关于本书的题名、作者、页数、封面、出版社、出版时间、主题词、参考文献格式、内容简介等详细信息将一一罗列。单击具有超链接功能的文字,可直接在图书频道中检索该文字,以便查找相关图书。在该页面左侧显示的是该书在本馆收藏情况,提供本馆纸质图书的馆藏信息链接和电子图书的全文阅读链接。

图书详细信息还包括"试读"(书名页、版权页、前沿页、目录页、试读页、封底页)和"借阅"(本馆电子全文、馆藏纸书、图书馆文献传递)栏。单击"试读"相应按钮即可进行相应页面的试读。

3)多面检索

读秀基于元数据整合的多面搜索,将零散的知识整合在一起,突破了图书的界限,实现了检索任何词时,可同时得到相关的图书、期刊、报纸、人物、会议论文、学位论文、专利、标准、工具书、网页、新闻、图片、视频、地图等多维信息,真正实现多方面多角度的搜索功能。也可在人物、网页、工具书、视频等中找到相同、相关内容。选择知识、图书、期刊、论文等任意一个频道进行检索,输入检索词,检索结果页面的右侧都会将与检索词相关的词条、人物、图书、期刊、报纸、论文、网页等多维信息进行全面展示。单击这些文献资源链接,可进入相应的查询结果界面,从而不必以相同的检索词分别检索不同文献频道。

(3)在线阅读电子全文

读秀学术搜索与图书馆电子图书资源进行了整合,如果检索的图书在本地图书馆有电子图书资源时,在读秀图书详细信息页就会出现"本馆电子全文"按钮,单击后进入超星数字图书馆全文阅读链接页面。

读秀学术搜索还将搜狐网、腾讯网、新浪网等网络站点的图书在线阅读资源与图书信息关联在一起,提供"网上全文阅读"链接,单击图书详细信息页面下相关网站链接,即可进入对应网址的全文阅读页面。

(4)查询馆藏

读秀检索结果标题后如有馆藏标识的图书表示该书本地图书馆有纸本馆藏。单击该标识或单击图书详细信息页面"馆藏纸本"链接,即可直接进入本地图书馆 OPAC 系统,查看该种图书的馆藏书目数据,获得该纸质书的馆藏信息。除提供"本图书馆借阅"信息外,读秀学术搜索中还提供了图书在其他馆的收藏情况,"本省市馆藏借阅"一栏列出该书在本省市其他馆的收藏情况,单击"更多"按钮即可查看全国其他图书馆收藏该书的情况。单击具体图书馆名称,可直接进入该图书馆的馆藏书目系统,查看该书的书目数据。

(5)通过文献传递获取原文

在线阅读完成后,如果还想继续阅读该书的其他部分,或者想获取更多文献资源,或者此书既无馆藏纸本可供借阅也无电子书可供阅览,则可以通过读秀的文献传递服务,获取该文献。

6.6 开放存取资源

6.6.1 开放存取概要

开放存取(Open Access)是一个新兴的研究领域,是国际学术界、出版界、图书情报界为了推动科研成果,利用互联网自由传播而采取的运动。其目的是推进利用互联网进行科学交流与出版,促进科学及人文信息的广泛交流,保障科学信息的长期保存和高效利用。

在《布达佩斯开放存取宣言》(*Budapest Open Access Initiative*)中,其被定义为可在互联网上免费获取的,无须读者本人或其所属机构支付使用费用的,允许用户进行阅读、下载、复制、分发、打印和检索的文献全文,或者实现对作品全文的链接,为作品编制索引,把其作为软件数据使用,或用于任何其他法律允许的合法目的的使用模式。简言之,就是在线链接、免费使用、版权豁免。

6.6.2 国内著名的开放获取数据库

(1)中国科技论文在线

网址:http://www.paper.edu.cn/。

教育部 2003 年 8 月 11 日批准由教育部科技发展中心主办,针对科研人员普遍反映的论文发表周期长,创新思想、实验方法等在审稿过程中难以得到有效保护,不利于新的科学思想及时有效地交流,不利于科研成果快速、高效地转化为现实生产力的现状而创建的科技论文网站,具有投稿方便、发表快捷、查阅方便、形式灵活等特点,免去传统的评审、修改、编辑、印刷等程序。一周内发表,文责自负,版权归作者所有,允许作者同时向其他专业学术刊物投稿,并提供该论文发表时间的证明。中国科技论文在线(其主页见图 6.9)是国内第一个电子预印本服务系统,于 2003 年 8 月正式向社会开放。

图 6.9 中国科技论文在线主页

根据文责自负原则,只要作者所投论文遵守国家相关法律,为学术范围内的讨论,有一定学术水平,且符合中国科技论文在线的基本投稿要求,可在一周内发表,发表后论文的版权归作者本人所有。

中国科技论文在线首发论文的专业领域按自然科学国家标准学科分类与代码分为 43 类,用户可按类别浏览首发论文。同时提供快速检索及高级检索两种方式检索论文。

(2)中国预印本服务系统

网址:http://preprint.nstl.gov.cn/。

由中国科技信息研究所和 NSTL 联合建设,主要收藏国内科技工作者自由提交的学术类预印本文章(不含科技新闻和政策性文章),全部收藏分为自然科学,农业科学,医药科学,工程与技术科学,图书馆、情报与文献学 5 大类,除图书馆、情报与文献学外,其他每个大类下再细分二级子类。用户可自由提交、检索、浏览预印本文章全文并发表评论。论文审核、发表时间证明、版权等方面的规定与“中国科技论文在线”基本相同。主页如图 6.10 所示。

(3)奇迹文库

网址:http://www.qiji.cn/eprint/。

奇迹文库是一个非营利性质的服务网站,为中国研究者提供免费、方便、稳定的 eprint 平台,促进在线交流,并宣传提倡开放获取的理念。网站主要收录中文原创科研文章、综述、学位论文、讲义及专著(或其章节)的预印本,同时也收录作者以英文或其他语言写作的资料,目前学科范围主要包括物理学、数学、力学、计算机科学、生命科学、材料科学、化学化工、地球科学、信号处理等。

图 6.10   中国预印本服务系统主页

奇迹文库是由一群中国年轻的科学、教育与技术工作者创办的非营利性质的网络服务系统,是科研人员、学生及公众交流研究、传播科学的公益平台。目前文库维持的经费全部来自个人的捐献。

6.6.3 国外著名的开放获取数据库

自开放获取兴起以来,其发展趋势不可阻挡,每年都有新的进展。国际上出现了大量 OA 期刊和 OA 知识库,它们的发展日趋成熟和完善。比较著名的 OA 期刊库有 DOAJ,OpenJ-Gate,BioMed Central,HighWire,PubMed Central（PMC）等,OA 仓储有美国学术出版社免费电子书、麻省理工学院存储库(Dspace at MIT)等,还有 cogPrints（认知科学论文存档服务）、arXiv 等电子预印本。

HighWire（http://highwire.stanford.edu）是全球最大的提供免费全文的学术文献的期刊库,于 1995 年由美国斯坦福大学图书馆创立,提供高质量、经同行评议的网络期刊。它提供《科学》(*Science Magazine*)、《新英格兰医学杂志》(*The New England Journal of Medicine*)、《美国国家科学院院刊》(*PNAS*)等占据世界高被引用率前 200 名中的 71 种刊物,部分文献可回溯到 1753 年。

截至 2010 年 1 月共收录 1 307 种电子期刊及 140 多种学术出版物的 6 223 677 篇文章全文,其中 1 970 928 篇文章可免费获得全文。这些数据仍在不断增加。收录期刊覆盖的学科领域包括生命科学、人文、医学、物理学、社会科学。在 HighWire 期刊库可检索 PubMed 美国医学网上检索系统收录的 4 500 多种期刊中的 200 多万篇文章,可看到文摘题录。

　　HighWire 期刊库在主页提供基本检索方式,包括快速检索(search)和浏览检索(browse)。浏览检索可通过题名字顺(title)、出版社(publisher)、主题(topic)浏览期刊,单击任何一种期刊,可获得该期刊的信息,并可进行该刊的文章检索或浏览任何一期的全文。

　　选择 HighWire 期刊库主页的简单检索框下方的"more search options"选项,即可进入高级检索页面,可完成复杂课题的检索。例如,可通过全文、篇名/摘要、篇名、作者、引文等进行检索,每项检索设立了 OR(any)、AND(a11)和短语(phrase)检索方式,并提供年、卷、起始页、作者、起始年月、结果显示形式、匹配形式、数据库等检索限制,如图 6.11 所示。

图 6.11　HighWire 期刊库主页

　　在使用 HighWire 期刊库时还要注意:检索结果中刊名后标注为"Free Back Issues"者,可免费获得过刊的全文,期刊滞后情况各不相同;标注为"Free Trial Period"者,可在试用期内免费获得全文;标注为"Free Site"者,可免费获得该刊的所有全文。

　　(注:更多的开放获取资源请参见北京信息科技大学图书馆主页:http://lib.bistu.edu.cn/html/ziyuan/OA.html)

【思考·练习·讨论题】

　　1.利用 CNKI 等检索工具调研"万维网"这一中文词是哪一些人最先使用或定义? 什么时间最早使用? 其文献有哪些? 最后写出实习作业。

　　2.利用 CNKI 等检索工具找出最早使用中文"博客"一词的有哪些文献?(找到 3~5 篇即可)有哪些人? 最后写出实习作业。

　　3.中国知网含有哪些数据库?

4.中国期刊全文数据库最早能查到哪一年的期刊？内容覆盖哪些学科？

5.维普资讯网包括哪些子数据库？各子数据库的学科范围和特点是什么？

6.请以"数字图书馆"为检索词，分别在中国期刊全文数据库、中文科技期刊数据库、万方数据的数字化期刊全文数据库中检索，比较各自的检索结果数量与相关度，分析3个数据库的异同。

7.用读秀学术搜索查一下"众里寻他千百度"的出处。然后换用百度查，比较两者检索的不同。

8.用读秀学术搜索查"万维网信息资源"。

9.用读秀学术搜索查本专业书籍，并对某本图书练习作下画线、高亮、画圈、批注等练习。另将书中的某一片段转换成文本格式，发往自己的邮箱。

第7章

国外综合性和专业性数据库检索

【本章提要】

外文数据库是我国学者和研究人员了解世界领先水平科技和研究成果的重要窗口。国外数据库从专业类到综合类、从全文型到文摘型、从文献的单纯检索工具到提供详细信息的百科全书,内容丰富,所涵盖学科极为广泛,因此,掌握和使用外文数据库是文献检索技能中重要的一环。

本章介绍了 ISI 学术信息资源整合平台(Web of Knowledge)、Elsevier Science(SDOS)期刊全文数据库、Kluwer 期刊全文数据库、IEL(IEEE/IEE)全文数据库、SpringerLINK 电子期刊及丛书全文数据库、EBSCO 系列数据库、Dialog 国际联机检索系统、国外电子图书检索,以及 El Compendex,INSPEC,SciFinder Scholar,BIOSIS Preview 等在国际上有广泛影响且国内高校普遍使用的文摘性专业检索工具。

7.1 国外综合性全文数据库检索

7.1.1 ISI 学术信息资源整合平台(Web of Knowledge)

(1)Web of Knowledge 概况

网址:http://isiknowledge.com/,http://www.thomsonscientific.com.cn/,http://www.lib.tsinghua.edu.cn/tutorialall/wos/index.htm。(汤森路透集团与清华大学图书馆联合制作的 Web of Science 教程课件)

Web of Knowledge(简称为 WOK)是 ISI(美国科技信息研究所)大量采用 WWW 技术的超链接特性建立的一个以知识检索为基础的学术信息资源整合平台。它是一个采用"一站式"信息服务的设计思路构建而成的数字化科技文献研究环境。

在 ISI Web of Knowledge 平台上，可以跨库检索 ISI proceedings, Derwent Innovations Index, BIOSIS Previews, CAB Abstracts, INSPEC, 以及诸多外部信息资源, 加上分析工具如 JCR, Journal Use Reports; 文献管理工具, 如 EndNote 等。所有这些相互补充, 形成了覆盖深度、广度和容量都无与伦比的组合, 可让科研人员自由选择多种检索途径、发现所有相关数据、分析信息、把握整体趋势和模式, 通过一次互补资源的跨库检索, 对现有研究形成全面而广泛的了解。

该平台还建立了与其他出版公司的数据库、原始文献、图书馆 OPAC 系统以及日益增多的网页等信息资源之间的相互连接。实现了信息内容、分析工具和文献信息资源管理软件的无缝连接。

WOK 的收录范围涵盖了自然科学、社会科学、艺术和人文科学等全面的高品质、多样化的学术信息, 配之以强大的检索和分析工具, 使各种宝贵资源触手可及。无论所要查找的资料在国际性期刊、开放资源、书籍、专利、汇编资料或网站上都可轻松检索, 绝不会任其淹没在铺天盖地的垃圾信息里让你无所适从。WOK 隶属于世界一流的企业及专业情报信息提供商——Thomson Reuters 集团公司。图 7.1 是汤森路透集团中文主页的界面。

在 WOK 平台上, 最重要的数据库集合就是 WOS, 即 Web of Science。

图 7.1　汤森路透集团中文主页

(2) WOK 的数据库资源

WOK 的数据库资源十分丰富, 既有美国科技信息研究所(ISI)生产的数据库, 也有来自其他数据库商的产品, 还收录有 Agricola, Pubmed 等网上免费资源, 涉及绝大多数学科领域,收录的文献类型有期刊论文、图书、会议论文、学位论文、技术报告、专利、标准及化学结构等。本节将用黑体字突出显示全部数据库的名称。

1) Web of Science 系列数据库

Web of Science(简称 WOS,但 WOS 也可影射"Who is",即某著者写了某文章,又被某人在什么文章中引用过)是综合性文摘索引数据库,由 7 个子数据库组成:3 个引文数据库、2 个会议论文引文子数据库和 2 个化学数据库。Web of Science 是 WOK 的核心资源,下面详细介绍其资源的构成。

①引文数据库

a.**科学引文索引扩展版数据库**,Science Citation Index Expanded(SCIE),1900—　,收录 6 800种科技期刊的文献信息,涉及 150 个学科。

b.**社会科学引文索引**,Social Sciences Citation Index(SSCI),1956—　,收录 1 800 多种社会科学期刊的文献信息,涉及 50 个学科。

c.**艺术与人文科学引文索引**,Arts & Humanities Citation Index(A & HCI),1975—　,收录 1 100多种艺术与人文科学期刊的文献信息。

②会议论文引文子数据库(CPCI)

CPCI 数据库由 CPCI-S 和 CPCI-SSH 组成。

a.**科学会议录引文索引** CPCI-S(Conference Proceedings Citation Index-Science),1998—,收录自然科学与工程技术领域的会议录。

b.**社会科学与人文科学会议录引文索引** CPCI-SSH(Conference Proceedings Citation Index-Social Science & Humanities,CPCI-SSH),1998—　。

③化学数据库

a.**全新化学反应数据库**,Current Chemical Reactions(CCR-EXPANDED),1985—　,收录一步或多步反应的新方法,每一步反应都提供精确的反应式及反应详细信息。

b.**化合物索引数据库**,Index Chemicus(IC),1993—　,包含重要国际期刊中报道的新颖有机化合物结构及重要的相关数据。

2) Web of Science 系列数据库总体特色

WOS 系列数据库的内容包含来自数以千计的学术期刊、书籍、丛书、报告及其他出版物的信息。其中,3 大引文索引数据库(SCIE,SSCI,A & HCI)包含了文献作者引用的参考文献,用户可进行被引参考文献检索,查找某文献的被引情况,引用了哪些前人的成果,有哪些相关文献,还可进行作者甄别,按被引频次对结果进行排序,从多种角度进行检索结果分析等。

CPCI-S 和 CPCI-SSH 包括多种学科的最重要会议、讨论会、研讨会、学术会、专题学术讨论会及大型会议的出版文献。使用这两个数据库可查找在期刊文献尚未记载相关内容之前、跟踪特定学科领域内涌现出来的新概念和新研究。

使用 IC 和 CCR-Expanded 这两个化学数据库可创建化学结构图以查找化合物和化学反

应。其中,IC 包含国际一流期刊所报告的最新有机化合物的结构和关键支持数据。许多记录显示了从原始材料到最终产物的反应流程,是有关生物活性化合物和天然产物最新信息的重要来源。CCR-Expanded 包含从 39 个发行机构的一流期刊和专利摘录的全新单步和多步合成方法,每种方法都提供总体反应流程,以及每个反应步骤的详细、准确的示意图。

3)WOK 的其他资源

WOK 平台除了 WOS 系列数据库外,还收录了大量其他科技文献,包括专利文献和一些著名的数据库。

①专利文献

德温特专利索引(Derwent Innovations Index SM),收录范围从 1963 年至今,包含 Derwent World Patent Index 中的高附加值专利信息和 Patents Citation Index 中的专利引用信息。

②研究信息快讯

研究信息快讯又称**现刊目次链接**(Current Contents Connect,CCC),收录范围从 1998 年至今,收录世界一流学术性期刊和图书的完整目录和题录信息,以及经过专家评估的相关网站和文献。

③专门学科的数据库

WOK 平台还提供了许多我们耳熟能详的著名数据库,包括 INSPEC(1969 年至今)、BIOSIS Previews(1991 年至今)、MEDLINE(1950 年至今)、CAB Abstracts and Global Health(CABI)、PsycINFO、Food Science and Technology Abstracts TM(FSTA)、Zoological Record(1864 年至今)等。

④免费的外部数据库

免费的外部数据库共 13 个,包括**农业科学领域文摘**(Agricola)、**生物与医学领域文摘**(Pubmed)、**循证医学领域文摘**(The Cochrane Library)、**量子生物学全文**(arXiv Quantitative Biology)、**美国宇航局会议论文摘要**(AIAA Meeting Papers)、**计算机科学全文**(arXiv.org Computer Science e-Print archive)、**数学科学全文**(arXiv.org Mathematics e-Print archive)、**非线性科学全文**(arXiv.org Nonlinear Sciences e-Print archive)、**物理学全文**(arXiv.org Physics e-Print archive)、**土木建筑工程文摘**(Civil Engineering Database)、**航空航天领域文摘全文**(NASA Astrophysics Data System)、**美国政府研究报告文摘**(National Technical Information Service,NTIS)、**教育学领域文摘全文**(AskEric)、**人口普查与计划生育文摘**(Popline)。

⑤科研分析资源和信息分析工具

它包括**期刊引证报告数据库**(Journal Citation Reports,JCR)、**基本科学指标数据库**(Essential Science Indicators,ESI)等。此外,还有 **Reference Manager**,**EndNote** 等信息管理与写作工具。

(3)SCI 的特点

传统的文献检索工具一般按学科进行分类,存在着编辑出版工作量大,检索工具出版的时差太长,不能反映文献被引用的情况等。美国费城科学情报所从 1961 年开始,利用大型计算机编辑出版了一系列具有引文的索引工具,其中有著名的 4 大索引工具:《科学引文索引》(SCI)、《计算机科学数学引文索引》(CMCI)、《科学评论索引》(ISR)、《科技会议录索引》(ISTP)。

ISI 的这些独创性的检索工具,不但能提供快速有效的各学科最新文献的查找,而且还能根据其检索结果客观地判定某个单位或某人的成果及科研水平。例如,用来评价某国家、某科研机构、某大学或某人的科研活动水平,或某研究领域的现状和发展趋势,甚至可用来预测下一届诺贝尔奖的获得者等。1993 年国家科委评出全国四所科研、教学力量最雄厚的大学(北京大学、清华大学、南京大学、中国科技大学)时,最主要的依据之一就是从 ISI 的 4 大索引工具中收录的论文数和被引用数的统计数据。

它的收录范围是根据"加菲尔德文献集中定律"确定的,是一种国际性的、多学科的综合性索引,涉及的学科有数、理、化、农、林、医和生物学等。

SCI 是一种有关引文统计的国际性大型索引出版物,是进行引文分析的重要工具,也是从事科学学、科学史方面研究的必要工具。机读版的 SCI 名为 SCISEARCH(科学引文索引数据库),在 DIALOG 系统中被编为 34,94,186,187 号文档,此外,也有光盘版的数据库等。其网络版的数据库名为 WOS,即 Web of Sciece。

SCI 编排独特,与一般检索工具的分类法或主题法不同,它是以论文后附的参考文献为线索进行追溯查找。因此本质上是一种"追溯法"。这种方法以论文作者为线索,在该作者名下列出所有引用论文,这样查到一个作者,就检索到一定数量的文献。

例如,作者 A 发表一篇论文(简称 A 文),之后被另外的作者 B,C,D 所引用,则 A 文,即 BCD 三文的参考文献,称为"被引用论文",简称"引文(Citation)",其他 BCD 等的文章则一律称为"引用论文"或"来源文献(Source Document)",BCD 作者均称为"引用作者"或"来源作者";而因 BCD 三文均引用了 A 文,故它们彼此之间被称为"相关记录(Related Records)"。

SCI 正是从报道引用论文和被引用论文之间的关系入手,来客观评价一篇文章的使用价值、流传广度等。把文献与文献的关系、人与文献的关系、作者与作者的关系等都纳入一个大系统中,并运用系统论方法和计算机的处理能力来研究这个大系统。这就是 SCI 的创新之处。

我们知道追溯法有两种:一种是书后或期刊论文后面所附的参考文献,这实际上是以当前作者(即引文作者)为检索入口的追溯法,用这种方法追踪文献会越追越旧。另一种 SCI 却是往前预先"定一个起点",以被引用文献的作者为检索入口,这样越追文献越新。知道了这个特点,就不难理解为什么 SCI 和 ISR 能在报道最新文献和前沿学科方面独具魅力。

SCI 的优点如下:

①报道内容广泛,可用来查找一些在专门学科检索工具上查不到的交叉学科文献。

②可了解到一篇论文发表后,在世界上引起反响的情况。

③利于作专门的科技情报分析和科技情报预测。

SCI 的缺点如下:

①引文检索系统是建立在一个非常不稳定的基础上的。有些人附引文仅仅是为了说明一下经过情况，还有些人则是为了显示自己的博学，再有些人则根本不附任何参考文献。这样使检索的误检率很高(有关文献和无关文献之比约为2∶5)。

②数据冗余太大。SCI由于文献引文本身的随意性、模糊性，降低了引文索引的使用价值。以至于有时会给我们这样一种感觉，SCI这个庞大、金碧辉煌的大厦似乎是建立在一片流沙之上的。另外，轮排主题索引因直接采用未经规范的关键词轮流排列而成，也影响了检索的准确性。加菲尔德自己也曾在文章中说过："盲目地做出被引频次最多的著者就该获得诺贝尔奖的结论是荒谬可笑的。"实践表明，SCI适用于基础学科发展或知名专家论著的调研，不太适合于专深偏僻和应用课题的检索，它是一种有效便捷、不可替代的学术评价方式，但却并非完美无缺。我们在使用SCI这些引文检索工具进行学术评选时，一定要注意到这些局限性，才能更好地发挥引文索引的作用。

(4)SCI的创始人尤金·加菲尔德

设在费城的科学情报研究所(ISI)，是美国一家别具一格的科学兼商业机构。作为科学机构，它拥有一百名科学家(其中包括两位诺贝尔奖获得者)，他们经常展开科学讨论，发表了不少颇有价值的情报科学论文；作为商业企业，它为科学界提供了20多种出版物。雇员470多人，在9个国家设立了办事处，每年销售额达1 500万美元(1978年)。

1978年10月17日，费城(Philadelphia)大学城科学中心，正在举行ISI新国际总部的开工典礼。在湛蓝的天空下，52岁的尤金·加菲尔德(Eugene Garfield)驾着一辆银光闪闪的铲土机，为大楼地基掘起了第一铲土。由他来主持这个仪式是再合适不过了，因为加菲尔德不仅是研究所的所长兼董事长，而且正是他，把从破旧的小棚子里开始的事业引进了这幢即将动工的价值650万美元的大楼；也正是他，独创了新颖的引文索引，使研究所蜚声世界。在此过程中，加菲尔德自己也从当年一位成绩平平的化学系学生，而跻身于情报科学家的行列。

尤金·加菲尔德是美国著名的情报学家和科学计量学家，SCI和ISI的创始人，目前担任汤森路透科技集团终身名誉董事长。

1)早年的学习与研究

加菲尔德1925年9月6日出生在纽约市区，在一个犹太——意大利人家庭中长大。中学毕业后，当过电焊工人、建筑工人。第二次世界大战爆发后毅然参军，当过滑雪兵。战后入哥伦比亚大学学习化学，1949年获得科学学士学位。

1955年，尤金·加菲尔德第一次在《科学》杂志(Science)上提出了"引文索引"的设想，即提供一种文献计量学的工具来帮助科学家识别感兴趣的文献。他提出了引文索引和引文技术的概念，从而打破了分类法和主题法在检索方法中的垄断地位，开创了从引文角度来研究文献及科学发展动态的新领域。

1954年,加菲尔德在哥伦比亚大学获得了图书馆学硕士学位,第二年,《科学》杂志发表了他的题为《引文索引用于科学》的文章,系统地提出了用引文索引检索科技文献的方法,向独霸情报检索的主题/分类法发起挑战。

主题/分类法是一种久经考验、行之有效的方法,它所依据的分类思想甚至可追溯到数千年前的亚里士多德。尽管引文检索法只打算在情报检索中占得一小块阵地,其困难也是巨大的。加菲尔德深知这一点,为了使引文索引成为现实,必须拿出实在的检索刊物,在实践中赢得科学界的承认。为此他采取两个办法:一是创办一家科技情报企业,以取得资金;二是争取政府机构的资助,进行可行性试验,以取得经验。

1958年,加菲尔德租了一台制版机和一台小型胶印机,在一间经过改建的鸡棚里开始印刷他的第一种情报出版物——活页的《现刊题录》(生命科学)。这样,费城斯普林加尔登大街上出现了一家小小的公司:"尤金·加菲尔德协会"。后来又出版了《化学文献索引》。1960年4月,加菲尔德登出了广告,宣告"科学情报研究所"成立。为了使这家毫无背景的小企业得以生存,加菲尔德利用所谓美苏"导弹差距"造成的余波,大谈其情报出版物对于火箭燃料研究如何重要,宣称将致力于空间和导弹情报研究,甚至请出德国火箭专家冯·布劳恩来表态,以期引起有关方面的关注。然而,研究所后来并没有在所指的那些领域作出什么特殊贡献——也许这些话当时只不过是说说而已。

2)SCI与同行评议

加菲尔德指出,20世纪50年代,当美国的大学要进行终身教授的评选时,管理者们发现,备受推崇的"同行评议"评价方法根本没有办法进行,SCI就成了替代的评估方法。

如果按照理想的状态,就要把那些已经成为终身教授的人都找来,坐在一起,拿着候选人的所有论文,大家一篇一篇地读。这样才能公正合理地评判出每一位候选人的研究成果好不好,科研水平是什么级别。

但这个过程实在太复杂了。因此,学校找到这些教授时,他们异口同声地宣称自己"太忙了"。无可奈何的学校只好退而求其次,寻求一个量化的指数,最后他们选择了SCI。

早在1955年他首次提出引文索引方案时就预见到了它在评价一种刊物质量时可能发挥作用。《科学引文索引》出版和引文资料库建立之后,加菲尔德和著名科学史专家、文献学家普赖斯(D.J.D.Price)等人就以此为基础发展了引文分析法,通过对引用和被引用次数的数理统计分析,评价国家、科学团体和个人从事学术活动的水平、发展趋势,甚至预测下一届诺贝尔奖的获得者。这项研究得出了许多有趣的结果,引起了广泛的注意。许多大学在聘用人才时用引文分析法判断优劣,美国国家科学基金会在两年一度的向国会提出的正式报告《科学指标》(Science Indicator)中,采用了引文分析法来估计美国科学活动在世界上的地位和比重。

然而,引文分析法也引起了许多争议,公布出来的分析结果激怒了一些部门和个人。应当说,这些批评不全是意气用事,引文分析法的确还不完善。对社会活动进行数量分析,虽然是科学学、文献统计学和科学史专家探索了多年的课题,然而还有一些重大的问题尚待解决,引文分析法的遭遇只不过是许多这类例子中的一个罢了。

历史从不嘲笑科学上的一时失败,因为这些失败往往积累了经验,启迪了思路,为后来者的成功构建了必不可少的温床和孵化器。

(5)WOK 的检索方式和检索实例

1)ISI Web of Knowledge 的跨库检索

WOK 整合了 Thomson Scientific 公司生产的多个数据库产品(文献检索数据库、分析和评价数据库),既可进行单库检索,也可进行跨库检索,系统默认的 WOK 首页是跨库检索首页(见图 7.2)。

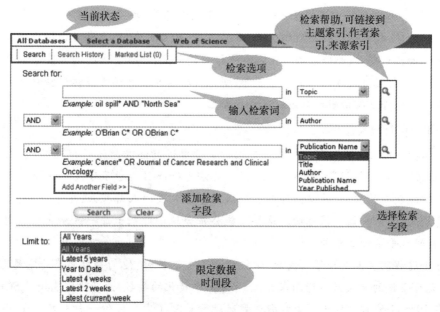

图 7.2　WOK 跨库检索的页面

进入 WOK 后,主页面上有 4 个功能切换卡片(见图 7.2),分别是"选所有库""选某个库""进入 WOS"及"其他资源"。"其他资源"中可选择"分析工具"和"免费资源"两个部分。

2)选子库和时间跨度

可选择的数据库较多,有 Web of Science、Current Contents Connect(现刊目次连接)、ISI Proceedings、DII、BIOSIS Previews、INSPEC、MEDLINE、Web Citation Index(网页引文索引)、Journal Citation Reports(期刊引文报告)等。选择时间跨度如图 7.3 所示。

WOK 提供多种检索方式,每种检索方式的可检字段和功能各有所区别。

3)简单检索(easy search)

简单检索只可进行单个字段的检索,无法进行多个字段间的逻辑组配检索。它可提供:

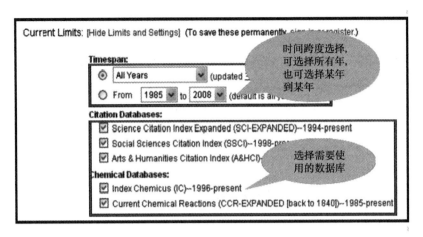

图 7.3　选择数据库的时间跨度

①主题检索(topic),检索关于某个主题的所有文献。

②人名检索(person),通过单击不同的按钮,可检索该人写的所有文章、所有引用该人文章的文献以及提及该人的所有文献。

③地点(place)检索,可检索某个机构或国家发表文献的有关情况。

在"Search for"检索框中输入检索词,框的右边有检索字段下拉菜单可选字段,逻辑组配也有一个小的下拉菜单,可选 AND,OR,NOT 等。单击"Add Another Field"按钮可添加检索字段。最后单击 Search 开始检索。

7.1.2　Kluwer 期刊全文数据库

(1)Kluwer 数据库概述

荷兰 Kluwer Academic Publisher 是具有国际声誉的学术出版商,它出版的图书、期刊品质较高,备受专家和学者的信赖和赞誉。Kluwer Online 是 Kluwer 出版的电子期刊的网络版,基于互联网提供查询和阅览服务,通过其镜像站,用户可使用 Kluwer 期刊全文数据库检索覆盖 24 个学科、805 种期刊的电子期刊,并可以检索、阅览和下载全文。

(2)Kluwer 数据库的检索方式

1)期刊浏览

①按期刊名称的字母顺序浏览。

②按学科浏览。将期刊按 24 个学科类目分类,每一学科类目的期刊,再按刊名字母顺序排列。

③刊名检索。可在检索词输入框中输入刊名关键词进行刊名检索,然后再选择要看的期刊,按卷、期浏览。

④刊名二次检索。在前次检索或浏览后显示的期刊列表中,可输入检索词进行二次

检索。

2）简单检索

简单检索界面有一个检索条件输入框和选择检索字段的下拉框,确定一个或几个检索词输入该文本框中,不必考虑词序和区分大小写。词与词之间默认的逻辑关系是 AND。可检索所有字段(将字段区域设定为"全面"),也可将检索词限定在某一个字段中检索,如篇名字段、作者字段、文摘字段、刊名字段。通过限制出版日期、文献种类,可把检索结果限制在一定范围内,从而达到快速查准的目的。

单击相应的下拉菜单列表进行选择。文献种类包括论文、目次、书评、索引等。如果不改变这两项设置,系统默认的检索范围是全部文献。

3）复杂检索

复杂检索界面有多个检索条件输入框,可输入一个检索条件进行简单检索,也可输入多个检索条件实现多个检索字段的组合检索。复杂检索方式中增加了国际标准刊号(ISSN)、作者关键词(作者给出的关键词 keyword)、作者单位 3 个检索入口。

多个检索条件默认的逻辑关系为 AND,表示检索必须同时满足多个检索条件,单击相应下拉列表进行选择,可改变为 OR 或 NOT。

7.2　国外电子图书检索

目前国外的电子图书服务系统很多,如 OCLC NetLibrary,Ebrary,Safari,SpringerLink,Wiley,NAP,WSP 等。各服务系统电子图书的数量不是很多,一般只有几千册,最多也只有几十万册,但从内容而言,这些电子图书都具有非常高的学术价值。目前国内购买这些电子图书的高校图书馆也不多,因为这些电子图书价格非常高,一册书需几十到几百美元,所以即使购买,也只是挑选某个电子图书服务系统内的部分图书。因为电子图书的检索比较简单,一般可从书名、ISBN、作者和主题等途径进行检索,所以这里仅介绍一些电子图书服务系统的基本概况。

（1）OCLC NetLibrary **电子图书**

OCLC NetLibrary 是全球最大的在线计算机图书馆中心(OCLC)的下属部门,是世界上最早的电子图书生产商,也是世界上最大最主要的电子图书提供商之一。

NetLibrary(http://www.netlibrary.com)于 1999 年成立,是世界上向图书馆提供电子图书的主要提供商。NetLibrary 目前提供 800 多家出版社出版的 20 多万种电子图书,并且每年增加约 3 万种。这些电子图书覆盖所有主题范畴,约 80% 的书籍是面向大学程度的用户,涉及自然科学和人文科学各个领域,其中不仅包含学术性强的著名专业著作,还收录最新出版的各类人文、社会科学图书。大多数 NetLibrary 的电子图书内容新颖,近 90% 的电子图书是 1990 年以后出版的。NetLibrary 电子图书采用通用的 HTML 和 PDF 格式。

NetLibrary 电子图书数据库系统以模仿传统图书的借阅流通方式来提供电子图书的浏览和外借功能,但一本书同时只能供一位用户阅读。目前国内学校可访问的除 CALIS 集团正式订购的电子图书外(可单击 List All Resources),还可免费访问 3 000 多种无版权图书,包括参考书、学术专著、普及读物和 NetLibrary 免费作品等印制版的电子全文版本,如莎士比亚的《哈姆雷特》等。单击首页的"What's Available"浏览所有可阅读的电子图书。NetLibrary 提供基本检索(Basic Search)和高级检索(Advanced Search)两种检索方式。

（2）Ebrary **电子图书**

Ebrary(http://www.ebrary.com/corp)公司于 1999 年 2 月正式成立,由 McGraw-Hill Companies,Pearson plc,Random House Ventures 3 家出版公司共同投资组建。Ebrary 数据库整合了来自 220 多家学术、商业和专业出版商的近 5 万种权威图书和文献,覆盖了商业经济、计算机、技术工程、语言文学、社会科学、医学、历史、科技及哲学等主要科目的书籍种类,其中大部分内容是 2000 年后出版的,一般每个月都新增几百种图书。目前与 Ebrary 合作的主要出版社包括 McGraw-Hill Companies,Random House,Penguin Classics,Taylor & Francis,Yale University Press,John Wiley & Sons,Greenwood 等著名出版社。Ebrary 允许多用户同时访问,并具有特色高级检索工具与现有图书馆 OPAC 系统和数字资源整合。

（3）Safari **电子图书**

Safari(http://proquest.safaribooksonline.com/)是 ProQuest 公司最新推出的电子图书服务系统。Safari 由世界两大著名 IT 出版商:O'Reilly & Associates Inc 和 The Pearson Technology Group 共同组建,主要提供 IT 方面的电子图书。

目前 Safari 系统中已有 1 万余种图书,70% 是 2000 年或以后出版的,在 Safari 系统中可看到较其印刷版更早地出版的电子图书。

（4）SpringerLink **电子丛书**

德国施普林格(Springer-Verlag)是世界上著名的科技出版集团,通过 SpringerLink (http://springer.lib.tsinghua.edu.cn/)系统提供其学术期刊及电子图书的在线服务。自 1998 年夏季 Springer 把第一册电子版的 Lecture Notes in Computer Science(《计算机科学讲义》)在 SpringerLink 的电子出版物平台上出版以后,以丛书系列为主的 SpringerLink 电子丛书数据库一直快速发展,占科技电子图书出版市场领先地位。至 2009 年 12 月 Springer 公司提供 36 000 多种图书、1 000 多种丛书、160 多种参考工具书,内容涉及数学、物理、化学、生物、信息、计算机、地球科学及环境等。进入数据库后可直接浏览,也可按全文、标题、摘要、作者和 ISBN 等字段进行检索。

（5）Wiley **电子图书及参考工具书**

John Wiley & Sons Inc 有着近 200 多年历史，是一家国际知名的专业出版机构，在化学、生命科学、医学以及工程技术等领域学术文献的出版方面颇具权威性。Wiley InterScience（http://www3.interscience.wiley.com/）是其综合性的网络出版及服务平台，在该平台上除了提供 1 500 多种全文电子期刊外，还提供 4 个专业领域的 7 900 余种电子图书、100 多种手册及百科全书等参考工具书的服务。Wiley 电子参考工具书（Reference Works）提供许多著名和独特的参考工具书的在线版本，结合强大的查询和参考链接功能，提供获取世界上最权威和最全面信息的途径，专业领域包括化学、工程、生命科学和医学、地球和环境科学、物理及心理学等。

（6）NAP **电子图书**

The National Academies Press（NAP）是美国国家科学院下属的学术出版机构，主要出版美国国家科学院、国家工程院、医学研究所和国家研究委员会的报告。每年出版 200 种工程学、医学及建筑学权威书籍，目前通过其站点（http://www.nap.edu）可免费在线浏览 3 600 多种电子图书。电子图书采用 PDF 文档格式，保持了书的原貌，并提供网上免费浏览；可进行全文检索、打印（一次一页）；可按学科分类浏览，也可输入检索词，在书名或全文中检索。在每一本书中可像阅读印刷本图书一样按目次和章节阅读，也可输入检索词进行全文检索，然后直接单击进入有关的章节或页面。

（7）World Scientific Publishing **电子图书**

新加坡世界科学出版社（WSP）是亚洲著名的出版社，它的电子期刊数据库 WSN 早已为大家所熟悉。WSP（http://ebooks.worldscinet.com/）现有近 1 000 种电子图书，超过 250 000 页内容的图书，每年出版超过 300 种主题图书。其内容涉及商业、管理、化学、计算机科学、经济、统计、工程、环境科学、历史科学、生命科学、材料科学及数学等主题。

7.3 国外专业性文摘数据库检索

7.3.1 化学文摘检索系统（SciFinder）

《化学文摘》CA 及其 Web 版的 SciFinder 数据库是化学和生命科学研究领域中不可或缺的参考和研究工具，也是资料量最大、最具权威性的出版物。

（1）美国《化学文摘》（CA）数据库简介

网址：http：//www.cas.org。

美国 Chemical Abstracts，简称 CA，创刊于 1907 年，由美国化学文摘服务社（Chemical Abstracts Service，CAS）编辑出版。

印刷版的 CA，是检索历史上最为悠久的检索工具之一，与检索鼻祖 EI（美国工程索引）齐名。CA 是世界上最大的化学文摘库，是最具世界权威性的化学化工文献检索工具，被誉为"打开世界化学化工文献的钥匙"。

1998 年 CAS 特别为学术研究单位而推出其学术版 SciFinder Scholar（另一版为商业版 SciFinder）。CA 除印刷版、光盘版、网络数据库外，还有联机数据库，在 DIALOG 等系统提供联机检索服务。

CA 及其 SciFinder 反映了当前世界上化学化工领域的最高水平、最新成就以及发展趋势，堪称是世界上收录范围最广、信息量最大、利用率最高、编排最科学、最权威的文献检索工具之一。图 7.4 是美国化学文摘社 CAS 的网站首页。

图 7.4 美国化学文摘社网站首页

在 CAS 网站的首页的显要位置上列出了一些重要的关键词，它们是 CAS，ACS，STN 等。它们之间是什么关系呢？

1）CAS 是 ACS 的一个下属机构

美国化学文摘社 CAS 位于美国俄亥俄州哥伦布市，是美国化学学会（American Chemical Society，ACS）的一个分支机构，负责整理并发行化学文摘及其相关产品。美国化学学会的出版系统，除了 SciFinder 外，其他还有该学会自己发行、出版的 ACS 全文电子期刊（又称 ACS

全文数据库、ACS 网络版）。

2）从哪些地方能检索到 CAS 的数据库

化学文摘社的数据库可通过 STN 或 SciFinder 来检索。

STN（The Scientific & Technical Information Network）检索系统是由美国化学学会化学文摘社、德国莱布尼茨学会卡尔斯鲁厄专业信息中心等共同经营，提供化学文摘等各学科数据库检索服务，包含 STN on Web、STN Express 网络检索服务和 STN Ana Vist、STN Viewer 软件工具。

SciFinder 是化学文摘社自己开发的检索软件，定位于服务商业客户，同时它也有服务科学研究的 SciFinder Scholar 版。

CA 自创刊以来先后出版有印刷版、缩微版、机读磁带版、光盘版、远程联机、网络版等多种出版物，一直同步发行，以下只介绍网络版 CA，即 SciFinder。

（2）SciFinder 概况

网址：https://scifinder.cas.org。

CAS 于 1995 年推出了 CA 网络版 SciFinder，它是最先进的化学文献检索和研究工具软件。它有两种版本，即 SciFinder 和 SciFinder Scholar，前者是主版本，后者是大学版本或称学术版本。后者带有优惠大学生的性质，价格比较便宜，专为培养大学生毕业后在研究机构、公司企业工作时熟悉使用 SciFinder 而出版的。

SciFinder Scholar 既适合作为学生实习性质的检索工具，同时也是正式检索工具。它们检索方法相同，唯一差别在检索功能上。SciFinder 比 SciFinder Scholar 多一个序列检索（Blast）、Panorama 分析功能和 Keep me posted 功能。其中，Blast 功能是方便科研工作者进行序列检索，包括核酸和蛋白序列检索；Panorama 功能是方便科研人员进行全景分析，找出两个交叉学科或领域共同的文献；Keep me posted（保持联系）功能是一种定题服务功能，设定该检索方式后，SciFinder 会定期检索一次，并把结果通告用户。

SciFinder Scholar 不仅仅是 CA 印刷版的电子化和网络化的拷贝，它更整合了 Medline 医学数据库、世界各国近 50 家专利机构的全文专利文献以及 CA 从 1907 年到现在的所有文献和部分 1907 年以前的文献。它涵盖的学科有应用化学、化学工程、普通化学、物理化学、生物学、生命科学、医学、聚合物化学、材料学、地质学、食品科学及农学等。

可通过网络直接检索 CA 1907 年以来的所有相关期刊论文和专利文献以及 7 200 余万种化学物质记录和 CAS 登录号。

SciFinder 运用导引检索的方式让研究用户不需经过专门训练，就能轻松地检索 CAS 的所有专业数据库。根据统计，全球 95% 以上的科学家们对 SciFinder 给予了高度评价，认为它加快了他们的研究进程，并在使用过程中得到了很多启示和创意。

（3）SciFinder Scholar 的检索方法

SciFinder Scholar 提供层级式菜单检索：即通过一层一层点开菜单，选择相应的检索入口和检索点进行检索。当注册成功后,重新登录该网站,就直接进入 SciFinder Scholar 的检索页面(见图 7.5)。

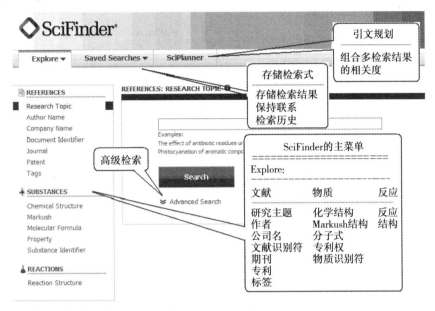

图 7.5　SciFinder Scholar 的检索主页

SciFinder Scholar 的主检索界面中,横列着 3 个菜单功能,最主要的是"检索"(Explore)菜单,它包括检索文献、物质和反应 3 个方面。检索文献菜单支持对研究主题、作者、公司、期刊、专利等的检索;检索物质包括对化学结构、分子式、专利权人等的检索;检索反应只包括检索反应结构。

存储检索式菜单包括存储检索结果、保持联系和检索历史 3 个方面。引文规划菜单包括按相关度重组多项检索结果。

在 Explore 的检索主界面上列出了 Explore 的 3 种检索模式:Explore References,Explore Substances 和 Explore Reactions,它们分别用于对书目数据库(CAplus 和 MEDLINE)、化合物数据库(CAS Registry)和化学反应数据库(CASREACT)的检索,每一种检索模式下又有不同的检索途径。

虽然 3 种检索模式是对不同数据对象进行检索,但 SciFinder 实现了对存储在多个数据库中的书目信息、化合物信息和化学反应信息的有效关联,真正实现了一站式检索。

另外,由于在系统后台有 CHEMLIST 和 CHEMCAT 数据库的支持,在检索到化合物后,可方便地利用这两个数据库查看化合物的商品订购信息及重要化学品市场上化合物的管制信息。

SciFinder 具有强大的检索功能,它所具有的灵活多样的检索途径和独具特色的化学检索方式,是世界任何其他文献检索工具所不可比拟的,能基本满足用户系统的查全、查准。

（4）SciFinder **检索实例**

【检索实例】 检索城市雾霭。

图 7.6 是检索"城市雾霭"（city fog）的检索备选结果列表。

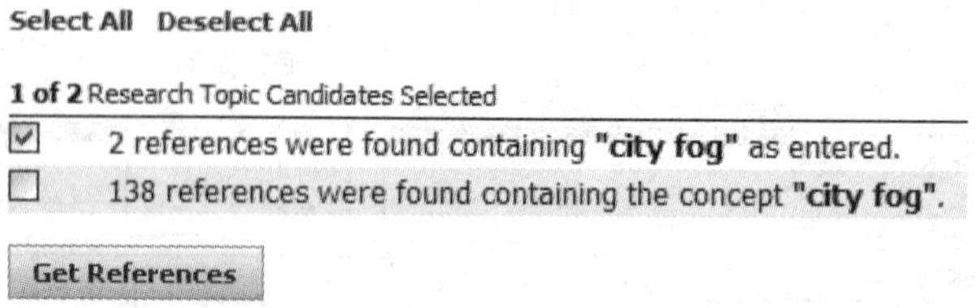

图 7.6 city fog 的检索备选结果列表

7.3.2 工程索引（Engineering Village 2）

（1）美国《工程索引》EI：工程技术领域文献的首选工具

网址：http：www.ei.org。

美国《工程索引》（*The Engineering Index*，EI 或 Ei）在世界的学术界、工程界、信息界中享有盛誉，是著名的世界 4 大检索工具之一，也是历史最为悠久的一部大型综合性检索工具。它创刊于 1884 年，多年来一直由美国工程信息公司（The Engineering Information Inc.）经营，现为 Elsevier Engineering Information Inc.编辑出版。

1）EI 的发端

EI 最初发端于美国工程学会会刊的索引专栏，由华盛顿大学的约翰逊教授（J. B. Johnson）主持，可以说现代所有检索工具都是从这个 Index Notes 专栏开始的。它是一种文摘性附属栏目，文摘比较简短，一般是一两百字的指示性文摘，指明文章的目的、方法、结果和应用等方面，不涉及具体的技术细节，而且是不定期出刊。文摘条目按其内容分别编排在有关标题词下，标题词按字母顺序排列。《工程索引》报道的文献资料均是经过有关专家、教授、工程师精选的，具有较高的参考价值，是世界各国工程技术人员、研究人员经常使用的检索工具之一。

EI 也是最早进入电子化文献领域的数据库先驱之一，早在 20 世纪 70 年代，计算机率先进入文献情报领域时，EI 就作为国际联机 Dialog 系统中的 8 号文档颇受全世界工程技术人员欢迎。1988 年 EI 与美国银盘公司合作，推出 Compendex Plus 数据库光盘。EI Village 将 EI 的原有的"精华"（具有发展前途的技术文献）和世界工程界、科技界、管理领域等新的技术、管理信息资源加以组织和集成，提供一步到位的桌面服务。集成的信息资源包括 EI Compendex Web 和其他 250 个数据库、标准、专利，还有分布在世界各地的 16 000 多个网络站点。

EI 所报道的文献，学科覆盖面很广，涉及工程技术各方面的领域，但不收纯理论性的基础学科文献和专利文献（在 EI Village 2 中则扩充了检索美国和欧洲专利，当然，这也并不意味着 EI 改变了不收专利的传统）。

2）EI 的出版物

EI 的出版物种类很多,既有印刷型,也有缩微型、机读型和光盘型,而且还有国际联机检索系统中使用的数据库。

EI 的机读产品,多以"Compendex"为名,该词是由"Computerised Engineering Index"(计算机化的 EI)缩略而成的。

（2）EI Village（**工程信息村**）和 EI Village 2

1）Ei Village 概况

Ei Village 为美国工程信息公司 1995 年开发的基于因特网的集成信息查询服务项目,它将 16 000 个对工程技术人员极有价值的网上地址和资源组织在一起,为用户提供服务。其中,Ei Compendex Web 为 Ei Village 的核心数据库。Ei Compendex Web 是由《工程索引》数据库"Ei Compendex"和"Ei PageOne"合并而成的网络版数据库。

1998 年 4 月,在清华大学图书馆建立了 Ei Village 中国镜像站点,并正式开通服务。2000 年美国工程信息公司在 Ei Village 的基础上又开发了 Ei Village 2,为 Ei Village 第二代产品,除核心数据库 Ei Compendex Web 外,还增加了包括专利在内的许多数据库。Ei Village 2 支持在同一个检索平台上对这些数据库进行检索。通过 Ei Compendex Web 检索到的文献,增加了链接到全文文献的服务,目前能链接到全文的期刊出版社有 E1sevier Science 等多家。如果用户购买了这些出版社的电子期刊的使用权,即可直接链接相应的电子版全文。Ei Village 2 还可链接到本地图书馆的联机公共书目系统(OPAC 系统)。

访问清华大学图书馆的镜像站点 Ei Village 和 Ei Village 2,都是通过 IP 地址控制使用权限,登录访问比较方便。

2）Ei Village 的组成

Ei Village 由 11 个区域构成,即国际工程中心、旅游服务、商业和经济区、大会堂、工业市场、科研开发区、图书馆、国际大厦、新闻与气象局、人才与教育中心以及万象数据库。这其实就是 11 个大类,各大类下又逐级细分,如图书馆下分 Ei Compendex Web 数据库服务、书库、电子期刊阅览室等许多小类。各小类下又进行了细分,如在书库类目中提供了与各个图书馆的链接,其中有一般图书馆、工程图书馆、虚拟图书馆等,还介绍了各类图书及其订购的途径和方法。在期刊类目中,介绍和推荐了许多期刊,在电子期刊阅览室中提供了各种电子期刊的介绍等。

Ei Village 2 系统中 Ei Compendex Web 的检索界面继承了 Ei Village 检索系统简洁的特点,且更明了清晰。各功能模块分列,提示明确,易于使用。

（3）Ei Village 2 **中其他数据库**

以下所列数据库基本上都是免费的:

1）CRC ENGnet BASE 数据库

该库由 CRC Press 编制,用于访问 CRC 出版的联机工程手册类信息、Thomas 出版公司的产品信息,以及查找 Compendex,INSPEC,USPTO 等数据库中检索到的专业词汇的注解。

2)Techstreet 标准数据库

该库是世界上最大的工业标准集之一,收集了全球 300 多个组织(如 ASTM,IOS,ANSI,IEEE 等)制订的工业标准和规范,并向技术专家提供关键信息资源和信息管理工具。

3)USPTO 专利数据库

美国专利和商标局(The United States Patent and Trademark Office)的专利全文数据库,可查找 1790 年以来的 600 多万条专利全文。若用户在 Compendex,INSPEC,Scirus 等中检索到有关流程、工艺和产品的专利,可在 USPTO 中浏览详细背景知识。

4)esp@cenet 数据库

由欧洲专利局(EPO)编制,可查找欧洲各国专利局及欧洲专利局、世界知识产权组织和日本专利。

5)Scirus

这是目前 Internet 最全面的科技搜索引擎,涵盖超过 1.05 亿个科技相关的网页。

【小结】

Ei Village 2 在同一个检索平台上实现了多个数据库的资源整合,形成了一个多学科、多文献类型的数据库集成系统。收录资源涉及学科范围进一步扩大,遍及所有科学、应用科学和工程技术的相关主题,并大量增加了电气工程、电子技术工程、物理、控制工程、信息技术、通信、计算机等各方面的科技文献。

从文献类型来看,除了可检索大量的期刊、会议论文和技术报告外,也可检索权威的专利和标准文献。既可进行文献资源的查验,也可进行专业术语的求解、作者资料的查找、相关网址的搜索等基于事实和数据的检索。另外,通过提供题录、文摘显示和全文链接,实现题录、文摘和全文的一站式服务。

(4)Ei Village 2 的检索方式

前文只是介绍了 Ei Village 2 平台上一些外围数据库以及免费数据库的检索和使用,此处将详细介绍其主要基于 Compendex Web 的检索特点。

Ei Village 2 平台为用户提供多种选择,但检索方式主要有 3 种:快速检索、专家检索和词表助检。而检索可选项有 6 种,因此,也可以说具有 6 种检索方法。图 7.7 是其快速检索的界面。

1)浏览索引(Browse Indexes)

包括"Author"(著者,包括了专利发明人 Inventor)、"Author affiliation"(著者单位,包括了专利权人 Assignee),用户可根据课题需求任选其中的一个进行浏览检索。这是第一个可以选择的检索功能。

"Browse Indexes"用于帮助检索者在选用"Author""Author Affiliation""Controlled Term"

"Source Title"和"Publisher"字段检索时利用索引文档中找到最恰当的检索词。"Auto stemming off"用于关闭词根检索功能。

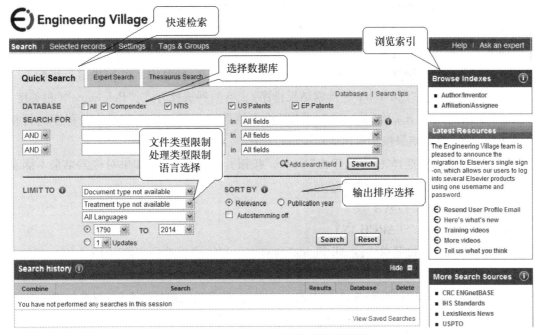

图 7.7　Ei Village 2 的快速检索画面

2）快速检索（Quick Search）

①选库、选字段、选限制条件、选输出排序方式

快速检索选择使用 1~3 个检索字段对选定数据库进行检索。每一检索行的检索字段用右侧的下拉菜单选择。检索框内的检索词可以是单词、词组或用逻辑算符连接的多个词（组），也可以使用其他检索算符。各检索行之间的逻辑关系用左侧的下拉菜单指定。

第二个可供选择的选项为选择数据库，包括 Compendex（工程索引数据库）、NTIS（美国政府报告数据库）、US Patents（美国专利）、EP Patents（欧洲专利）。屏幕右下角还能选择更多免费数据库，如 CRC ENGnetBASE（CRC 工程数据库，包括土木、电子和机械工程。CRC netBASE 是一系列专注于不同学科领域的参考工具书在线数据库。它汇集了全球主要的参考出版物，其中多个 netBASE 均是获奖出版物，被很多著名的图书馆学、信息学期刊所推荐）、HIS Standards（医院信息管理系统标准）、LexisNexis News（EI 新闻）、USPTO（美国专利和商标局）等。

在检索前应对这些数据库所包含的内容作详细了解，以查找正确内容，如果选错数据库便查不到所需内容。

第三个可供选择的选项为数据库下拉菜单"Search in"（检索字段）。用户可根据检索需求选择欲检索的文献所属的字段，如果欲检索的文献跨越多个学科，可用其默认选项"All fields"（所有字段），选择正确合理的检索字段可以节约时间及资金。

第四个可供选择的选项为数据库下拉菜单"Limit to"(限制范围)。这里提供4个下拉菜单分别是:"Document type"(文献类型),默认值为所有文献类型;"Treatment type"(处理类型),默认值为所有处理类型;"Languages"(语种),默认值为所有语种;时间选择,默认时间段为1790—2014年。

第五个可供选择的选项为"Search for"(检索内容),检索词在填写过程中可选择一个,也可选择多个。如果选择多个,在检索词之间可用布尔逻辑 AND,OR 和 NOT 进行组配。

最后一个选项是"SORT BY"(检索结果排序)。有两种选择方式:"Relevance"(相关度)和"Publication year"(出版年限)。"相关度"检出结果按文章与检索词的相关程度进行排序;"出版年限"检出结果按文章出版年限进行排序。

所有选项由用户选择完毕后,单击"Search"按钮开始进行检索,如果对检索结果不满意可按"Reset"(重置)重新选择检索。

②Quick Search 的检索步骤

A.选择检索字段(SEARCH IN)

在"Search in"下拉菜单中除 All Fields(所有字段)外,可供选择字段有 15 个。

B.输入检索式

在检索式(SEARCH FOR)文本框中输入检索词,最多只能选择 3 个词,且分别输入 3 个文本框中,检索词之间可以选择 AND,NOT,OR 相连。

C.利用系统词典浏览索引检索

对于 Author(作者)、Author affiliation(第一作者单位)、Serial title(刊名)、Publisher(出版社)、Ei controlled term(Ei 受控词)等字段,系统提供了相应的索引词典供检索使用。索引词典将为用户提供适宜的词语用于检索。

D.限定检索范围

在检索限定(LIMIT BY)下有 4 种下拉菜单,分别是用于文件类型、处理类型、语种及时间的限定。使用此方法,使用用户的检索结果更为精确。

E.检索

单击"Search"按钮即可进行相应的检索,用户若需要中止检索过程以开始一次新的检索,单击"Reset"(复位)按钮,则会清除前面的检索结果。

【检索实例】 查找专家系统在锅炉自动控制中的应用。

在快速检索中的两个检索输入框中分别输入"expert systems""boilers",因缺省逻辑关系是 AND,因此直接单击"检索"按钮,于是得到 234 篇文章,如图 7.8 所示。从图中可知,EV2 将自动生成标准检索式,并将其显示在检索结果命中记录数、检索数据库和时间段之后。

3)专家检索(Expert Search)

专家检索又称为高级检索、专业检索等,能给用户提供较多的功能和灵活性。它结合布尔逻辑和更多的优于快速检索的检索选项。专家检索画面如图 7.9 所示。

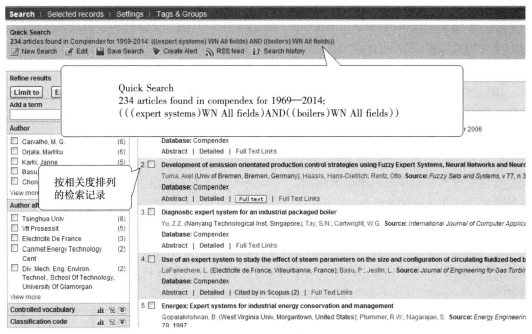

图 7.8　在 EV2 中检索"专家系统"and"锅炉"的文章

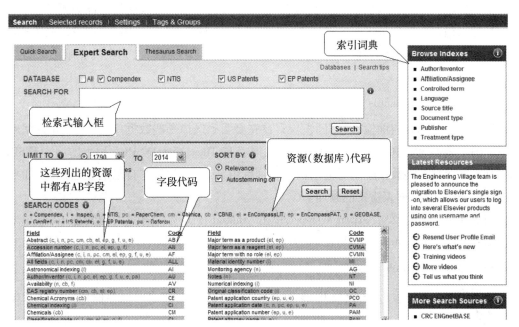

图 7.9　专家检索的画面

专家检索在快速检索的基础上作了一些调整,第一个调整的选项为"Browse Indexes"。其将 Quick Search 中"LIMIT BY(限制范围)"中的 3 个下拉菜单:"Document type""Treatment type"和"Languages"纳入进来。加上原来的"Author""Author affiliation""Serial title""Publisher""EI controlled term"(EI 受控词)共 8 个选项,用户可根据课题需求直接按原来的 5 种

选项进行检索,也可按文献类型、处理类型和文种进行检索。

第二个调整的选项为"SEARCH FOR"(检索内容)。它去掉了原先的3行检索框而代之以一个大的检索框,不再提供逻辑匹配下拉菜单,而由用户自行填写布尔运算符。看上去好像很麻烦,实际运用起来较快速检索更灵活,用户选择余地也更大。

第三个调整的选项为取消了"SEARCH IN"(检索领域)选项,增加了"SEARCH CODES"(检索代码)选项,其内容主要包括 Ti(论文标题)、AU(作者)、AF(作者单位)、AB(英文文摘)、ST(论文所在期刊名称)、IS、VO(卷,期)、XP(论文页码)、LL(分类码)、MH、CV(主题词)等,供高级检索者构造检索策略时对照。

专业检索的其他项与快速检索相同。对那些比较熟悉工程索引著录格式的人来说,专业检索提供了更灵活的检索方法,可快速达到所需检索的深度和广度。对那些不熟悉工程索引著录格式的人来说,快速检索则更方便一些。

在专家检索中用户可以使用更复杂的检索表达式进行检索。专家检索中有一独立的检索框,用户采用"within"命令(缩写:wn)和字段码,将检索限定在特定的字段内进行。书写格式为

〔检索词或词组〕wn 检索字段代码

用户既可用单一字段进行检索,也可通过逻辑运算符对多个字段进行组合检索。在检索框中,输入要检索的术语,如果要精确检索一个短语,可用括号或引号将此短语括进去。

在专家检索模板中也可对文件类型、处理类型、语种进行限定,用户可直接在检索框中限定处理类型。在专家检索模板下,系统不会自动进行词根运算,检索出的文献结果将严格与输入的检索词匹配。

4)词表检索(Thesaurus)

词表检索又称词表助检,使用词表检索首先要明确选择哪些数据库,因为不同数据库使用不同的主题词表。例如,Compendex 用主题词表 Ei Thesaurus,INSPEC 用主题词表 INSPEC Thesaurus。而且有些数据库不对记录做控制词标引,因而也就没有自己的主题词表,如数据库 NTIS。图 7.10 是词表检索的画面。

图 7.10 中已经输入了 expert systems,单击"Submit"(提交)按钮后,检索出 12 条与之匹配的词或词组,如"artificial intelligence"(人工智能)等。

5)标签检索(Search Tags)

利用检索窗口上方的"Tags+Groups",可对公共开放标签记录及有权限访问的标签记录进行检索。

EV2 支持布尔逻辑 AND,OR,NOT;截词符有"*"和"?";使用西文双引号或大括号进行词组检索。

用 NEAR 作为位置算符,限定用它连接的两个词(组)在记录中的位置关系,用法是 NEAR/n。其中 n 为包括数字 0 在内的自然数,限定前后两个词(组)在记录中同时出现,且二者之间的距离不超过 n 个单词,如"laser NEAR/5 diode WN TI"。如果希望二者在记录中

出现的顺序同当前的键入顺序,可以在 NEAR 前加字母"O",即 ONEAR。例如"Space ONEAR/0 stations WN AB"(在文摘字段查"空间站",且"空间"与"站"之间无另外的词)。如果没有数字 n,相当于使用默认数字"4",即"Space NEAR stations"等同于"Space NEAR/4 stations";用位置算符连接的检索词(组)不得使用截词符、圆括号、大括号和引号;在 EV2 中位置算符仅适用于数据库 Compendex,INSPEC,NTIS 和 Referex。

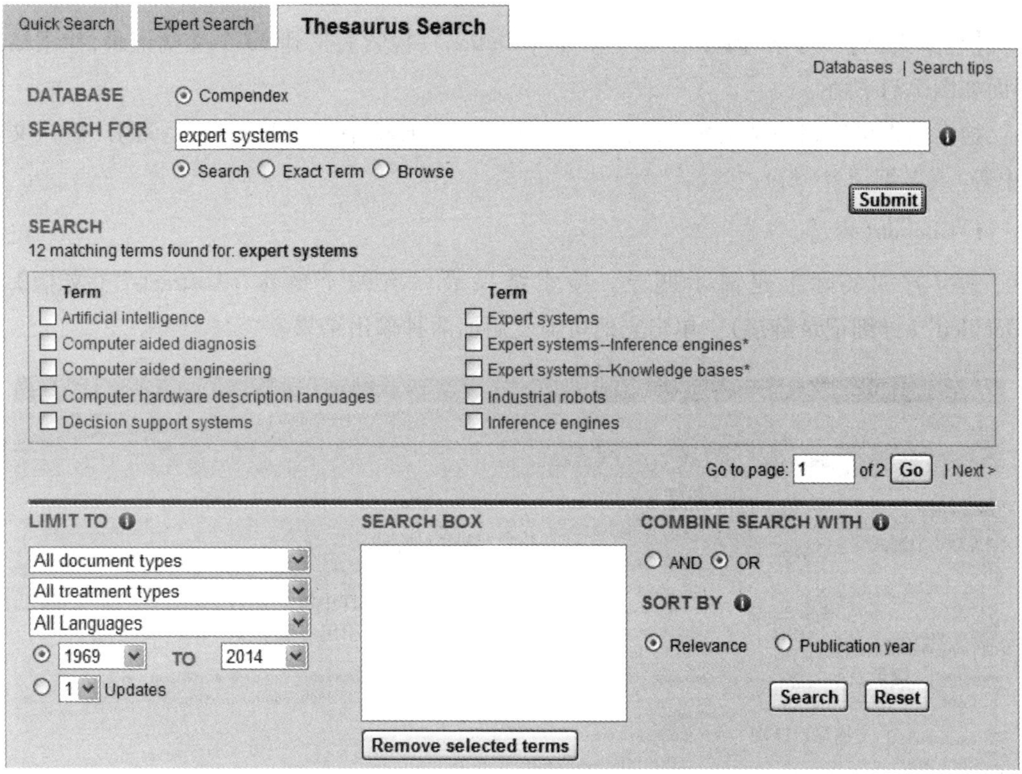

图 7.10　EV2 的词表助检画面

6)自动词根检索(Auto stemming)

EV2 具有自动执行词根检索以扩大检索范围的功能。当检索者希望对某个单词的所有变格形式同时检索(各变格形式单词之间逻辑关系为"或")时,仅需键入其中的一种形式,系统会在分析检索词的词干后自动对相同词根的所有词进行检索。例如,键入"controllers",将检索到含有"controllers""control""controlling""controlled""controls"等记录。

在 QuickSearch 检索方式下,默认开启自动词根检索的功能,除非勾选"Auto stemming off"以关闭此功能。用词组检索时,词根检索不起作用。在 Expert Search 检索方式下,用词根检索算符"＄"实现词根检索,如 ＄ controllers。

此外,可用 SPACE(空格)、PERIODS(句点)、UNDERLINE(下画线)、ASTERISK(星号＊)来间隔检索词。两词间插入空格,表示两词相邻,词序不变,中间不可插词。两词间用句点隔开,表示中间可插词,如 3 个句点,表示最多可插 3 个词,词序不变。两词间用下画线,表示这两个检索词出现在同一标题、同一句子、同一主题词中,词序可变。两词间用"＊"号,表示两个检索词出现在同一标题或同一文摘中,两个主题词的词序可变。

（5）检索结果的显示与利用

检索结果首先以列表的形式显示（每条记录是以 Citation 的形式显示）。每个页面上显示 25 条记录。

【检索实例】 检索"海洋污染"（ocean pollution）,检索后得到 30 个文摘记录,检索结果界面如图 7.11 所示。

检索结果可按相关文献排列或按出版年份分类。EV2 有 3 种显示方式:索引（短）、文摘（中等）或详细记录（长）。

1）Citation（索引）方式

索引方式实际上是显示题录。检索结果最后有两个链接"Abstracts"（文摘）和"Detailed"（详细记录链接）。单击它们可显示后面两种输出结果。

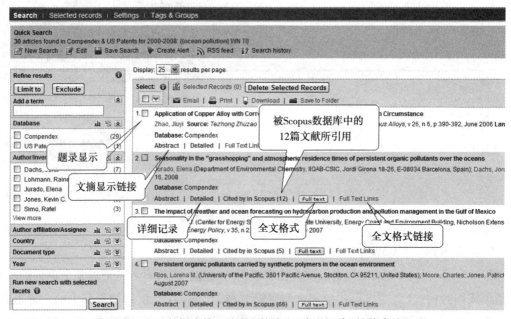

图 7.11　EV2 数据库的 3 种显示格式和"海洋污染"的检索结果

2）Abstract（文摘）方式

文摘方式中显示结果包括主要字段、Abstract（文摘内容）、EI controlled term（受控词,检索使用的词为红色,未使用的相关词为蓝色）、Database（检索的数据库名称）及 Links（相关链接）等。

3）Detailed Record（详细记录）方式

单击 Detailed（详细记录链接）进入详细记录显示方式。在 Detailed Record 显示页面,可看到 Compendex 数据库的受控词及作者姓名均为超级链接形式。单击受控词,系统将检索出数据库中用户最初检索时所选定的时间范围内含有该受控词的所有记录。单击作者姓名,系统将检索出数据库中自数据库建立以来(1969 年)该作者的所有记录。

图 7.11 中的"Cited by in Scopus(12)"表示该篇文章被 Scopus 数据库检索的期刊(或会议)中其他文章引用了 12 次。Scopus 是 Elsevier 出版公司提供的一个新的导航工具,收录了 15 000 多种同行评审的出版物,主要为期刊,内容涵盖了世界上最广泛的科技和医学文献的文摘、参考文献及索引。

(6)检索举例

【检索课题】 在 EI 数据库中检索 2000—2008 年海洋污染方面的文献。

【分析课题】 本课题要检索文献的主题是:海洋污染,ocean pollution。

【选择检索词、编制检索式】 为了得到相关性较高的文献,选择 Title 检索途径,检索词为 ocean pollution,检索式为((ocean pollution)WN TI),(将其定为检索式#1)。

【检索步骤】 进入数据库检索的快速检索(Quick Search)界面。

①在检索词输入框中输入:ocean pollution,选择"Title"(标题)检索字段,在检索限定栏选定检索时间段:2000—2008,单击"Search"检索,显示检索结果有 30 条记录,画面见前述的图 7.11。

②利用检索结果右边的 Refine,可依次选择浏览这 30 条检索结果中发文最多的作者、单位等。

7.3.3 英国《科学文摘》——INSPEC 数据库

(1)INSPEC 数据库介绍

网址:http://www.isiknowledge.com/Inspec。

《科学文摘》(Science Abstracts,SA),其印刷版创刊于 1898 年,比 EI(1884 年)晚 14 年。《科学文摘》出版 5 个分册:A 辑物理文摘、B 辑电气与电了工程文摘、C 辑计算机与控制文摘、D 辑信息技术文摘、E 辑生产和制造工程学文摘。

其电子版称为 INSPEC(International Information Service for the Physics and Engineering Communities),其检索语言——INSPEC 叙词表也用同样的命名。该数据库由英国电气工程师学会(Institute of Electrical Engineering,IEE)出版,INSPEC 是国际上权威的科技文献文摘索引数据库。

(2)INSPEC 的检索方法

因为 INSPEC 数据库很受科技人员欢迎,因此,许多检索平台将其纳入自己麾下,如本章上一节 Ei Vallage 2 平台中也能检索到它。本节介绍基于 ISI Web of Knowledge 平台的 IN-

SPEC 数据库检索。

1）数据库检索

①选择检索范围及检索方式

由于 INSPEC 已经整合在 Web of Knowledge 平台中，因此 INSPEC 数据库首页面与 Web of Science 的界面具有类似的风格。检索结果的显示界面和处理方法也与 Web of Science 相同。请读者参考 Web of Science 的有关介绍。

②检索（Search）

在 Web of Knowledge 平台上单击"选择一个数据库"，在后续页面上选择"Inspec"，即进入数据库检索页面。数据库提供两种语种的检索页面：简体中文、English；提供两种检索途径：检索（Search）、高级检索（Advanced Search）。

a.提供 3 组检索词输入框，通过下拉菜单来限定检索词出现的字段，如主题、标题、作者、出版物名称、出版年、地址、受控词索引、分类、数值等；通过"添加另一字段（Add Another Field）"可再增加一个检索词输入框。两组检索词之间可选择下拉式布尔逻辑算符"AND，OR，NOT"进行组配。

b.检索框下方提供了入库时间（Time Span）的限制。

③高级检索（Advanced Search）

使用字段标识（如 AU＝Park YC）、检索式组配（如 #1 AND #2)或二者的组配（#1 and AU＝Park YC)来检索记录。允许使用布尔运算符和通配符。检索框下方提供了入库时间（Time Span）、语种（Languages）、文献类型（Document Types）、文献处理类型（Literature Types）的限制。检索结果显示在页面底部的"检索历史"中。例如，要检索作者 Park,Y.C.发表的主题涉及 nanolithography 的论文，则可在检索框中输入如下检索式：AU＝Park YC and TS＝nanolithography。

④检索算符

A.布尔逻辑算符

布尔逻辑运算符 AND，OR，NOT 可用于组配检索词，从而扩大或缩小检索范围。

B.通配符

星号 ＊，在词中或词尾代表多个字母，如 transplant ＊，可检索到 transplantation，transplanting 等；问号?，代表 1 个字母，如 transplant??，将检索出 transplanted，transplanter 等；＄代表一个字符或无字符，如 vapo ＄ r，将检索出 vapor，vapour 等。

C.位置算符

SAME，表示两个检索词出现在同一个子字段中，词序任意。子字段可以是文献题名、摘要中的句子或者单个地址等。

D.精确检索

检索精确短语，须使用双引号。

2）检索实例

【检索实例】　检索专家系统 AND 锅炉。

在 ISI 统一风格的平台上选择数据库 INSPEC 后，在检索框中输入"expert systems and boilers"，检索后得到 97 条记录（见图 7.12）。

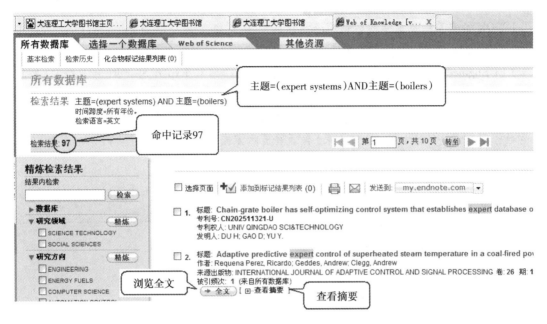

图 7.12　在 ISI 平台上检索 INSPEC 数据库

在图 7.12 中，单击题录之下的"查看摘要"，就会弹出一个小框，显示文摘信息；如果命中文献的题录有全文链接的话，会出现"全文"的链接标志，单击"全文"就能浏览整篇文章。

3）检索结果的分析及处理

在图 7.12 中单击"全文"时，系统会跟随鼠标光标出现"查看来自出版商的全文内容"的提示。随后立即打开 Wiley Online Library 的阅读器，在该阅读器中展现文章全文。

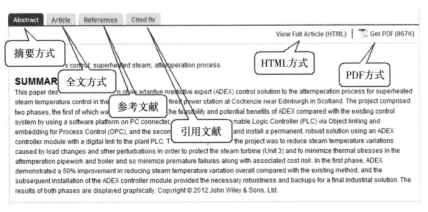

图 7.13　浏览检索文献的多种显示方式

同一个文摘或全文,都有多种显示方式,图7.13中显示的记录是摘要方式,同时还支持"Article"(即全文)方式,以及显示参考文献和引用文献,栏内右边还有 HTML 和 PDF 两种显示方式。

【思考·练习·讨论题】

1.WOK 检索系统包括哪些数据库资源?

2.EI Engineering Village 2 的检索方法有哪几种?

3.EI Engineering Village 2 的 Quick Search(快速检索)和 Expert Search(专业检索)的区别是什么?

4.EI Engineering Village 2 检索途径(Browse Index 浏览索引)共有多少个选项? 可供选择的数据库有哪些? Results(检索结果)有哪些显示方式?

5.检索中山大学邓少芝教授 2005 年以来发表在 IEEE 上的文献。

检索目的:掌握外文检索。

检索要求:

(1)确定主题相关的检索词。

(2)选择相应的检索数据库。

(3)按要求检出文章题录信息。

6.检索利用高效液相色谱法(HPLC)分析苏丹红的相关文献。

检索目的:掌握《化学文摘》外文检索。

检索要求:

(1)使用《化学文摘》进行检索。

(2)确定相关的主题词。

(3)按要求检索出文章题录信息3~5条。

第8章

特种文献信息检索

不要着急,最好的总会在最不经意的时候出现。

——泰戈尔

【本章提要】

特种文献是专利文献、标准文献、会议文献、科技报告及学位论文的总称。它们发行渠道特殊、出版形式各异,具有特殊的、其他文献所不能取代的价值,在信息检索方法方面也有别于图书报刊的检索。它们在传递科技信息方面发挥的作用往往比常规文献还要大。

特种文献的检索特点如下:

①特种文献检索工具所涉及的文献信息都具有特定的格式和标准。

②在检索方法上,主要是从著者名(专利申请人、持有人等)、机构名称、地区名称、号码(专利号、标准号)等途径进行检索。

③特种文献检索工具收录的文献一般质量较高、内容较新,参考价值较大。

检索特种文献的主要渠道如下:

(1)利用专门的数据库

由于特种文献包括专利、标准、学位论文等多种类型的文献,每一种不同类型的文献都有相应的专门数据库,如 Dervent Innovations Index(DII)是专用于检索专利文献的数据库,ProQuest Dissertations & Theses(PQDT)是专门检索学位论文的数据库,HIS 公司的 Worldwide Standards Service Plus(WWP)是专用于检索标准文献的数据库,NTIS 是专门检索美国政府科技报告的数据库等。

(2)利用综合性、专业性检索系统

检索特种文献除利用专门的数据库外,还可利用综合性检索系统来查询。例如,利用中国知网可检索学位论文、专利说明书、标准和国家科技成果,利用万方数据知识服务平台也可检索学位论文、专利说明书、标准和国家科技成果,还可查询我国政策法规。利用专业性

检索平台来检索特种文献,如在 ISI 平台、IEEE Xplore 平台上都能检索相关领域的会议文献和标准等。

(3)利用 OPAC 检索特种文献

利用中国国家图书馆的馆藏目录可检索该馆收藏的学位论文;利用国家工程技术图书馆的馆藏学术搜索,可查询国内外会议文献、科技报告、学位论文、专利、标准、法律法规等。利用国家科技图书文献中心的文献检索系统,可查询中外文的会议文献、学位论文、专利文献、标准与计量规程,以及国外科技报告等。利用 WorldCat(http://www.worldcat.org/)可查询 OCLC 成员馆的博硕士论文等。

(4)利用搜索引擎

利用 Google Patents(http://www.google.com.hk/patents)可免费检索、阅读美国的专利信息。其检索界面友好,浏览与下载功能更强大,利用 Google 的检索技术,关键词检索的结果更为准确和快捷。它与 USPTO 系统提供的数据基本一致。利用百度专利搜索(http://zhuanli.baidu.com/)免费检索中国专利中心的专利信息。

利用学术搜索工具也可检索特种文献。例如,利用 Scirus(http://www.scirus.com)可免费检索国外会议文献、专利、学位论文;利用 E 读搜索(http://www.yidu.edu.cn/)可免费检索 Calis 成员馆的学位论文;利用读秀学术搜索(http://www.duxiu.com/)可检索国内外学位论文、会议论文、专利、标准;利用 CNKI 知识搜索(http://search.cnki.net/)的学术文献频道,可检索学位论文、会议论文、科技成果、中国专利、国内外标准;利用万方数据 iLib(http://scholar/ilib/cn/)可检索会议论文、专利、标准、法律法规、学位论文及技术成果等。

8.1　专利文献检索

专利文献是一种大型、密集的技术情报资源,技术内容新颖、先进、实用,文献内容集科学技术性、经济性与法律性于一体。

就技术信息而言,专利文献记载了人类所取得的每一个技术进步,是一部活生生的技术百科全书。

就法律信息而言,专利文献的权利要求书清楚简要地表达了请求保护的范围,也是判断是否侵权的法律依据,还对专利的有效性、地域性予以了规定。

就经济信息而言,专利文献与经济活动紧密结合,通过对专利文献信息的分析研究,可在国际贸易和引进技术活动中规避侵权、掌握主动,还可了解竞争对手的市场份额、核心竞争力、专利战略和技术发展动态。

专利文献的特点:一是数量庞大(海量资源,据统计,全世界每年出版的专利文献量达

150万件,全世界的专利文献数量目前累计已超过6 000万件,其中约2/3已过专利保护期,成为全人类可以无偿利用的共同财富);二是涉及技术领域广阔,从日常生活用品到尖端科技,大大小小的发明创造几乎涵盖了整个应用技术领域,技术先进,应用性强;三是内容详尽,新颖实用。专利法规定,专利说明书的编写应以内行人能看懂,并能实施为基本要求,因此,其技术价值和使用价值较高,对发明内容的揭示比较具体和充分,对于了解各个学科领域的最新发展水平,研究中少走弯路,有着很高的参考价值。

此外,专利文献还有重复报道量大、格式规范、内容烦琐、文体特殊、文字晦涩、题目笼统、可靠性难以保证、不交代技术关键等特点。不过这些不利的方面正是挑战文献检索能力和分析研究能力最好的试金石。

8.1.1　专利基础知识

(1)什么叫专利——"专利"的说法通常含有专利权、发明和专利文献三重含义

实行专利法和专利制度的根本目的在于鼓励发明创造,即利用法律和经济手段促进国家和社会的技术进步。那么什么是"专利"?

"专利"的说法通常含有专利权、发明创造、专利文献这三重意思:一是指专利权(patent);二是指取得专利权的发明创造(invention);三是指记载发明创造的专利文献(documents)。但一般最主要的含义多指专利权。这3种意思又都有各自不同的"三性"。

1)专利权——专利权的三性:排他性、时间性和区域性

专利的第一层意思是从法律的角度说的。专利权是作为国家专利局依照专利法授予发明人或申请人对某项发明创造在规定期限内享有的独占支配权。像其他任何知识产权一样,专利权具有排他性、地域性和时间性3大特点。

①排他性

排他性也称独占性、垄断性、专有性。专利法规定,未经专利权人许可,任何单位或个人不得实施其专利,即不得为生产经营目的而制造、使用或销售其专利产品、或者使用其专利方法。否则,就是侵权行为,要负法律责任。权利人可以自己行使这种权利,也可以转让他人使用,并从中获取报酬。

②地域性

专利的地域性是指一个国家或地区授予的专利权,仅在该国或该地区才有效。超出地域保护范围,其他人使用该发明则不受约束。

③时间性

专利权人只能在法律规定的期限内享有独占支配权,一旦期满,专利权自动失效,成为全人类的公共财富,任何人可以无偿使用。专利保护期的时间长短各国有不同的规定,发明专利一般自申请日或批准日起有效期为15~25年。

专利权一经丧失,相应的发明就变成"公知公用"的技术。因此,专利文献是一个由科技发展历史累积而成的技术宝库。

2）发明创造——专利技术的三性：新颖性、创造性和实用性

专利的第二层意思是从技术角度上说的，指的是受专利保护的技术发明，简称为"专利技术"。专利技术有 3 个特点：一是要获得批准的专利必须具有新颖性、创造性和实用性（这就是通常所说的专利审批的"三性"）；二是必须把发明的技术内容详细记录在专利说明书中，专利说明书由各国专利局公开出版发行，任何人均可购买和订阅，并可任意复制；三是专利技术受保护但却是不保密的，人人可以得到，但又不能随意使用或仿造（这正是专利的特殊性之一）。

①新颖性

新颖性即发明有创新之处。

新颖性的判据是在申请日以前没有同样的发明或实用新型在国内外出版物上公开发表过、在国内公开使用过或者以其他方式为公众所知，也没有同样的申请由他人向专利局提出过并记载在申请日之后公布的专利申请文件中。

这里所说的出版物是广义的出版物，不仅包括书籍、报纸、杂志等纸质载体，也包括录音带、录像带等其他载体。这里所谓的"国内没有公开使用过，或者以其他方式为公众所知"，是指不曾以商品形式销售过，或者不曾以技术交流等方式进行传播、应用。

但如果在该申请日之前，可检索到有同样的发明或实用新型已经由他人向专利审查机关提出过申请，并"白纸黑字"记载在此后公布的专利申请文件中，则新颖性立即丧失。

在专利申请中需注意发明的创新点，即与现有技术相比，体现某项成果的新颖性与先进性的技术特点。在实际查新工作中，新颖性查证就是通过将项目创新点（查新点）与可对比文献报道的现有技术，进行分析、对比，进而作出结论。

若查新项目的立题目的、技术领域、技术解决方案（其创新性体现在各"查新点"中），以及所获得的（或预期的）效果均与现有技术相同，那么，该项目缺乏新颖性。反之，则新颖性成立。

不过新颖性的判断也不是我们想象中的那么严格，如"磁化净水器"和"磁化杯"就其技术领域而言，都属于水处理装置；就其功能而言，都能对水进行磁化。然而，"磁化净水器"的目的是提供一种具有磁化功能的净化水的装置，而"磁化杯"的目的则是提供一种能磁化容器中饮用水的饮用器具。鉴于这两者的目的不同，且以"查新点"表述的技术方案主要特征和所获得的效果也有一定的差异，判断时就不能以"磁化净水器"作为现有技术来否定"磁化杯"的新颖性。

因此，在将发明创造提交申请以前，发明人应当对其发明创造进行新颖性调查和检索，对明显不具备新颖性的，就没有必要申请专利。

②创造性

创造性是指发明与以前的技术相比，有突出的实质性特点和显著的进步。

"实质性特点"是指与已有技术相比有本质的差异，有质的飞跃和进步。同时还应注意，这里对发明和实用新型的要求是不同的。

③实用性

实用性即发明必须能够制造、能够使用,具有应用价值,并能够产生积极效果。实用性是指申请专利的发明创造,能够在工农业及其他行业的生产中批量制造,或能够在产业上或生活中应用,并能产生积极的效果。

总的来说,以上"三性"就是授予专利权的实质性条件。同时,还应注意,要取得专利权的发明创造,还必须满足不违反国家的法律、不损害社会公德和公共利益,否则同样不能被授予专利权。

虽然无论哪种类型的专利发明,都需要这"三性"达到一定的程度,但每一种类型的侧重点却是不同的。对于发明,更加强调创造性;对于实用新型,更侧重实用性;而对于外观设计,新颖性却是首当其冲的要求。

3)专利文献——专利文献的三性:法律性、技术经济性和文体模糊性

专利的第三层意思是从文献角度谈的,是指由成千上万的专利说明书为主体构成的专利文献(见图 8.1),包括专利局所有的官方文件和全部有关专利的出版物。尽管广义地说,连专利法本身也毫无疑问是一种专利文献,但通常所指的专利文献,则主要指专利说明书。

专利说明书中载有发明内容的细节,其包含的权利要求书的部分则记载着发明创造受保护的技术范围,以便用作判断专利侵权的判据。

这种对发明进行报导和公开的专利说明书,既是一种法律文献,又是具有相当价值的技术情报。但专利文献在文体上也带有一定的模糊性(文字晦涩),因为它只是一种技术方法或技术方案,要实施甚至实现的话,往往需要一个物化、商品化的过程,甚至有时完

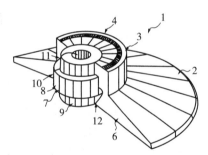

图 8.1　专利说明书中的插图

全不能实现。例如,一个配方专利,其每种组分的比例范围都很大,真要实验出它的结果,没有一年半载的功夫是无法完成的。又如,实用新型的附图,尽管标注得貌似详尽,但其中的关键部位往往有意作了模糊处理。为了达到用法律保护发明创造的目的,专利还常常使用上位概念或概括性强的术语(以期获得尽量大的保护范围),如"钢笔"往往会被描述为"书写工具","筛子"则被说成是"分选工具"等,使内容显得重复而又烦琐。

(2)专利的类型——发明、实用新型和外观设计

世界各国的专利大多分为 3 种类型:发明专利(invention patent)、实用新型专利(utility model patent)和外观设计专利(design patent)。

1)发明专利

发明专利是指对产品、方法或者其改进所提出的新的技术方案或技术思想。发明专利是一种有较高水平的新技术发明,或具有较高创造性的发明,也是一种最有价值的专利,受

保护的年限一般为 15~25 年。我国专利法规定发明受保护年限为 20 年。日本对发明称为"特许"。

顺便说一下,发明不是发现,"发明"与"发现"的字面说法似乎差不多,但其在概念上,尤其在专利法中是严格区分的,可以说是完全不同的概念。发现是指人类对自然规律的新的揭示,或对客观世界的物质及其运动的规律或现象的再认识。发明则表现了人的主观能动性和创造力,所发明的东西是自然界中原来并不存在的。

2)实用新型专利

实用新型专利是指对产品的形状、构造及其结合上进行革新设计,使之便于实用的新技术方案。

实用新型专利与发明专利的区别在于前者技术水平和创造性要低于后者,而且实用新型专利的授予不需经过实质性审查。实用新型的保护期限也较短,一般为 10~15 年,我国是保护 10 年。

对于实用新型专利的申请有以下要求:

①实用新型必须是某种产品

实用新型也是一种技术方案,技术方案包括产品和方法两个范畴,而实用新型的对象仅限于产品,任何关于方法的技术方案都不能作为实用新型的对象。

②实用新型必须是具备一定形状、结构及其结合的产品

没有固定形状的产品,如气体、液体、粉末状产品,都不能作为实用新型。

③实用新型的产品必须具有实用价值

与发明专利相比,实用新型专利则是所谓"小发明"或"小专利"(有的国家这样称呼),日本人则称为"实用新案",我们则常说"小改小革""技术革新"等。

实用新型与发明在本质上是相同的,都是一种技术发明创造,两者在专利权的内容、保护范围、限制等方面基本相同,但是它们在法律地位、专利权取得等方面存在着一些差异。

3)外观设计专利

外观设计专利是指对产品的形状、图案、色彩或者其结合所做的富于美感并适于工业上应用的新颖设计。外观设计专利只保护所申请的产品,其受保护年限为 3,5,7,10 年不等。我国的保护期为 10 年。外观设计专利在日本被称为"意匠"。

这里以自行车为例,了解这 3 种专利类型的区别。

当自行车刚刚问世的时候,应当是一些发明专利,但后来把它的轮子变大变小(儿童车、女式车、越野车),或增加其强度(载重车),或提高其速度(赛车),等等,就是实用新型。如果把自行车的色彩或其他装潢加以改进,使其更加美观适用,则可称为外观设计。

以上 3 种类型的专利,前两种是主要的,占专利文献的 90% 以上。

世界上许多国家只设置发明和外观设计专利,也有个别国家设置了其他类型的专利,如美国还有植物专利,法国有医药专利等。我国则同时设置了上述 3 类专利。

8.1.2　国际专利分类法（IPC）

世界上主要的专利分类法有英国专利分类表、美国专利分类表和国际专利分类法（表）。由于采用各自不同的专利分类法极为不便，因此，除英、美两国外，大多数国家都纷纷放弃本国原有的分类表，转而采用国际专利分类法（International Patent Classification，IPC）。只有英美两国仍然使用自己的分类表，但即便如此，也还是在英国或美国专利中，加上了相应的 IPC 号，因为英、美两国本身也是 IPC 联盟的发起成员国之一。

《国际专利分类法》是世界知识产权组织（WIPO）为规范专利文献的管理，方便专利的国际交流而编制的国际通用的管理和检索专利文献的工具，它为标引、检索同一主题的各国专利文献提供了方便。世界专利申请文献总量中有 90% 左右标注了 IPC 分类号，因而 IPC 成了使用范围最广、最具权威性的专利分类法。

国际专利分类法使用缩写符号 Int.cl 标注版本，除第一版外，在其右上角用数字表示版次，如 $Int.cl^7$ 表示第 7 版。

(1)《国际专利分类法》的结构——8 个分册的 IPC 表是"详表"

《国际专利分类法》共有 9 个分册，包括了与发明专利有关的全部知识领域，它分为部类、大类、小类、组和分组共 5 级，将技术内容逐级分类，组成一个完整的分类体系。前面的 A—H 8 个分册代表 IPC 分类表的 8 个部类，第 9 分册是《使用指南》。

部类（Section）的下面还有分部（Sub-Section），分部只有类目，没有类号，是"部"下的一个简单划分。下面是 8 个部类的类目：

A 部：人类生活必需品（human necessities）。

B 部：作业、运输（operations，transporting）。

C 部：化学与冶金（chemistry，metallurgy）。

D 部：纺织与造纸（textiles，paper）。

E 部：固定建筑（fixed construction）。

F 部：机械工程（mechanical engineering）。

G 部：物理（仪器、核物理）（physics）。

H 部：电学（electricity）。

大类（Class）是 IPC 的二级类目，由部类号加上两位数字构成（如 A63）；大类下设小类（Subclass），是第三级类目，用一个大写字母表示（如 A63B）；第四级是组或"主组"（Main Group），用 1~3 位数字构成（如 A63B 65）；第五级是分组（Group），用两位数字表示（如 A63B 65/02），但不能是"00"。

也就是说，如果一个 IPC 号是 A63B 65/00 的话，则它应当是四级分类号，不应视作五级。这里的"/00"用作分组的提纲挈领式说明。由此可知，IPC 号分类实际不止五级。这里以 A21B 1/02（以加热装置为特征的食品烤炉）为例标注其各个分类级别的构成（见图 8.2）。

IPC 分类表中的类目名称（尤其是小类以下的类目），往往采用定义式或称功能性类目，

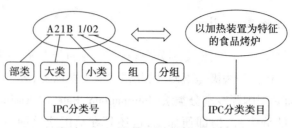

图 8.2　IPC 类号及类目的结构组成

如活性炭应在"选择性吸收的固体"类下,而不是在现成的"活性炭"下可选;眼压计应在"测试眼睛的设备"类中选择,等等。这主要是为了适应层出不穷和难以预见的技术发明之故。

对于 8 个部类,每一类都有一册单独的 IPC 表(IPC LIST)。它们是"详表"。

IPC 分类不同于一般的文献分类,常见的文献分类法是层次型加上参见系统,而 IPC 分类则从部到组是用层次型(也称层累制,即下一层必然包含其上位类),对各分组则采用顺序编号。而且分组符号共用组的符号,不单独占分类号的位置,其区别是"0 或非 0"。分组之间的等级关系用类目前的错位(或称缩排,英语为 intent)圆点表示。

(2)国际专利分类表索引——IPC 的"简表"

IPC 分类非常细,形式上是 5 级分类,但实际上可高达 10 多级。此表帮助用户从主题事物的名称查找所需的 IPC 类号类目。在国际专利分类表中的 IPC 分类表索引实际上就是该表所附的一个《IPC 关键词索引》,它包含 7 000 多个关键词,按英文字顺排列,并全部大写,而在每一关键词下,进一步分为若干副关键词(sub-catchword)。关键词和副关键词都有对应的类号。例如:

CATALYSTS(催化剂)	B01J 21/00
Polymerisation(聚合物)	C08F 4/00
LASERS(激光)	H01S

以上这个索引工具称为 Official Catchword Index(正式关键词索引),全部类目是英语的。注意这些 IPC 索引工具一般只起辅助作用,它们是"简表"。例如,常用的《国际专利分类表使用指南》(专利文献出版社出版)把 IPC 的 8 个分册全部内容都包括了,但是只能查到组类一级,如果要仔细确定 IPC 号,还需要查 IPC 的相应分册(A—H 中 8 卷之一)。

分类表中通常使用简表和详表两种形式配合使用,其中简表是详表的概览(outlook),便于查全,而详表是简表的扩充,也是全部分类的集合,便于查准。可见简表一定是包含在详表中的。但二者的配合使用可相得益彰,既览全貌,又窥细节。

IPC 第 8 版全文可在因特网上查阅。其网址为:www.wipo.int/classifications/ipc。

确定某一概念的国际专利分类号一般可使用 3 种方法:一是直接查《国际专利分类表》,根据检索范畴,从部开始逐级查找;二是使用《国际专利分类号技术用语索引》,该表通过关键词对应相应的国际专利分类;三是可通过已获得的切题专利所使用的国际专利分类号间接地取得。

8.1.3　中国专利检索

表 8.1 是国内权威的中国专利信息机构的几个网站,它们每一个都能方便地查询各种中国专利,检索入口多,除个别网站收费外,大多数网站都是免费的。

表 8.1　常用的中国专利检索网站

网站名称	网　址	收费情况
中国国家知识产权局网站	www.sipo.gov.cn	免费
中国专利信息中心	www.cnpat.com.cn	免费
中国知识产权网	www.cnipr.com	免费
中国专利信息网	www.patent.com.cn	付费

(1)中国国家知识产权局网站(www.sipo.gov.cn)

中华人民共和国知识产权局是国务院直属机构,该网站提供与专利相关的多种信息服务。该网站主页上设有中国专利检索功能,该检索数据库收录了自 1985 年我国自颁布专利法以来公布的所有专利文献,并从 2001 年 11 月 1 日开始对社会公众提供免费的检索服务。系统每周更新。

1)国家知识产权局研发的"专利检索与服务系统"(www.pss-system.gov.cn)

国家知识产权局还推出了更为方便、实用的专利检索与服务系统,提供更为详细的服务。2011 年 4 月 26 日,国家知识产权局自主研发的智能化"专利检索与服务系统"正式启动运行。

该系统不仅提供基本检索、表格检索、IPC 分类检索,还为用户提供多达 15 个算符的检索式编辑检索,以及同族查询、引文查询、法律状态查询、申请(专利权)人别名查询、国别代码查询、双语词典、分类号关联查询、关联词查询等。图 8.3 是该检索系统的主要画面。

该系统提供两个检索界面:一个是常规检索,另一个是高级检索。检索界面从首页中心的"专利检索"链接进入。图 8.4 是常规检索的界面。

2)常规检索

常规检索相当于简单检索,当鼠标指针落到检索框里时,会自动出现输入提示。表格检索相当于高级检索。多功能查询器能够逐级选择 IPC 分类号及其中英文含义,还包括引文查询、国别代码查询、法律状态查询、专利权人别名、关联词查询、双语词典及同族专利查询等。

常规检索时,用户可按照申请要素、申请号、公开(公告)号、申请(专利权)人、发明人、发明名称等检索类型进行检索。检索条件是检索的必备条件,必须填写。执行检索后,在检索结果列表中系统会显示检索结果的概要信息,在检索历史列表中显示此次检索的相关信息。

图 8.3　知识产权局的"专利检索与服务系统"

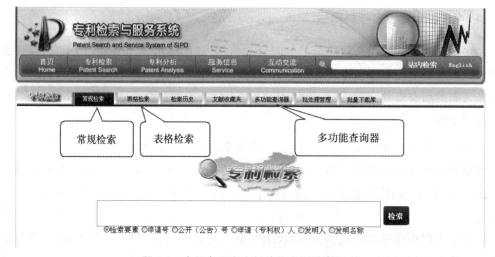

图 8.4　中国专利查询系统的常规检索画面

3）表格检索

单击常规检索画面上方的"表格检索"即可进入表格检索界面，如图 8.5 所示。

表格检索的默认数据库是中外专利联合检索，即中国专利检索和"外国及港澳台专利检索"的联合检索，它们也可以单独选择。

表格检索提供了 19 个检索字段，包括申请号、申请日等。不同检索字段的输入均有相应的智能提示，提醒该字段的输入规则和要求、输入例子等。输入检索要素后，单击"检索"按钮即可。

该系统各个检索词之间的运算关系默认为"AND"，用户也可自行编辑检索式。用户可在输入检索词字段之后，单击"生成检索式"按钮，系统会在命令编辑区自动生成逻辑关系为 AND 的检索式。

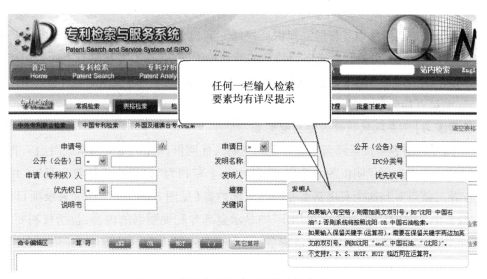

图 8.5　中国专利查询系统的表格检索画面

4）多功能查询器

多功能查询器提供按 IPC 分类号查询、同族查询、引文查询、法律状态查询、申请（专利权人）人别名查询、国别代码查询、双语词典、分类号关联查询和关联词查询，默认为按 IPC 类号查询。

（2）**中国专利信息网**（www.patent.com.cn）

国家知识产权局专利检索咨询中心是中国知识产权局（原中国专利局）直属事业单位，是目前国内科技及知识产权领域提供专利信息检索、专利事务咨询、专利及科技文献翻译、非专利文献加工等服务的权威机构。

检索中心拥有提供专利信息的综合性网络平台：中国专利信息网。该网站于 1997 年 10 月建立，是国内较早提供专利信息服务的网站。网站具有中国专利文摘检索、中国专利英文文摘检索，以及中文专利全文下载功能，并采用会员制管理方式向社会公众提供网上检索、网上咨询、检索技术及邮件管理等服务。

（3）**国家知识产权局专利信息中心的专利检索**（www.cnpat.com.cn/）

中国专利信息中心（简称信息中心）成立于 1993 年，是国家知识产权局直属的事业单位、国家级专利信息服务机构，主营业务包括信息化系统运行维护、信息化系统研究开发、专利信息加工和专利信息服务等。

信息中心现有职工 400 余人，该机构经过 10 多年的不懈努力，凭借国家知识产权局赋予信息中心专利数据库的管理权、使用权和综合服务的经营权，及信息中心遍及全国各地的信息收集和服务网络，通过先进的信息技术应用为国内外用户提供快捷、优质的服务。

注意,中国专利信息中心与国家知识产权局专利检索咨询中心是同属于国家知识产权局下的两家事业单位,分别经营着各自特色的专利检索网站(检索方式略有不同),但应仔细区别它们的网站名称,不然很容易混淆。例如,中国专利信息中心的网站就不是"中国专利信息网",而是直接的单位名称。

【检索练习】 查找代明恒的专利有哪些?

在中国专利的表格检索画面里输入专利发明人代明恒,单击"生成检索式"按钮,再单击"检索"按钮,将查询到代明恒的 8 个专利,其中一个专利为"多用台板体育玩具"。单击其后的"查看",就可看到这个实用新型专利的全部内容(见图 8.6)。该图中"著录项目信息"只显示简单的主要的信息,而"全文 PDF"则显示全部专利说明书的内容,包括权利要求书、专利说明书、摘要附图。最右边的"法律状态"则可显示该专利的法律细节(该专利已经失效)。

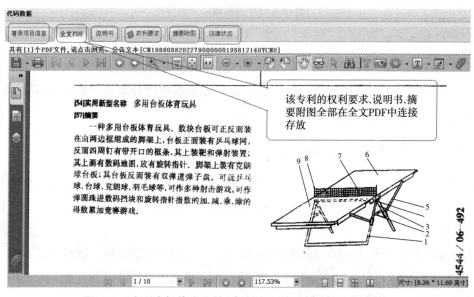

图 8.6 "多用台板体育玩具"专利的 PDF 文档(专利说明书)

(4)**中国知识产权网**(www.cnipr.com)

中国知识产权网是由国家知识产权局知识产权出版社在政府的支持下,于 1999 年 6 月10 日创建的知识产权类专业性网站,集资讯、专利信息产品与服务于一体,重点为国内外政府机构、企业、科研机构等提供专业、全面的服务平台。

分基本检索和高级检索两种类型:基本检索是免费的,高级检索需收费。高级检索比基本检索多了一些可检索项,检索内容方面增加了专利的法律状态和专利主权页(即专利权利要求书的内容),同时还能提供专利说明书的在线下载。检索方式更加便利快捷,该系统目前成为专利文献信息的权威检索工具。

该网站主要的检索功能有简单检索、表格检索、逻辑检索及 IPC 分类检索。该检索系统的特点是专利信息更新快,按法定公开日每周更新。此外,还能查中国台湾地区批准的专利。图 8.7 是其主页画面。

图 8.7　中国知识产权网主页

中国知识产权网的"摘要附图"显示比较独特,当鼠标落到图像上时,会将图形局部放大(见图 8.8),此图显示了同一个专利"多用台板体育玩具"的例子。而在中国国家知识产权局的"专利检索与服务系统"中,所使用的附图显示工具也很独特,它在附图的上方列出了两个标度尺:"图片缩放倍数"可将图形放大很多倍,足以观察专利图形的技术细节;"图片旋

摘要附图:

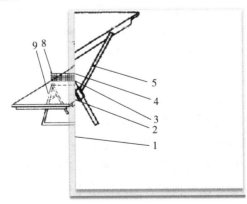

图 8.8　中国知识产权网的局部图形"放大镜"

转角度"标度尺还能将整个图形在360°内旋转,便于读者从不同的视角观察(见图8.9)。它也是同一个多用台板体育玩具专利的附图。

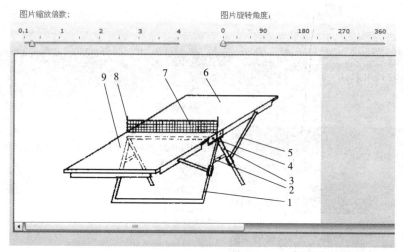

图8.9　国家知识产权局检索系统的图形浏览方式

CNIPR服务平台提供全部中国专利信息数据库,同时,拥有美国、日本、欧洲专利局、世界知识产权组织等80多个国家、组织及地区在内的海量专利数据库,以及经过深度加工标引的中国药物专利数据库和中国专利说明书全文全代码数据库。

8.1.4　德温特世界专利创新索引数据库(DII)

网址:http://wos. isitrial. com, http://ip-science. thomsonreuters. com/, http://www. derwent.com,http://www.isiknowledge.com。

(1)英国德温特公司和它的《世界专利索引》(WPI)

World Patents Index,简称WPI,是英国德温特出版公司(Derwent Publication Ltd.)编辑出版的一种检索世界各国专利文献的大型检索工具(创刊于1951年)。该公司是化学家Monty Hyams于1948年在英国创建的一家专门出版专利文献的商业性机构,拥有完整的专利检索体系,多年来一直是世界上最大的专利文献服务公司。

该公司在世界上众多出版社中独树一帜,是唯一以报道、出版专利文献为宗旨的私营企业。由于"爆此冷门"和营运有方,再加上其规模大、报道速度快、统一用英语、而且能从英语查找其他语种的专利、又对原说明书的专利标题(原标题大多笼统)作了确切的改动(用主标题说明发明内容,用添加的副标题说明发明的主要技术特征)、各种辅助索引齐全、还有累积索引以及书本、磁带、卡片、缩微、国际联机、光盘等各种载体齐全这些特点,使其长期无竞争对手。而WPI也成了多年以来世界各国人民乐于使用的专利检索工具。它的一些实际用途十分广泛,如专利查新、技术跟踪、公司动态、技术攻关及对外贸易等。

德温特世界索引数据库(Derwent World Patent Index)收录了自1963年至今的700余万

件基本专利文献和它们相应的同族专利。每周增加约 25 000 件新的记录。数据来源于 40
余个信息源,即 38 个国家和两个国际组织的专利公布机构,以及两个重要的国际技术报告
刊物:《研究公开》和《国际技术公开》。

　　德温特公司现隶属于全球最大的专业信息集团美国汤姆森集团,并与姐妹公司 ISI,Del-
phion,Techstreet,Current Drugs 和 Wila 等情报机构共同组建了汤姆森科技信息集团
(Thomson Scientific)。2008 年 4 月 17 日,汤姆森公司又与路透社正式合并,汤森路透集团由
此诞生。

　　汤森路透是全球最大的智能信息服务提供商,服务于全球商务及专业精英。汤森路透
结合专业知识与创新技术,为关键决策者提供涉及金融与风险、法律、税务与财会、知识产权
与科技和媒体等领域的关键信息。

　　与此同时,公司拥有全球著名的新闻机构——路透社。公司总部位于纽约,主要分支机
构设于英国伦敦、美国明尼苏达州的伊根等地。公司共有 6 万多名员工,遍布在全球 100 多
个国家与地区。汤森路透在多伦多与纽约两大证券交易所上市。图 8.10 是汤森路透集团
的主页,其网址为:www.thomsonreuters.com,或 http://ip-science.thomsonreuters.com/,但许多
原来的网址也仍然指向这个主页,如 www.derwent.com,www.derwent.co.uk 等。

图 8.10　汤森路透集团公司(含 DII)主页

　　(2)Monty Hyams 和他的 WPI

　　2013 年 10 月 10 日消息传来,全球专利信息界的传奇人物,德温特世界专利索引
(Derwent World Patents Index®,DWPI)的创始人 Monty Hyams(蒙提·姆斯)先生,于 2013
年 10 月 9 日晨在英国伦敦的家中去世,享年 95 岁。

　　Monty Hyams 于 1965 年获得英国女王奖,并得到来自汤姆森公司(Thomson Corp.)的投

资。在 2000 年他首位获得国际专利信息奖"International Patent Information Award"。

Monty Hyams 出生于 1918 年。他是一位化学家,也是一家生产消防器材的 Pyrene 公司的专利经理。那时他常到英国专利局去查阅化学方面的专利,由于感到海量的纸质专利文献不便于获得最新信息,他重新编写专利的题目和分类,做成一份叫"British Chemical Patents Report"的化学专利快报。

这份化学专利快报很快有了 100 多家公司订户,随后 Monty 先生加强了对制药专利的加工,并增加了对澳大利亚、德国和苏联的专利收录。到 1950 年,他逐步辞去了在 Pyrene 公司的工作,全身心地投入对专利的文摘索引加工,他的妻子也帮他打理文书事务。

1951 年,他创办了德温特(Derwent)公司,德温特是 Monty Hyams 一家在伦敦市郊住所的名字。1984 年,汤姆森公司收购了德温特公司的全部股份,Monty 退休并担任汤姆森德温特公司终生名誉总裁,但仍然参与数据库的改进和公司的发展。

(3) DII 数据库概况

德温特创新索引,即 DII(Derwent Innovation Index),是基于创新应用平台研发的新型数据库,其文献的含金量居世界同类产品之首,检索功能更是独特而全面。DII 数据库由德温特公司推出,是基于 Web 检索的专利检索工具,该库整合了著名的"世界专利索引(WPI)"和"专利引文索引(Patent Citation Index, PCI)",采用与"Web of Science"(http://wos.isitrial.com)统一的界面,并集成于 Web of Knowledge 平台中。并且还通过论文与专利之间的相互引证关系,建立了与 Web of Science 的无缝挂接。

DII 数据库基于老牌的德温特强大的专利检索功能,已成为检索全球专利信息最具权威的数据库之一。尽管该库是商业性的付费数据库,但其能提供高附加值的专利文献标引、强大的索引和检索功能,使大多数免费专利检索系统难以望其项背。

(4) DII 数据库的德温特手工代码检索

DII 数据库的检索入口很多,可通过主题、专利权人、发明人、专利号、IPC 号、德温特分类号、德温特手工代码、德温特入藏号等进行检索。但其中的**德温特手工代码**(Derwent Manual Code, MC)检索较有特色。德温特手工代码又称指南代码,比德温特分类代码更为详细,相当于广义的叙词表,根据专利文献的文摘和全文对发明的应用和发明的重要特点进行独家标引,故能显著地提高检索的全面性和准确性。

8.2　会议文献检索

8.2.1　会议文献概述

许多科学领域的新进展、新发现、新成就以及新设想,往往都是最先在学术会议上披露的,因此,学术会议是非常重要的学术信息资源。据 ISI 统计,全世界每年召开的学术会议有1 万多个,正式发行各种会议文献 5 000 余种,可见会议文献是当今获取专业信息的一个重要途径。

会议文献除内容新颖外,针对性强,学术价值高,能及时传递科技信息,反映某一学科领域的新进展和新成果等,也是重要的检索特点。但会议文献出版无规律,随意性大,使得查找、收集较为困难。

会议文献在目前的 10 大科技信息源中,其利用率仅次于科技期刊。

(1)科技会议的级别

科技会议就其组织规模和情报源的广泛程度大体可分为以下 4 个等级:

1)世界会议

讨论世界性问题,虽不一定是所有国家都参加,但必须有各大洲、地区的代表参加。

2)国际会议

它是由 3 个或 3 个以上的国家代表参加、由国际组织主持或安排的会议。由两个国家召开的则称为双边会议。

3)全国性会议

它是由国内学术团体、专业学会、协会、研究机构召开的会议。

4)基层会议

它包括由各实验室、高等院校、工矿企业等召开的讨论会、报告会、座谈会、年会等。

下面是英语中一些常见的有关各种学术会议的称谓,如 Conference(会议)、Congress(代表大会)、Symposium(学术讨论会)、Seminar(研讨会)、Meeting(会议)、Workshop(专题讨论会)、Colloquium(研讨会)、Assembly(全体大会)、Convention(大会)、Discussion(讨论会)等。

(2)会议文献的类型

会议文献按出版时间的先后可分为会前、会间和会后 3 种类型:

1)会前文献(Pre-conference Literature)

会前文献一般是指在会议进行之前预先印发给与会代表的会议论文预印本

（Preprints）、会议论文摘要（Advance Abstracts）或论文目录。

2）会间文献（Literature Generated During the Conference）

会间文献指与会期间发给与会者的文献以及开幕词、讲话或报告、讨论记录、会议决议和闭幕词等。

3）会后文献（Post Conference Literature）

会后文献主要指会议后正式出版的会议论文集。它是会议文献中的主要组成部分。会后文献经过会议的讨论和作者的修改、补充，其内容会比会议前文献更准确、更成熟。常见名称有会议录（Proceedings）、会议论文集（Symposium）、学术讲座论文集（Colloquium Papers）、会议论文汇编（Transactions）、会议记录（Records）、会议报告集（Reports）、会议文集（Papers）、会议出版物（Publications）、会议辑要（Digest）等，分别以图书、期刊、丛刊等形式出版。

8.2.2　国内会议文献检索

（1）万方数据资源系统"中国学术会议论文库"（CACP）

该库收录了由国际及国家级学会、协会、研究会组织召开的各种学术会议论文，每年涉及上千个重要的学术会议。专业涉及自然科学和社会科学各领域。

高校团购用户的万方会议数据库可以查看全文。该库仅此一种检索方式，非常简洁，用户只要点选检索字段，逻辑"与、或、非"，在文本框中输入检索词即可，中栏的每个文本框只能输一个词或一个词组，对于多词检索可通过左栏的带框加号图标添加一行文本框。

而对于免费检索的万方会议资源则只能查看会议的题录或文摘信息，但检索方式灵活多样，可满足读者多途径的检索要求。该库不仅能提供简单检索、高级检索、经典高级检索，还可进行专业检索和分类检索，无论何种检索方式，均可进行二次检索。检索方法与万方资源各子库检索方法基本一致。

（2）中国知网的"中国重要会议论文集全文数据库"（CPCD）

该库收录 2000 年以来（部分社科类会议论文回溯至 2000 年前）我国各级政府职能部门、高等院校、科研院所、学术机构等单位的论文集，年更新 10 万篇论文。内容覆盖理工、农业、医药卫生、文史哲、经济政治法律、教育与社会科学综合等各方面。检索方法可参见中国期刊全文数据库检索。

（3）国家科技图书文献中心（NSTL）（http://www.nstl.gov.cn）

NSTL 中文会议论文数据库主要收录了 1985 年以来我国国家级学会、协会、研究会及各省、部委等组织召开的全国性学术会议的论文。数据库的收藏重点为自然科学各专业领域，每年涉及 600 余个重要的学术会议,年增加论文 4 万余篇,每季或每月更新。

检索页面提供普通检索、高级检索和分类检索 3 种检索方式。其中,普通检索有两个检索词输入框,可进行 7 个字段检索,在设置查询条件后,单击"检索"按钮,即可进行检索,但中外文会议数据库不能跨库检索。选择与课题相关的内容作进一步检索,可查看文摘内容。

高级检索界面与普通检索界面相同,只是检索词输入框为一个,且要求输入的是检索程式,如(CAD OR cam) AND ti=机床 NOT 磨床,具体检索字段和逻辑检索符有多个选项可以选择,其他检索过程与普通检索一样。

分类检索界面多了一个分类选项,有 19 个类可供选择,其他同普通检索。

通过 NSTL 主页 http://www.nstl.gov.cn 可访问 NSTL 中文会议论文数据库。图 8.11 是国家科技图书文献中心会议检索的画面。

图 8.11　国家科技图书文献中心的会议检索画面

8.2.3　国际会议文献检索

(1)OCLC——First Search 检索系统

OCLC(Online Computer Library Center,Inc.),即联机计算机图书馆中心,网址为:http://www.oclc.org/firstsearch/content/databases/practicedatabases.htm,总部设在美国的俄亥俄州,是世界上最大的提供文献信息服务的机构之一。First Search 检索系统是 OCLC 的一个产品,通过 OCLC 的 First Search 检索系统可查阅 70 多个子数据库,涉及广泛的主题范畴,覆盖社会生活的各个领域和学科。First Search 系统中的一个子库"Papers First"是国际学术会议论文索引数据库,该数据库收录了包括在世界各地学术会议上发表的论文,它覆盖了自 1993

年 10 月以来在"大英图书馆资料提供中心"的会议录收集的每一个代表大会、专题讨论会、博览会、座谈会和其他会议上发表的论文,可通过馆际互借获取全文。该库每两周更新一次。可以找到全世界各领域最新的会议文献信息索引。"Proceedings"是国际学术会议录索引数据库,也是 PapersFirst 的相关库。它包括在世界各地举行的各类学术会议上发表的论文的目录表。

（2）ISI Proceedings（www.isiknowledge.com）

基于 ISI Web of Knowledge 平台的会议文献检索工具 ISI Proceedings 汇集了世界上最著名的会议、座谈、研究会和专题讨论会的会议录资料。它是查找全世界会后文献最具权威的检索工具,其覆盖学科范围广、收录文献水准高、提供信息全面,是查找国外会议文献的首选数据库之一。

ISI Proceedings 是 ISI（美国科技信息所）出版的会议录索引数据库,被列入"四大检索工具"之一。在其数据库平台中整合了 Science & Technology Edition（科学技术部分,即 ISTP）和 Social Science & Humanities Proceedings（社会科学和人文会议录,即 ISSHP）。ISI Proceedings 是唯一能够通过 Web 检索国际著名会议、座谈会、研讨会及其他各种会议中发表的会议论文的文献信息和著者摘要（提供 1997 年以来的摘要）的多学科数据库。

美国 Thomson Scientific 公司在 ISI Web of Knowledge 平台上,将 ISTP 和 ISSHP 两大会议录索引重新整合成为 ISI Proceedings,提供网络版的会议论文文摘和全文检索。

8.3 学位论文检索

8.3.1 学位论文概述

学位论文是高等院校或科研机构的学生为获得学位而提交的学术性研究论文,英国习惯称为 Thesis,美国则称为 Dissertation。学位论文一般包括学士学位论文、硕士学位论文和博士学位论文 3 种类型。其中,学士学位论文是本科生的毕业论文,其论文数量最多,但质量一般。硕士、博士学位论文一般都是对前沿学科的研究,对问题的阐述比较详细和系统,其实验方法严密、数据可靠,在学术上有一定的独创见解,对其所进行研究的学科专业的背景有所回顾,在参考文献方面搜集得比较齐全。

而且经过专业导师指导,由有一定权威的同行专家、学者审查的原始研究成果,是具有一定独创性的一次文献。因此,学位论文和期刊论文、会议论文、技术报告及专利说明书等一样,都是非常重要的文献类型。

学位论文一般可分为两大类:一类是综述型的,该类论文作者主要是以前人有关某一领域的大量翔实的参考资料为依据,通过分析、综合、概括和总结,提出本人的独特见解。另一类是研究型的,此类论文作者是在前人提出的论点和结论的基础上,再经过大量的实验和研究,提出进一步的新论点和新假说。由于学士学位论文数量极大,且所在学校不予收藏,故按国际检索惯例,一般只收藏博士和硕士学位论文。

学位论文一般不公开出版,索取全文特别是国外学位论文全文比较困难。另外,各国也指定专门单位收藏(如我国指定中国科技信息研究所)。美国学位论文复制收藏中心为 UMI,它定期报道所收藏的学位论文的题目和内容提要。

8.3.2 国内学位论文检索

学位论文一般被授予学位的单位收藏。另外,国家也有授权收藏单位,如国家图书馆、中国科技信息研究所、中国社会科学院信息所等。例如,中国社会科学院文献中心被指定收藏全国的文科及语言科的硕士论文。

(1)万方数据"中国学位论文全文数据库"

数据来自各高等院校、研究生院及研究所向中国科技信息研究所送交的我国自然科学领域的硕士、博士和博士后的论文。收录自 1989 年以来的自然科学、数理化、社会科学、人文地理等各领域各专业的博硕学位论文,其中全文 60 余万篇,每年稳定新增 15 余万篇,是我国收录数量最多的学位论文全文库。

检索方法是:在万方数据库首页单击"学位论文全文数据库"即可进入。主要检索字段有论文标题、作者、导师、授予单位等 10 个,在该界面中可对时间和分类进行限定。检索界面如图 8.12 所示。

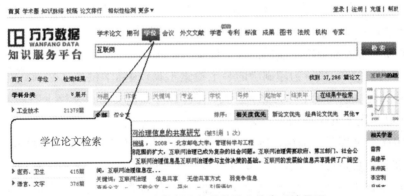

图 8.12 万方数据库的学位论文检索系统界面

检索结果处理:每条命中结果后均提供论文的"简单信息""详细摘要信息""查看全文" 3 个选项,非购买用户仅可获得简单信息或详细摘要信息的浏览。购买获得权限的用户链接"查看全文",即可浏览 PDF 格式的学位论文全文,并可打包下载。

(2)中国优秀博硕士学位论文全文数据库

"中国优秀博硕士学位论文全文数据库"(http://www.cnki.net)是 CNKI 中国知识基础

设施工程的系列产品之一,缩写为 CDMD(China Doctoral Dissertations & Masters Theses Fulltext Databases),是目前国内资源最完备、收录质量最高的博硕士学位论文全文数据库。收录自 1999 年以来全国 400 多家博士培养单位的优秀博硕士学位论文 61 万多篇全文,它分成 10 大专辑,其中包括哲学与人文科学、社会科学、信息科学、经济与管理科学等专辑学位论文。提供关键词、题名、摘要、目录、作者姓名、导师、全文、论文级别、学科专业名称、学位授予单位、论文提交日期、参考文献等多种检索途径。

8.3.3 国外学位论文检索——以 PQDT 博硕论文全文数据库为例

国内图书馆收藏的国外学位论文较少,只有北京图书馆小有收藏,并曾编有《国外博士学位论文目录(1982—1992)》,收录了1982至1992年北京图书馆所藏的国外博士学位论文的书目信息。

国外学位论文可通过专门性检索学位论文的工具检索系统(如 PQDT)检索,也可通过各种综合性和专业性检索工具或检索系统检索。

1980 年 7 月,UMI 公司出版了学位论文光盘数据库(Dissertation Abstracts Ondisc, DAO)。PQDT(ProQuest Dissertations & Theses Database),是美国 ProQuest Information and Learning 公司(原 UMI 公司)出版的博硕士学位论文全文数据库的后来的简称。PQDT 原称为 PQDD(ProQuest Digital Dissertations),PQDD 是文摘、索引数据库,而现在的 PQDT 则是以全文为主的数据库。

PQDT 就是 DAO 光盘数据库的网络版,分为 PQDT A——人文社科版,PQDT B——科学及工程版,PQDT C——综合版。该数据库收录了世界各地(含北美 1 000 余所大学)的涵盖文、理、工、农、医等领域的 240 多万篇学位论文的摘要、索引。其中,博士学位论文摘要 350 字左右,硕士学位论文摘要 150 字左右,并可看到 1997 年以后博士学位论文的前 24 页内容,是目前世界上最大和最广泛使用的学位论文数据库。

该数据库历史悠久,最早为印刷版的手工检索工具《国际学位论文文摘》。论文年限从 1861 年(世界上发表第一篇学位论文)至今。有近百万篇论文可以从网上下载 PDF 格式全文(需使用国际信用卡支付费用)。

鉴于 PQDT 全文库是目前国内唯一提供国外高质量学位论文全文的数据库,是学术研究中十分重要的信息资源,因此,从 2002 年起 CALIS 开始组织集团采购。其运作核心是,由每个参加成员馆购买一部分学位论文全文,集团内所有的学位论文均放在服务器上共享,各个学校的校园网用户可免费下载这些学位论文。截至目前,CALIS 集团已经进行了 3 个合同期。

由于采用了单馆采购、集团共享的订购模式,得到了高校成员单位的广泛认可,同时,CALIS 通过补贴经费投入、技术与硬件设备支持等多种方式,促进集团稳步发展,集团规模不断扩大。经过 9 年的建设,集团成员已达 179 家,其中高校成员 168 家(包括 1 家香港高校),非高校成员 11 家。集团累计订购来自欧美知名大学的优秀博硕士论文 30 余万篇,全面覆盖文、理、工、农、医等各个学科领域。截至 2010 年年底,集团累计下载论文超过 1 500

万篇。通过学位论文项目建设,为教学科研提供了有力的文献保障。图 8.13 是 PQDT 的主页。

图 8.13 PQDT 学位论文全文检索平台

PQDT 数据库采用 IP 控制使用权限,凡属于 IP 地址订购单位范围内的用户具有访问权,既可通过校园网内的相应链接进入,也可直接访问以下 IP 地址:proquest.calis.edu.cn/umi/index.jsp 进行检索。

PQDT 数据库可通过专线进行检索,对于 PQDT 的订户来说,这意味着在 CERNET 上检索该公司的全部数据库都不需支付国际流量费。该数据库提供包括中文在内的多种检索语言,主要通过浏览(Browse)、基本检索(Basic Search)和高级检索(Advanced Search)3 种检索方式实施检索。

【检索实例】 以"海洋污染"(ocean pollution)为检索词,PQDT 的检索得到 76 项结果。如图 8.14 所示,上方显示命中文献数量、检索表达式,以及进一步限定检索条件、创建 RSS 链接等。

每篇文献按论文标题、作者、学位、大学、年份、总页数、文档 ID、摘要、预览和定购依次显示查看全文和打包下载顺序排列。若想看文摘、前 24 页的原文预览或定购原文,则可单击图中相应的超链接图标。

此外,还可按学科查找更多同类文章,并可对文献进行打印或电邮。

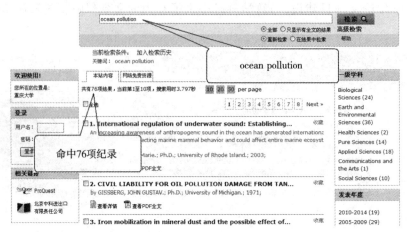

图 8.14　PQDT 检索"ocean pollution"的检索结果

8.4　标准文献检索

8.4.1　标准文献概述

标准文献指与标准化活动有关的一切文献,是反映标准的技术文献。它不仅是从事生产、建设工作的共同依据,而且是国际贸易合作、商品质量检验的依据。一个国家的标准文献往往反映这个国家的技术经济政策、生产加工工艺和标准化水平以及自然条件、资源等情况。

(1)什么是标准文献

标准文献是由国际或国家的专门的标准化组织所公布实施的正式规范文件的各种集合,它们对工农业产品和工程建设质量、规格及其检验方法等方面作出严格的技术规定,它们对提高全社会产品质量、促进技术的发展和进步、限制不合格产品进入市场等各个方面都有重要的促进和调节作用。

对于一些新技术大量涌现的行业来说,仅仅是官方公布的权威标准是远远不能满足需要的。例如,电子电信行业既有如国际电工委员会(IEC)的和我国的国家标准(GB)这些权威性的标准,同时还有大量的不断发展中的应用规则和准则,有时它们被称为"准标准""事实标准""工业标准"等。对于计算机行业来说,这样的标准更多。例如,WordStar 这个世界上第一个流行的字处理软件,就曾经成为字处理领域的工业标准,主导文书处理发展十多年。又如,对于多媒体在网上的传输,MPEG 压缩的系列标准正在快速发展,目前已有 1,2,4,7,21 这几个版本,而且 MPEG1 和 MPEG2 业已对人们的文化生活(如 VCD,DVD,MP3,

MP4)产生了巨大影响,并为开辟新的技术应用领域作出了巨大的贡献。

这些规则、准则、规范、specifications 等大多是一些大公司和组织联合开发、公布,在迅速发展的技术领域中充当了重要角色。例如,关于计算机内存的一些工业标准:EMS(扩充内存管理规范)和 XMS(扩展内存管理规范)就曾经在个人计算机的发展历程中作出过大的贡献。在电子电信、计算机等行业,这样的行业标准数量上占了很大部分。

标准按批准登记的级别可分为国际标准、国家标准、行业标准、地区标准和企业标准;按使用需求分为强制性标准(如安全标准和基础标准)、推荐性标准和企业标准;按成熟程度分有正式、试行和草案标准。标准文献除了以 Standard 命名外,还常以规范(Specifications)、规则(Rules)、工艺(Practice)、公报(Bulletin)等名称出现。

(2)标准的常用分类

按照标准的使用范围,标准文献可分为以下类型:

1)国际标准

它是由国际标准化组织批准的标准。

2)区域标准

它是世界某一区域标准化组织批准的标准。

3)国家标准

它是由国家标准化主管机构批准、发布,在全国范围内统一的标准。

4)专业标准

它是由专业标准化主管机构或标准化组织批准、发布,在某一专业范围内统一的标准,相当于我国各部标准。

5)企业标准

它是由企、事业或其上级有关机构批准、发布的标准。

8.4.2 中国标准的检索

这里以中国标准服务网为例。

网址:http://www.cssn.net.cn。

中国标准服务网(CSSN)是由中国质量监督检验检疫总站牵头,中国标准化研究院开发的标准信息资源网络,是世界标准服务网的中国站点。中国标准服务网主页如图 8.15 所示。

CSSN 为用户提供标准查询、标准服务、标准出版物以及站点转接等服务。首批数据库包括中国国家标准、中国行业标准、地方标准、国际标准、国外标准、国外学会协会标准、技术法规及标准化期刊等百余种数据库。该界面提供分类检索和高级检索两种检索途径。

图 8.15　中国标准服务网主页

（1）分类检索

可按国际标准分类表（ICS）或中国标准分类表（CCS）分类检索有关标准。逐级单击分类类号和类名，可得到标准号、标准名称等。

（2）高级检索

可通过标准号、关键词或分类号等字段来查询标准信息。在检索框中输入检索词（支持逻辑与、逻辑或），单击"检索"按钮即可。

8.4.3　国外标准的检索

（1）ISO 在线（http://www.iso.ch/iso/home.htm）

国际标准化组织（ISO）网站上设置有产品、标准化发展、新闻与媒体和 ISO 介绍等栏目。ISO 在线的检索主要有简单检索、高级检索和分类检索 3 条途径。图 8.16 是 ISO 网站主页。

通过以上 3 种方式获得标准的有关信息（包括 ISO 标准号、标准题目、ICS 号和阶段码）后，可通过 ISO 在各国的销售代理（即 ISO 成员国）获取标准全文，ISO 在线为用户提供 ISO 在各国销售代理的邮编、E-mail 地址、电话和传真号码。在中国，中国质量技术监督局（CS-BTS）是 ISO 在中国的销售代理。

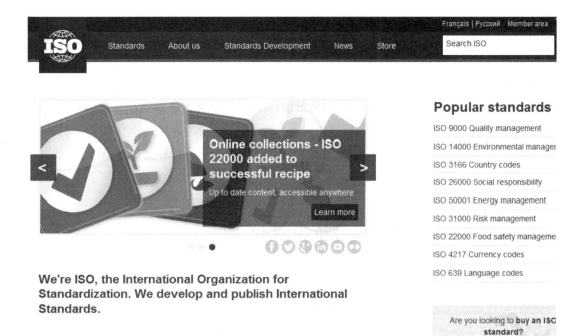

图 8.16　国际标准化组织(ISO)网站主页

（2）IEC 网站（http://www.iec.ch）

国际电工委员会 IEC 网站设有 IEC 介绍、公众信息通告、技术委员会信息中心、IEC 网上商店、用户服务中心和数据库搜索等栏目。在 IEC 网站主页上单击"WEB STORE

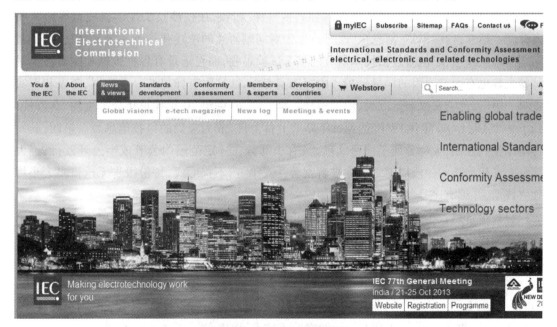

图 8.17　IEC 标准检索界面

SEARCH"下的"Search & buy standards online"即可进入 IEC 标准的检索页面,如图 8.17 所示。在这个页面上,IEC 提供了"Quick search""Advanced search""Browse main subjects"3 种检索方式。

检索获得的信息包括 IEC 标准号、版次、语种、题名、出版日期、委员会编号、页数、尺寸、载体形式、价格及其代码、文摘以及 ICS 号,可通过 IEC 的国家委员会和在各国的销售代理获取标准全文。IEC 网站为用户提供了 IEC 的国家委员会和在各国的销售代理的邮政地址、E-mail 地址、电话和传真号码。IEC 在中国的销售代理是中国标准信息中心。

8.5 科技报告及其检索

科技报告(Scientific and Technical Reports)是指科研成果的最终报告或研究过程中的实际记录,一般由科研机构、政府机构所属的科研单位、专业学术团体及高等院校附设的研究所提供。许多最新的研究成果,尤其是尖端学科的最新探索往往出现在科技报告中。

科技报告是最重要、最特殊的一类科技文献。说它特殊,一是指它的出版形式的非书非刊的特点;二是指产生于第二次世界大战期间的历史渊源;三是指它往往还带着不同程度的保密性质,是世界各先进国家在进行经济竞争中竞相搜求、猎取的对象;四是难于搜求。

8.5.1 科技报告概述

为什说它重要? 第一,科技报告内容大多专深、新颖,往往涉及尖端学科或世界最新研究课题。第二,内容丰富、信息量大,科技报告对问题研究的论述往往既系统又完整,并针对问题的难点技术,不但有包括技术研究的整个试验过程,而且记录有各种数据和图表甚至对试验失败也有穷究原因的详尽分析。内容翔实专深,往往附有详尽的一手数据、图表和事实资料。第三,此类文献数量巨大、形式多样。据报道 20 世纪 70 年代每年新产生约 50 万件,到下一个 10 年(80 年代)就将达到每年新增上百万件,成为宝贵的科技信息源。第四,其发行范围受到控制,大部分属于保密文献,只有小部分在一定范围内公开或半公开发行,绝大部分要在相当长的一段时期之后才被解密公开。第五,不拘形式,每份报告无论篇幅大小均独立成册,并编有序号(报告号)。

科技报告是关于某科研项目或活动的正式报告或记录,多是研究、设计单位或个人以书面形式向提供经费和资助的部门或组织汇报其研究设计和开发项目的成果进展情况的报告。

各个国家都有自己的科技报告,世界上最著名的是美国政府 4 大科技报告:AD 报告、PB 报告、DOE 报告及 NASA 报告。这 4 大报告的内容各有特点:PB 侧重于民用工程技术,AD 侧重于军事工程技术,NASA 报导航空航天技术,DOE 侧重于能源技术。

除了美国以外,世界上其他许多国家也都出版有自己的科技报告,如英国航空委员会报告（ARC）、欧洲空间组织报告（ESRO）、法国国家航空研究报告（RNEAR）、法国原子能委员会（CEA）等。全世界每年出版的科技报告达上百万份，其中又以美国的科技报告数量最大，雄踞首位，约占总数的80%，它也是世界上广大科技人员注目的重心。

科技报告按专业名称和内容，可分为科学报告、技术报告、工程报告、调查报告、研究报告、试验报告、生产报告及交流报告等。按科技报告的形式，可分为报告书、技术札记、备忘录、论文、通报及技术译文等。

按科技报告按所反映的研究进展，可分为初步报告、预备报告、进展报告、中间报告及终结报告等。

8.5.2　国内科技报告的检索

（1）国研网及系列研究报告（www.drcnet.com.cn）

国务院发展研究中心信息网简称国研网，是由北京国研网公司（创建于2001年4月）开发的中国著名的大型经济类专业网站。

目前，国研网公司已推出了"国研报告数据库""宏观经济报告数据库""金融中国报告数据库""行业经济报告数据库""世界经济金融评论报告数据库"和"财经数据库之十余种行业统计数据库"等一系列专业经济信息产品。其中，"国研报告"每年200期，100万字左右，不定期出版，印刷版每月初出版，网络版每天在线更新，具有很高的权威性和预见性。

这几个数据库均是政府、企业、金融机构领导、决策人士和经济研究人员观察了解国内外经济风云变幻的窗口，均以光盘版、网络版等多种形式出版。同时，国研网提供了从行业、书名、作者和关键词等途径对深度报告进行的查询，并提供报告的目录与摘要信息。国务院发展研究中心信息网主页如图8.18所示。

（2）中国工程技术信息网（www.cetin.net.cn）

中国工程技术信息网（CETIN）是我国目前唯一的工程技术领域专业性计算机服务网络。它以现代信息技术为手段，以电子型、分布式信息资源为基础，以对信息的协同处理和资源共享为主要功能，主要为科技工业管理、决策、研究、工程、技术、教学人员服务，具有信息资源丰富、网络运行稳定可靠等特点。

（3）中国航空科技报告文摘数据库（www.adr.org.cn）

中国航空工业发展研究中心下属的信息资源部研发的数据库可向用户提供科技查新与科技报告查询服务。其中，《航空科技报告文摘数据库》收录了国内航空企事业单位航空科研、生产、管理等方面的技术报告和研究成果的文摘。现收录了1981—2003年数据达5 000多条，公开发布的比例约为50%。

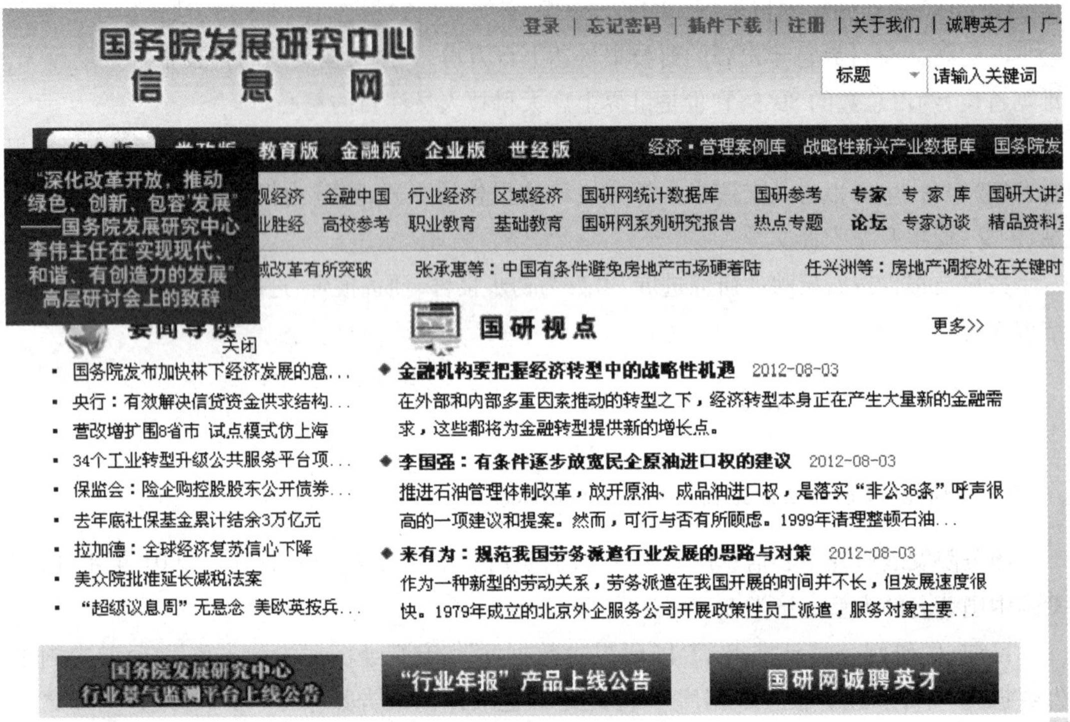

图 8.18　国务院发展研究中心信息网主页

（4）中国科技成果数据库

这是由万方数据资源系统提供的 3 个科技成果数据库，可作为检索我国科研项目成果报告的主要途径。

1）中国科技成果数据库（CSTAD）

该数据库由中国科技信息研究所提供，收录了自 1964 年至今历年各省市部委鉴定后上报国家科委的科技成果及星火科技成果，包括新技术、新产品、新工艺、新材料及新设计等成果项目。

2）全国科技成果交易信息库（NDSTRTI）

该数据库由北京市科技情报所提供，收录了 1985 年至今国内可转让的适用科技成果，含机电仪表、化工医药、轻工食品、农林牧渔等新产品，内容涉及自然科学领域内各地、各行业的新技术、新工艺、新产品，以及其他一些国内可转让的适用新技术。其数据来源于全国各省、市、自治区、计划单列市的情报所。

3）重大成果数据库（ZDCG）

该数据库主要介绍国家级重大科技成果和省部级重大科技成果。所有成果均经过鉴定。

（5）**中国科学技术信息研究所**（www.istic.ac.cn）

中国科学技术信息研究所成立于 1956 年,是科技部直属国家级公益类科技信息研究机构。网站的数据库有简单检索、按题名字顺序检索和统一检索平台 3 个检索功能,提供题名、关键词、报告号、馆藏号 4 个可检索字段。在检索结果中,可看到文摘内容,但若需全文则必须向该网站订购。

8.5.3　国外科技报告的检索

（1）**美国政府 4 大科技报告**

美国政府 4 大科技报告,又称美国政府研究报告,包括政府系统的 PB 报告、军事系统的 AD 报告、能源系统的 DOE 报告及航空航天系统的 NASA 报告。世界上许多国家都出版各自的科技报告,其中最著名的就是美国的 4 大报告。

1）PB 报告

PB 报告是美国科技报告中发行最早的一种。PB 报告产生于第二次世界大战（WORLD WAR Ⅱ）结束之后,美国政府为了整理和利用从战败国获得的数以千吨的秘密科技资料,于 1945 年 6 月成立了商务部出版局（Office of the Publication Board）,负责收集、整理、报导利用这些资料。每件资料都先编上顺序号,并冠以 PB 字样,报告由此得名。

PB 报告在编至 10 万号时就已编完全部战时资料,但其机构仍在,于是后来的报告来源就转向美国政府机构、军事科研和情报部门、公司和国家合同单位、高校、研究所和实验所的科技报告等。从 20 世纪 60 年代开始,报告的内容才侧重于民用工程技术。PB 报告均为公开资料,无密级。

目前负责收集、整理和报道 PB 报告的机构为美国商业部国家技术情报服务处（National Technical Information Services,U.S.Department of Commerce,NTIS）。

2）AD 报告

AD 是"ASTIA Document"的缩写。ASTIA 是美国武装部队技术情报局（Armed Services Technical Information Agency）的简称。AD 报告是为军事系统服务的报告,来源于美国陆海空三军科研单位、公司企业、大专院校,以及国外一些科研机构和国际组织。AD 报告分两部分:一部分是保密的,不对外报导;另一部分是公开的或从保密文献中解密出来的报告,交由 NTIS 公开发行。早期 NTIS 收到 AD 报告都在原报告上加编一个 PB 号再公布。1960 年以后直接用 AD 号颁布,不再加编 PB 号。

3）DOE 报告

DOE 是"Department of Energy"的缩写。由于这类报告由 DOE 整理、报道,故人们称为 DOE 报告。DOE 报告是美国能源部及其所属科研机构、能源情报中心、公司企业、学术团体发表的技术报告文献。DOE 报告内容包括能源保护、矿物燃料、环境与安全、核能、太阳能与地热能、国家安全等方面。

4）NASA 报告

NASA 是"National Aeronautics and Space Administration"（美国国家航空与宇宙航行局）的简称。该局出版的科技报告编号前都冠有 NASA 4 个字母，故称 NASA 报告。

NASA 报告的内容主要包括地球大气层内、外飞行问题的研究，宇宙飞船的试验研究，空间开发活动研究等，同时也涉及民用基础学科。

（2）《美国政府报告通报与索引》（www.ntis.gov）

《美国政府报告通报与索引》（*Government Reports Announcements & Index*，GRA & I）是系统地检索美国政府 4 大科技报告的主要工具。GRA & I 于 1946 年创刊，现由美国商务部国家技术情报处 NTIS 编辑出版，双周刊，它不仅报道美国政府 4 大科技报告、政府研究机构和合同户的研究报告，也报道所搜集到的其他国家的科技报告。

收录以美国政府立项研究及开发的项目报告为主，少量收录西欧、日本及世界各国（包括中国）的科学研究报告，包括项目进展过程中所做的一些初期报告、中期报告及最终报告等，反映最新政府重视的项目进展，年文献量约 70 000 件。具体来说，它报道全部 PB 报告、所有非密的或者解密的 AD 报告、部分 NASA 报告和 DOE 报告以及其他类型的科技报告，还有部分会议文献和美军的申请专利与批准专利说明书的摘要。该库 75% 的文献是科技报告。

NTIS 近年来推出了自己的网络平台。该网站提供按学科分类（农业、商业、能源、卫生、军事等）的综合导航服务，同时对其最大型的收藏——科技报告提供免费检索。

图 8.19　NTIS 主页

　　用户输入 1~3 个关键词进行检索,输出的检索结果包括命中文献目录及各篇文献的书目著录,含题目、提出单位、机构、著者、文献类型、NTIS 订购号、页数、价格和所属主题分类范畴,内容关键词和原报告号等各项,同时提供联机订购服务。

　　检索结果为报告题录和文摘。另外,NTIS 还借助 Internet 提供电子版 NTIS 目录数据库的检索服务,其商业目的在于提供在线技术报告全文的订购传递服务,任何人都可访问其主页进行检索。NTIS 提供简单检索、快速检索和高级检索 3 种检索方式。NTIS 主页如图 8.19 所示。

　　NTIS 数据库还可通过多个检索系统,如 CSA,IDS,DIALOG 等进行检索。

【思考·练习·讨论题】

　　1.专利文献有何特点? 专利文献常用的途径是什么?

　　2.国内主要专利检索网站有哪些?

　　3.如何检索国外专利文献?

　　4.发明名称为"天然苦瓜素降糖药及其制备方法",专利号为 98110802,请根据上述信息查出这项发明的专利权人是谁? 国际专利分类号是多少? 权利要求有几项? 第 1 项是什么内容?

　　5.查阅目前关于"自动乐谱架"的专利申请案有多少个? 它们之间是什么关系?

第9章

毕业论文（设计）写作指导

弘奖学术启文明，栽桃种李最多情。

——蔡元培

【本章提要】

毕业论文（设计）是高等学校毕业生在教师指导下，综合运用所学知识完成的带有科研性质的总结性作业，是高校学生在大学毕业前，按照教学计划的要求，在有经验的教师指导下，独立撰写的习作性的学术成果。它是高等院校毕业生提交的一份有一定学术价值的文章，是对学习成果的综合性总结和检阅，是大学生从事科学研究的最初尝试，是在教师指导下所取得的科研成果的文字记录，也是检验学生掌握知识的程度、分析问题和解决问题的基本能力的一份综合答卷。

本节介绍了毕业论文（设计）写作内涵、特点和种类，毕业论文（设计）基本格式与写作要求，毕业论文（设计）写作过程，以概念认知和具体实践相结合的方式，加深读者对毕业论文（设计）的理解，具有现实指导意义。

9.1 毕业论文（设计）写作概述

9.1.1 毕业论文（设计）写作内涵

毕业论文（设计）是学术论文的一种，是学术论文的初级阶段。所谓学术论文，是对自然科学、社会科学和思维科学某一领域中具有学术价值或亟待解决的问题进行探讨和研究，并提出有独创性见解的一种议论文。国家标准计量局《科学技术报告、学位论文和学术论文的编写格式》（GB 7713—87）将学术论文定义为："学术论文是某一学术课题在实验性、理论性或观测性上具有新的科学研究成果或创新见解和知识的科学记录；或是某种已知原理应用于实际中取得新进展的科学总结,用以提供学术会议上宣读、交流或讨论;或在学术刊物上发表;或作其他用途的书面文件。"

9.1.2 论文学术规范

学术规范是从事学术活动的行为规范,是学术共同体成员必须遵循的准则,是保证学术共同体科学、高效、公正运行的条件。学术规范从学术活动中产生,成为相对独立的系统。就学术知识生产主体及行为而言,学术规范源于学术的合作、竞争、组织和互动,并为这些相互关系提供框架,通过各种要求对每个学术成员个人加以制约,从而提高领域内知识生产的效率和质量。学术规范化能够保证知识生产的严肃性,提高学术共同体的社会公信力。关于学术规范的定义有过多种讨论,其中学者叶继元的定义比较突出,"所谓学术规范,是指学术共同体根据学术发展规律参与制定的有关各方共同遵守而有利于学术积累和创新的各种准则和要求,是整个学术共同体在长期学术活动中的经验总结和概括"。

(1)学术论文写作基本规范

学术论文作为科研成果交流传播的载体,具有比较独立的结构体系,除了引言、正文、结论等主体部分外,基本包含了标题、摘要、关键词、中图分类号、文献标志码、参考文献、作者信息等内容。一般而言,学术论文遵循《科学技术报告、学位论文和学术论文的编写格式》和《学位论文编写规则》,期刊论文遵循《中国高等学校社会科学学报编排规范》等。

学术论文的写作规范,首先结构要完整,其次,论文标题拟制、作者署名、摘要编写、关键词标引、图表编制、数字用法、计量单位使用,以及引文、注释和参考文献的著录等内容要符合国家相关标准。

1)学术引文规范

《高校人文社会科学学术规范指南》提出了八条学术引用的规则,即:

①引用应尊重原意,不可断章取义。

②引用应以论证自己观点的必要性为限,要避免过度引用。

③引注观点应尽可能追溯到相关论说的原创者。

④引用未发表作品应征得作者同意并保障作者权益,并且防止过度引用。

⑤引用未成文的口语实录应将整理稿交作者审核并征得同意。

⑥学生采用导师未写成著作的思想应集中阐释并明确说明。

⑦引用应伴以明显的标识,以避免读者误会。

⑧凡引用均须标明真实出处,提供与引文相关的准确信息。其他如《科研活动诚信指南》对文献引用也做了相应的规定。

2)学术成果规范

《高等学校哲学社会科学研究学术规范(试行)》提出:

①不得以任何方式抄袭、剽窃或侵吞他人学术成果。

②应注重学术质量,反对粗制滥造和低水平重复,避免片面追求数量的倾向。

③应充分尊重和借鉴已有的学术成果,注重调查研究,在全面掌握相关研究资料和学术信息的基础上,精心设计研究方案,讲究科学方法,力求论证缜密,表达准确。

④学术成果文本应规范使用中国语言文字、标点符号、数字及外国语言文字。

⑤学术成果不应重复发表,另有约定再次发表时,应注明出处。

⑥学术成果的署名应实事求是,署名者应对该项成果承担相应的学术责任、道义责任、法律责任。

⑦凡接受合法资助的研究项目,其最终成果应与资助申请和立项通知相一致;若需修改,应事先与资助方协商,并征得其同意。

⑧研究成果发表时,应以适当方式向提供过指导、建议、帮助或资助的个人或机构致谢。

(2)如何避免学术失范行为

学术失范也称为学术不当、学术不端,国内有学者提出,学术失范是进行学术研究和从事学术写作的人故意违反学术规范,为谋取不正当利益或达到不正当目的而制造学术垃圾和学术泡沫的学术不端行为。《麻省理工学院规章》认为学术不当是指作弊、剽窃、未经同意署名、故意干涉别人作品的完整性、伪造或篡改数据等其他行为。

2016年经教育部审议通过、从2016年9月1日起施行《高等学校预防与处理学术不端行为办法》。该办法明确了学术不端行为的概念与内容,为处理和惩戒学术不端行为划出了边界。学术不端行为是指高等学校及其教学科研人员、管理人员或学生,在科学研究及相关活动中发生违反公认的学术准则、违背学术诚信的行为。其明确了六类学术不端情形,包括:

①剽窃、抄袭、侵占他人学术成果。

②篡改他人研究成果。

③伪造科研数据、资料、文献、注释,或者捏造事实、编造虚假研究成果。

④未参加研究或创作而在研究成果、学术论文上署名,虚构合作者共同署名,或者多人共同完成研究成果未注明他人工作、贡献。

⑤在申报课题、成果、奖励和职务评审评定,申请学位等过程中提供虚假学术信息。

⑥买卖论文、由他人代写论文。

⑦其他根据高等学校或者有关学术组织、相关科研管理机构制定的规则,属于学术不端的行为。同时授权高等学校可以结合学校实际,自行规定六类之外的学术不端行为。

学者要遵守学术规范,首先必须明确学术规范的具体内容,做到"有章可循,有章必循"。具体内容可能随着学术的发展进行调整,但其着眼点应是尊重他人的知识产权。

(3)论文检测系统概述

目前存在多种论文检测系统,可从一定程度上监测学术失范行为。

1)国内学术论文检测系统

目前,国内主要有四个学术论文检测系统,主要是中国知网 CNKI 学术不端行为检测系统、万方数据的论文相似性检测系统、维普通达论文检测系统和超星数据库大雅相似性分析系统。其中,中国知网 CNKI 学术不端行为检测系统是其中使用较为广泛的检测系统。

中国知网 CNKI 学术不端行为检测系统,其检测范围涵盖中国学术期刊网络出版总库、中国博士论文网络出版总库、中国优秀硕士论文网络出版总库、中国报纸全文数据库、中国专利全文数据库(知网版)、中国科技成果数据库(知网版)、中国年鉴网络出版总库、中国工具书数据库、中国标准数据库(知网版)。该系统正陆续引进英文数据库、网络数据库等资源。该系统以中国学术文献网络出版总库为系统比对数据库,支持与互联网资源或自建资源库进行比对,可以实现对抄袭与剽窃、伪造、篡改等学术不端行为的快速检测。该系统采用基于语义指纹的多阶运算检测方法,将论文内容划分成固定长度的片段生成数字指纹,与数据库中文档片段的语义指纹进行比对,按照文档类型与内容特征的不同,支持从词到句子、段落篇章级别的语义指纹。相似字符串检测阈值根据用户需求可以调整,以获得用户需要的检测精度。

2)国外学术论文检测系统

Turnitin 是全球较为权威的英文检测系统,基于 iThenticate 比对技术,作为学术工具类系统,将用户提交的文稿与 Turnitin 背后海量的全球数据库和网页类容做比对,以快速得出一个相似度比例和涵盖大量相关信息的"原创性报告"给评审者,评审者能够根据 Turnitin 精确定位出文稿中非原创的内容,对文稿整体的原创性做出客观判断。该检测系统现已支持英文、中文、阿拉伯文、荷兰文、芬兰文、法文、德文、意大利文、日文、韩文、葡萄牙文、西班牙文、瑞典文和土耳其文等 30 多种语言的检测。

我们常说的 SCI 论文查重软件 CrossCheck,是由 CrossRef 出版联盟推出的反剽窃检测服务。CrossCheck 试图在全球范围内最大限度地检查和防范学术剽窃行为,达到严正学术道德、净化学术空气的目的。目前全球会员单位有 50 多家,包括一些国际科学出版集团和科学学会,如自然出版集团、爱思唯尔、施普林格、威主·布莱克威尔、泰勒弗朗西斯出版集团等。

9.1.3　毕业论文(设计)写作特点

毕业论文(设计)作为学术论文的一种,既有学术论文的共性又有其独特的个性,一般来说,它具备以下六个特点。

(1)创造性

创造性是衡量毕业论文(设计)价值的根本标准,它要求文章不能简单地重复前人的观点,必须要有自己独到的见解,创造出前人所没有的新理论、新方法、新实验。毕业论文虽然只是学生从事科学研究的入门工作,但是也要注意对所研究的问题采取新的分析方法,得出新的观点。应鼓励学术创新,避免选择已经完全得到解决的常识性问题。所谓"新"体现在:一是在原有的理论和实验基础上,把研究工作向前推进一步;二是更新或扩张已有的科学研究成果,或对现有的科学学术观点进行争鸣或商榷;三是填补某一科学领域的空白;四是创立一门新的理论学说或一项新的科学试验方法。总之,"新"的含义就是表明本论文是作者本人首创的,首次公布的,别人过去没做过(公布过)的研究成果的文章。

(2)科学性

科学性是毕业论文(设计)的生命,是毕业论文的灵魂所在。写作者往往运用抽象的思维方法,对丰富、复杂的材料进行分析,并上升到理论的高度。它主要体现在三个方面:一是在内容上,所反映的科研成果是客观存在的自然现象及其规律,是被实践检验的真理,并能为他人重复试验,具有较高的实用价值。即论文内容真实、成熟、先进、可行,以客观事实为依据,经得起实践检验。二是在形式上,由概念、判断、推理组成一个理论体系,其结构严谨清晰,逻辑思维严密,语言简明确切,不含糊其辞,对全部符号、图文、表格和数据都力求做到准确无误。即论文表述准确、明白、全面、逻辑性强,推理过程严谨,环环相扣。三是在研究和写作过程中,具有严肃的科学态度和科学精神,从选题到汇集材料、论证问题,以至研究结束写成论文,都必须始终如一、实事求是地对待一切问题,反对科学上的不诚实态度。即不肆意夸大其词、伪造数据、谎报成果,甚至剽窃抄袭,也不因个人偏爱而随意褒贬、武断轻信、趋炎附势、弄虚作假。

(3)专业性

专业性是毕业论文(设计)区别不同类型毕业论文(设计)的主要标志,也是对毕业论文(设计)进行分类的主要依据。

首先,不同专业毕业论文(设计)的语言陈述、专用字词、材料组成等是不一样的。文理科学术论文有自身的特点。如果丢掉了专业性,也就失去了自身的特性。

其次,就各专业而言又可分为不同的专业方向,各专业方向的毕业论文(设计)又有各自的特点,如文秘专业有涉外文秘、商务文秘、行政文秘等专业方向,市场营销可分医药营销、服装营销、工业产品营销、农产品营销等专业方向,护理专业可分临床护理、整体护理、护理管理及涉外护理等专业方向。

再次,一般论文写作的原则是,凡是能说明观点的材料都可以用,凡是能准确表达意思的通俗易懂的语言都可以用。而对于一篇毕业论文(设计),其内容基本限制在所选课题的范围之内,课题范围之外的材料则不能用,限制性很强。

最后,一篇毕业论文(设计)在语言上也有专业特点。如写会计专业的毕业论文时,常要用到"诚信""显性成本""隐性成本""审计""投资者""会计事务所"等专业术语;写文秘专业毕业论文(设计)时则常要用到"秘书""档案""办公室""文书拟写""会务""文件收发"等专业术语。这些专业术语、名词乃至公式、图表、图形等,对其他领域的人来说是生涩的,但对同行而言则可以准确地、毫无障碍地被理解。

(4)实践性

实践性是毕业论文(设计)价值的具体体现。毕业论文(设计)本身就是建立在顶岗实践的基础上的系列实践过程,这种实践过程有利于全面整合毕业生原有的知识、能力与技能,并使之进一步强化。如计算机应用能力、查阅中外文科技文献的能力、技术创造性应用的思维能力、社会交往的能力、独立思考的能力、团队合作、吃苦耐劳、锲而不舍的精神等,均可借助毕业论文(设计)的撰写来衡量。

毕业论文(设计)的实践性,还表现在内容上,旨在根据一定的岗位职责与目标要求,培养、检验毕业生运用本专业相关知识、经验技术规范或政策、法规等,利用某种现实的岗位环境条件和一定的现代技术设计手段,设计开发出解决某种技术或多种技术应用问题的具体方案的综合能力。

除此之外,毕业论文(设计)的撰写,还在于培养、检验毕业生通过调查研究、经验总结、试验研究、对比分析等实践手段与计算机辅助分析技术等,运用本专业相关的知识与技术应用能力,展示所获成果的能力。同时检验技术应用设计与操作实践过程在某些技术应用中的最优结果或成果。它要求学生在解决岗位实际问题过程中对所掌握的知识、能力或技能进行一次系统整合,全面提升。

(5)平易性

毕业论文(设计)属于议论文的一种。议论文主要由论点、论据、论证三大部分构成,三者紧密相连、相辅相成,运用概念、判断、推理、证明、反驳等逻辑思维手段来分析研究某种问题。一般而言,毕业论文(设计) = 议论文+创造性+科学性,亦即毕业论文(设计)就是有新结果的合乎科学逻辑的议论文。所以,写毕业论文(设计)首先必须掌握议论文的写作要领。由此可知,撰写毕业论文(设计)只要通晓要领、刻苦钻研都可写出优秀的论文。这也正是毕业论文(设计)的平易性特点之一。

毕业论文(设计)平易性特点之二,是容易被理解。平易性要求毕业论文(设计)一定要写得深入浅出、平易近人,语言要明白通畅,切忌故弄玄虚、故作姿态、装腔作势。

(6)指导性

毕业论文(设计)是在导师指导下独立完成的科学研究成果。作为大学毕业前的最后一次作业,离不开教师的帮助和指导。对于如何进行科学研究,如何撰写论文等,教师都要给予具体的方法论指导。在学生写作毕业论文(设计)的过程中,教师具体的指导工作有七个方面:一要启发引导学生独立进行工作,注意发扬学生的主动创造精神,在学生的调查研究的基础上,指导学生选题,帮助学生最后确定题目;二要指导学生撰写毕业论文(设计)的开题报告,并定期检查;三要指导学生搜集和阅读有关参考文献,介绍必要的参考书目;四要指导学生开展社会调查或科学实验,确定调查线索,搜集第一手资料,做好材料的研究和分类;五要指导学生拟订论文提纲,并解答疑难问题;六要指导学生修改论文初稿;七要审阅论文,评定论文成绩,并指导答辩。

在指导过程中,教师还要注重启发式引导,充分发挥学生的主动性和创造性。学生为了写好毕业论文,也必须主动地发挥自己的聪明才智,刻苦钻研,独立完成毕业论文(设计)的写作任务。

9.1.4 区分毕业论文(设计)写作种类

毕业论文(设计)可以划分为不同形式。

(1)按照内容的不同划分

1)创造型毕业论文(设计)

该类毕业论文需对所研究课题的理论、学术观点有新的发展和深入发掘;或提出新见解;或证明先说的错误;或对学术界尚未认识的事物有发现,提出新假说、新理论等。也就是用自己的研究成果解决学科中的某一问题。

2)综述评析型毕业论文(设计)

该类毕业论文是利用自己所掌握的知识和科学理论,对自然现象或科学理论中的某一部分进行分析、总结、评价,属于较常见的类型,选题的范围比较宽泛。也就是提出学科中某一问题,综合别人已有的结论,指明进一步探讨的方向。

3)描述型毕业论文(设计)

该类毕业论文是对某一已经存在的自然现象或科学理论进行分析和描述,如某种观念的形成、某一自然现象生成的缘由、某一实验结果的产生过程等。

4)综述型毕业论文(设计)

该类毕业论文是对某一课题一定时期以来在学术界的研究情况及成果作综合性的评述。

总的说来,不管何种类型的毕业论文(设计)都注重对客观事物作理性分析,指出其本质,提出个人的见解和解决某一问题的方法和意见。

(2)按照学科性质的不同划分

1)文科毕业论文(设计)

文科毕业论文是社会科学类的应届毕业生所撰写的论文。它包含了社会意识形态的各个方面,诸如哲学、社会学、经济学、管理学、政治学、法学、文学、语言学、伦理学、宗教学、历史学、教育学等。

2)理科毕业论文(设计)

理科毕业论文是自然科学类的应届毕业生所撰写的论文。自然科学研究的领域十分广泛,包含研究自然界各种物质和现象的学科,如物理学、数学、化学、地学、天文学、生物学、动物学、植物学、生理学、农学、医学、力学、电学等。

3)工科毕业论文(设计)

工科毕业论文是工程、技术专业的应届毕业生所撰写的设计型论文,可分为产品工艺设计和设备设计。一般由设计说明书和设计图纸组成。

(3)按照写作形式的不同划分

毕业论文(设计)具有议论文所共有的一般属性特征,即论点、论据、论证。文章主要以逻辑思维的方式为展开的依据,强调在事实的基础上,展示严谨的推理过程,得出令人信服的科学结论。

由于专业不同,研究的课题和形式也不同,具体文种的选用也是不一样的,除毕业论文外,还有毕业设计、调查报告、可行性研究报告、工作研究等。因此,各专业可按专业特点来选择其合适的论文形式。如:

①工科类专业。可选择论文、应用方案、实物制作(实际产品、软件)等。

②艺术类专业。可选择论文、应用方案(设计方案等)、设计作品(服装设计、平面设计、包装设计等)、实物制作(服装制作、多媒体制作、手工艺术品制作等)。

③医学类。可选择论文、应用方案(医疗方案、服务个案)、调研报告等。

④管理、人文、教育类。可选择论文、应用方案(策划方案、营销方案、管理方案、教学方案、服务方案等)、调研报告、实物制作(媒体作品等)。

9.2　毕业论文(设计)基本格式与写作要求

9.2.1　基本格式

根据《科学技术报告、学位论文和学术论文的编写格式》和《中国学术期刊(光盘版)检索与评价数据规范》(1999 年 01 月 17 日颁布),毕业论文(设计)一般由标题、署名、摘要、关键词、目录、引言(绪论)、正文(本论)、结论、致谢、参考文献、注释、附录等要素构成。

(1)标题

标题是论文的眉目,要概括文章的内容,体现文章的主旨或尽可能体现作者的写作意图。标题应该明确,要有概括性,一般不宜超过 20 个字。当该标题不足以说明问题时,也可以加副标题。论文的标题一般包括总标题和小标题。总标题是文章总体内容的体现,位于首页居中位置。主要有五种形式:

①观点式标题。主要揭示文章的观点,表明作者对问题的看法。如《中小企业需要高素质秘书人才》《生态旅游呼吁可持续发展》《基金投资与股市的稳定》。

②内容式标题。主要揭示文章的内容,表明作者论述的重点所在。如《商务秘书职业技能及培养》《进出口企业如何管理外汇风险》《旅游业的人才竞争与人才战略》。

③议论式标题。一般在标题语句的前面或后面加上"谈""论""试析""探索""探讨""研究""思考""刍议"等词语,以表明文章的体裁。如《试论民营企业中秘书处理人际关系的艺术》《浅论社会成本会计》《假日经济发展研究》。

④提问式标题。用设问句的形式,隐去要回答的问题,实际上作者的观点是很明确的。如《民营企业不需要涉外秘书吗》《现代酒店管理就不能运用网络吗》。

⑤主副式标题。正题揭示文章的主题或表明观点,副题交代文章研究的内容。如《试论企业新闻活动策划案例制作——以××市四海体育发展有限公司为例》《论现代旅游企业职业道德——从旅游纠纷谈起》。

小标题主要是为了更清晰地显示论文层次。最常用的方式是:序码+本层次内容高度概括的文字。比较常见的标法是,社会科学论文一般采用"一、二、三,(一)(二)(三),1.2.3.,(1)(2)(3),①②③,…"这种形式;自然科学一般采用"1,2,3,1.1,1.2,1.3,…"这种形式。社会科学论文的序码一般空两格排列;自然科学类论文的序码一般顶格排列。

总之,拟订标题要努力做到:一要明确,能够提示内容或论点,使人一看就知道文章的大意;二要简练,字数不宜过多;三要新颖,做到不落俗套,使人赏心悦目;四要有美感,文字长短大致相同,形式均匀对称。

(2)署名

署名是指在论文首页总标题的下面署上作者的姓名和指导教师的姓名。有统一封面的,作者和指导教师姓名要写在封面的指定位置上。合著论文则按贡献大小排定次序,作者之间以逗号分隔;如是发表的论文,则在作者下方的括号内依序注明作者的单位、地名和邮编,单位名称与地名之间以逗号分隔,地名和邮编之间以空格分隔。

(3)摘要

摘要是对论文的内容不加注释和评论的简短陈述,应当高度概括研究课题的主要内容、特点和观点,以及取得的主要成果和结论,应能够反映整个论文的精华。中文摘要在 200 字以内,并翻译成相应的外文(多用英文)摘要,外文摘要不宜超过 250 个实词。

摘要一般使用第三人称,不用"我们""笔者"等词作主语。摘要一般置于总标题和署名之后、正文之前。摘要一般在版面上左右各缩进两字,连同关键词上下各空出一行。摘要的字体或字号要区别于正文。

(4)关键词

关键词是反映论文主要内容的单词或术语。每篇选用 3~5 个关键词,每个关键词的字数应在 10 个以内,按词语的外延层次从大到小排列,尽可能从《汉语主题词表》中选用规范词,每个关键词之间应以分号分隔,以便于计算机自动切分。

(5)目录

目录是论文的导读图。设置目录的目的是让读者在阅读此文之前对文章的内容和结构框架有大致了解。目录一般放在论文正文的前面,层次设置要统一,目录页要标明页码。

目录编号与正文章节编号相对应,可参照如下标准。

文科类:采用汉字与阿拉伯数字混用方法编号,第一级为"一""二""三"等,第二级为"(一)""(二)""(三)"等,第三级为"1.""2.""3."等,第四级为"(1)""(2)""(3)"等。分级编号一般不超过四级,每一级的末尾不加标点;若有需要进一步分级,则不再另起分段。也可采用"第一章""第一节"的类型。

理工类:采用分级阿拉伯数字编号,第一级为"1""2""3"等,第二级为"1.1""1.2""1.3"等,第三级为"1.1.1""1.1.2""1.1.3"等,第四级为"1.1.1.1""1.1.1.2""1.1.1.3"等。编号与文字衔接处不要标点,但要有 1 个汉字空格。

(6)引言(前言)

引言(前言)即绪论,是全篇论文的概述或导论,主要说明本课题研究的理由和意义,目的在于引出论题。有的引言侧重写本课题研究的缘由、任务及预期达到的目标(结果);有的侧重写国内外同行对本课题研究情况的简要回顾和展望,指出目前的进展和存在的问题,从而说明本课题研究的目的和意义。引言(前言)应写得言简意赅,可以不加标题,一般也不用写序号。

(7)正文(本论)

正文是论文的核心部分,是作者学术水平和科研成果的具体反映和体现,也是展开论题,表达作者个人研究成果的部分。作者在这部分对所研究的课题应作充分、全面、有说服力的论述,提出有创造性的见解,要有鲜明的观点(目的、思想或问题)、充分的论据(说理、推理或论述)、明确的结果与讨论(心得体会、成效或收获)等。正文要求层次分明、条理清楚;语言准确、简练;数据或引用确切。特别要注意在阐述自己的观点时,不要重复一般性的常识,如果确实有必要涉及常识或者别人的研究成果,也应该严格限制,不要冲淡和模糊了自己的创见。

不同学科的毕业论文,其研究的选题、研究的方法、分析论证的过程、获得的结果、表达的方式都有很大的差异。可以说正文的内容是没有统一格式的,但在结构上还是可以归纳出几种大体的模式。

1)并列式

各个分论点相提并论,各个层次平行排列,分别从不同的角度、不同的侧面对问题加以论述,使文章呈现出一种齐头并进式的局面。具体可以采用先总述后分述,或者先总再分最后总的形式,如图 9.1 所示。

2）递进式

各分论点、各层次的内容步步深入，后一层次内容是对前一层次的发展，后一个分论点是对前一个分论点的深化，如图9.2所示。

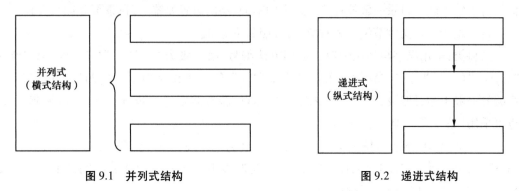

图9.1　并列式结构　　　　　　　图9.2　递进式结构

3）综合式

即结合以上两种模式，或先提出论点，进而通过多方分析论证得出结论。采用这种安排的论文往往是以某一种形式为主，中间掺以另一种形式，适合于问题较为复杂、篇幅比较长的毕业论文，如图9.3所示。

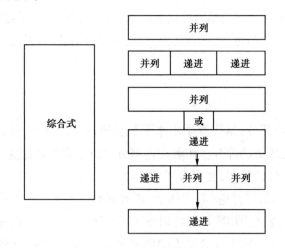

图9.3　综合式结构

从论证的角度看，本论部分最主要的任务是组织论证，以理服人。作者要千方百计地证明自己的观点是正确的、可信的。为此，必须围绕论点，运用论据，展开充分的论证。论证就是要用论据来证明论点的正确性或者证明敌对论点错误性的过程和方法。从论题的性质来看，论证又可分为立论和驳论两种。

1）立论（建立观点的论证方法）

即正面建立和阐述自己的观点，证明它的正确性，常用的方法有：

①事实证明法。这是一种用事实作为论据、举例说明的论证方法，就是常说的"摆事

实"。事实胜于雄辩,让事实说话,是最常用而有效的论证方法。例如:××市热电厂由于规章制度不健全,管理紊乱,使得交接货手续不清,货款支出异常,加上个别领导与供销人员收受贿赂,致使厂方多付货款 11.2 万余元,造成很大的经济损失。

运用例证法进行论证,事例要典型,数据要确凿,叙述语言要简明扼要。

②理论证明法。引用马克思主义经典作家的言论,权威人士的观点、理论,或者科学上的公理、定律,还有其他格言、谚语、名言、警句等来证明自己的观点的论证方法。例如:

列宁对马克思主义关于政治与经济关系的基本原理,曾经作过精辟的论述。他说:"政治是经济的集中表现。"又说:"任何民主,和任何政治上层建筑一样,这种上层建筑在阶级消灭之前,在无阶级的社会建立之前,是必然存在的,归根到底是为生产服务的,并且归根到底是由该社会中的生产关系决定的。"(《列宁全集》)列宁的这些基本观点说明,政治来源于经济,又反作用于经济,既有指导作用,又有服务作用,是指导与服务的统一。

注意引用的言论要忠实于作者原意,不能断章取义。引用的内容要准确,说明出处,包括具体的页码。引用还要简洁,避免大段引用、喧宾夺主。引用以后要作一些阐述说明,不要引用以后就简单下结论。

③分析证明法。把一个比较复杂庞大的事物或者事理,分解切割成若干部分,然后加以考察。通过对讨论的事物或者事理的分析、透视,发掘其中蕴涵的道理和规律,从而很好地证明论点。

④推理证明法。推理就是从一个或者几个已知的判断推出一个新判断的思维过程。议论文与逻辑推理是分不开的。从文章的整体来看,完整的论证过程也就是归纳、演绎或者类比推理的过程;从文章局部来看,在各个论证环节中,也可以采用这些推理形式。学术论文运用推理论证的例子到处可见。

2)驳论(反驳观点的论证方法)

反驳是驳斥对方的论点,证明它是错误的、荒谬的,从而证明自己观点正确性的一种论证方法。具体分成以下几种:

①直接反驳。就是运用论据或者推理,直接证明对方论点是错误的方法。

②间接反驳。为了证明对方的论点是错误的,可以先证明与它相矛盾的另一论点是正确的。

③荒谬推导。先假定对方的论点是对的,然后以它为前提,推导出一个明显荒谬的结论,从而证明对方的论点是错误的。

究竟使用哪一种或者哪几种,要根据论证的实际需要来确定。一般来说,单纯地只用一种论证方法是很少见的。在多数情况下,需要把几种论证或者反驳的方法结合起来,才能取得好的论证效果。

(8)结论

结论又称结语、结束语,是理论分析或实验结果的逻辑发展,是整篇论文的结局。结论包括对整个研究工作进行归纳和综合而得出的总结;所得结果与已有结果的比较,以及在本课题的研究中尚存在的问题;对进一步开展研究的见解与建议。

如果不能导出应有的结论,也可以没有结论,而进行必要的讨论。可以在结论或讨论中提出建议、研究设想、尚需解决的问题等。

结论部分作为文章的结尾,可以不写序号,也可与正文章节连续编号。

(9)谢辞

谢辞是指对课题研究和论文写作中给予帮助的人员,例如指导教师、答疑教师及其他人员,公开表示自己谢意的文字,以示对别人劳动的尊重,也是一种谦逊品质的体现。谢辞文字较简短,通常位于正文之后。

(10)参考文献

参考文献也即参考书目,是撰写或编辑论文和著作而引用的有关文献信息资源。在论文的撰写过程中,写作者大都要翻阅查看大量的有关书籍、报刊,甚至要引用或借鉴其中某些观点、数据。为了反映论文的科学依据,尊重他人的研究成果,向读者提供有关信息,作者在论文正文结束后,需列出参考的主要书刊和文章的目录。它是不可缺少的组成部分。它反映取材来源,材料的广博程度及材料的可靠程度。一份完整的参考文献也是向读者提供的一份有价值的信息资料。查阅文献一般不少于10篇,置于文尾,与正文空出一行。

参考文献排序一般有以下几种方法:

①按在论文撰写中参考价值的大小。

②按论文参考引用的先后顺序。

③按文献时间的先后顺序。

④按作者姓氏笔画或外文字母的顺序。

参考文献按次序列于文后,以"参考文献"(左顶格)或"[参考文献]"(居中)作为标识,以[1]、[2]…按序排列。如遇多个主要责任者,则以","分隔。一般在主要责任者后面不加"著、编、主编、合编"等词语。参考文献的字体字号一般与摘要相同。

参考文献的主要类型标志为:专著—M,期刊—J,报纸—N,论文集—C,学位论文—D,报告—R。

常见的参考文献书写格式如下:

①专著:[序号] 主要责任者.文献题名[M].出版地:出版者,出版年.起止页码.

如:[1] 杨文丰.高职应用写作[M].北京:高等教育出版社,2008.16-28.

②期刊:[序号] 主要责任者.文献题名[J].刊名,年,卷(期):起止页码.

如:[1] 洪威雷.高职应用文写作教材应以提升应用写作能力为主[J].应用写作,2009,(7):4-6.

③报纸:[序号] 主要责任者.文献题名[N].报纸名,出版日期(版次).

如:[1] 于文秀.仿制的贫困:对"文学新人类"的写作批评[N].文艺报,2000-06-27

(4).

④引用特种文献:如论文集、学位论文、报告、内部资料等,其格式与专著相似。

⑤电子文献:[序号]主要责任者.文献题名.电子文献的出处或网址。

如:[1] 张红斌.银行不良资产及其处理的战略选择.http://www.sina.com.cn.

(11)注释

注释为非必写要素,视情况而定。注释是作者对论文中有些字、词、句加以必要的解释和注明来源出处,与参考文献是有所区别的。注释分为两类:一类是论文作者对文章中的一些字、词、句所作的解释、说明或补充,以便读者对被注释的对象有更好的理解;一类是对引文的来源出处所作的说明,以表示对他人劳动成果的认同与尊重,同时增加资料的可信度,便于读者查对原文。注释的方式有三种:

1)夹注

夹注也称"文中注""段中注"或"行中注"。即在需要注释的字、词、句后加括号,在括号中写明注文(如作者、著作或文章名称、出版者、出版时间、页码)。夹注有三种情况:第一种是采用间接引语,如引用某作者文章中的观点、意见和提法,这时可以在引语后面注明作者的姓名及该引语文章发表、出版的年份;第二种是直接引语,在引语后注明出处;第三种是对文中某个词语作简要说明或者标出其另外一种说法或提法。需注意的是,一篇论文的"夹注"不能太多,以免影响文章结构的美观,使读者阅读起来吃力,甚至还会产生误解,认为该论文是用别人的观点代替自己的论证。

2)脚注

脚注也叫"页下注"或"页末注"。即在需要解释的对象的页码下端加注。一页中只有一段引文的,在引文末端的右上角注上"(注)"字样;一页中引文在两段以上的,则要标明序号,必须以页为单位。其写法格式与"夹注"一样。

3)尾注

尾注也叫"篇末注"。即将注释全部集中于文章的末尾。但一定要在被注释对象的后面加上①、②、③或(注1)、(注2)、(注3)字样的注码,以与篇末注文对应。需注意的是,一篇论文最好不要在文尾既写"参考文献"又加"注释",以免影响论文外形的美观。

(12)附录

附录也为非必写要素,视情况而定。附录是指论文中有些内容与正文关系密切,而同时又具有相对的独立性,但列入正文又往往会影响正文叙述的条理性和连续性,因而将其附加在正文之后作为附录,以帮助读者理解正文中的有关内容;还有一些则是附于文后的与论文有密切关系的资料,如文章、文件、图表、公式、调查报告中的调查问卷、设计型论文中的设计图纸等。附录一般位于论文的最后部分。

9.2.2 写作基本要求

(1)正确选择论题

选题是否合适将决定毕业论文(设计)写作的成败。培养目标就是要实现学校与社会用人单位具体岗位或岗位群之间的零距离(或近距离),则毕业论文(设计)课题就必须紧密结合企业现实岗位或岗位群的实际要求,紧密结合企业或行业的行规要求等,因而选题必须从用人单位或企业面临的实际问题中筛选。要选择有价值的、难易适中的,而自己又比较感兴趣的论题。同时还需注意论题的创新性,即要有新的理论、新的思想、新的观点或新的工艺、新的方法。有的论题虽然前人已有论述,但作者对已有的论题有进一步的认识,有新的看法,做了一些补充或一点修正,均属于有创新性。

(2)充分选择材料

毕业论文(设计)的论点能否成立,关键要选择真实、新颖、典型、充分的材料。理论材料不可少,事实材料更重要,不仅要重视第一手资料,也要利用好第二手材料,做好材料的分类、鉴别和扬弃工作,使证明论点的论据显得充分有力。为此就需要立足于顶岗实习单位,关注身边的人和事,深入了解所在企业的现实需求,搜集到对所选课题有用的材料。

(3)合理进行论证

运用论据来证明论点的过程和方法,叫论证。而论证的过程离不开推理,推理必须遵循逻辑规律。就是说在毕业论文(设计)撰写中,材料的选择与安排、论点与论据的关系、论证方法的使用等都要合乎逻辑,在论证中不能出现逻辑错误。

(4)妥帖安排结构

前面已提及,毕业论文(设计)有自己的结构,其主体部分的基本思想是:提出问题—分析问题—解决问题,即由引言(绪论)、正文(本论)、结论三部分组成。但考虑到论文的内容千差万别,形式多种多样,所以在谋篇布局时一定要合理安排结构,详略分明,使各部分浑然一体,绝不能松松散散,支离破碎。

(5)推敲语言文字

撰写毕业论文(设计)的语言应力求做到准确、简洁、质朴、得体。准确是指用语确切,符合实际;简洁是指用语简明扼要,用字少而精;质朴是指用语通俗易懂,不哗众取宠;得体是指用语符合行文规范,分寸得当;同时,对文字和标点符号也需进行仔细的推敲。只有这样,才能体现毕业论文的语言特色。

9.3　毕业论文(设计)写作过程

9.3.1　选题来源与组织

(1)了解选题意义

所谓选题,顾名思义,就是毕业生选择毕业论文(设计)的论题,即在撰写论文前,选择确定所要研究论证的问题,或需要解决的重要实际问题。

毕业论文(设计)的选题是实现毕业论文教学目的、确保毕业论文质量的关键环节,对撰写毕业论文具有重要意义。通过选题,可以大体看出作者的研究方向和学术水平;选准了论题,就等于完成论文写作任务的一半;题目选得好,可以起到事半功倍的作用。具体地讲,选题具有以下意义。

①选题能够决定毕业论文的价值和效用。选题不仅仅是给文章定个题目和简单地规定范围,选择毕业论文题目的过程就是初步进行科学研究的过程。选择一个好的题目,需要经过作者多方思索、互相比较、反复推敲、精心策划的一番努力。题目一经选定,也就表明作者头脑里已经大致形成了论文的轮廓。论文的选题有意义,写出来的论文才有价值,如果选定的题目毫无意义,即使花了很多的工夫,文章的结构和语言也不错,但也不会有什么积极的效果和作用。

②选题可以规划文章的方向、角度和规模,弥补知识储备的不足。选题必须有一个选择、鉴别、归拢、集中的过程。从对个别事物的个别认识上升到对一般事物的共性认识,从对象的具体分析中寻找彼此间的差异和联系,从输入大脑的众多信息中提炼,形成属于自己的观点,并使其确定下来。正是通过从个别到一般、分析与综合、归纳与演绎相结合的逻辑思维过程,写作方向在作者的头脑中产生并逐渐明晰起来,毕业论文的着眼点、论证的角度以及大体的规模也初步有了一个轮廓。

选题还有利于弥补知识储备不足的缺陷,有针对性地、高效率地获取知识,早出成果,快出成果。选题是广博和集中的有机结合。在选题过程中,研究方向逐渐明确,研究目标越来越集中,最后要紧紧抓住论题开展研究工作。对于初写论文的人来说,在知识不够齐备的情况下,对准研究目标,直接进入研究过程,就可以根据研究的需要来补充、收集有关的资料,有针对性地弥补知识储备的不足。这样一来,选题的过程,也就成了学习新知识,拓宽知识面,加深对问题理解的好时机。

③合适的选题可以保证写作的顺利进行,提高研究能力。对于大学生来说,撰写毕业论文并不是一件轻松的事,如果毕业论文的题目过大或过难,就难以完成写作任务;反之,题目过于容易,又不能较好地锻炼科学研究的能力,达不到写作毕业论文的目的。因此,选择一

个难易大小合适的题目,可以保证写作顺利进行。

选题有利于提高研究能力。通过选题,能对所研究的问题由感性认识上升到理性认识,加以条理,使其初步系统化;对这一选题的历史和现状研究,找出症结与关键,不仅可以对选题的认识比较清楚,而且对研究工作也更有信心。选题是研究工作实践的第一步,选题需要积极思考,需要具备一定的研究能力。在开始选题到确定题目的过程中,从事学术研究的各种能力都可以得到初步的锻炼提高。选题前,需要对某一学科的专业知识下一番钻研的工夫,需要学会收集、整理、查阅资料等研究工作的方法。选题中,要对已学的专业知识反复认真地思考,并从某一个角度、某一个侧面深化对问题的认识,从而使自己的归纳和演绎、分析和综合、判断和推理、联想和发挥等方面的思维能力和研究能力得到锻炼和提升。

毕业论文的选题是在教师的指导下进行的,有的学生自己不作独立思考,完全依赖教师给出题目;有的学生缺乏研究分析,不假思索,信手拈来,拿过题目就写。这些做法都是不正确的,因为一方面不利于学生主观能动性的再调动,限制主观能动性的再发挥,不利于增长知识、提高能力;另一方面撰写毕业论文如果不经过选题这一具有重要意义的研究过程,对文章的观点、论据、论证方法"胸中无数",材料准备明显不足,这样勉强提笔来写,就会感到困难重重,有时甚至会一筹莫展,只能推倒重来。

(2)掌握选题方法

选题的方向确定以后,还要经过一定的调查和研究来进一步确定选题的范围,以至最后选定具体题目。常见的选题方法有以下几种。

1)浏览捕捉法

这种方法就是通过对文献资料快速地、大量地阅读,在比较中确定题目的方法。浏览,一般是在资料占有达到一定数量时集中一段时间进行,这样便于对资料作集中的比较和鉴别。浏览的目的是在咀嚼消化已有资料的过程中提出问题,寻找自己的研究课题。这就需要对收集到的材料作全面的阅读研究,主要的、次要的、不同角度的、不同观点的都应了解,不能看了一些资料,有了一点看法,就到此为止,急于动笔。也不能"先入为主",以自己头脑中原有的观点或看了第一篇资料后得到的看法去决定取舍。而应冷静地、客观地对所有资料作认真的分析思考。在浩如烟海、内容丰富的资料中吸取营养,反复思考琢磨之后,必然会有所发现,这是搞科学研究的人时常会碰到的情形。

浏览捕捉法一般可按以下步骤进行:

①广泛地浏览资料。在浏览中要注意勤作笔录,随时记下资料的纲目,记下资料中对自己影响最深刻的观点、论据、论证方法等,记下脑海中涌现的点滴体会。当然,手抄笔录并不等于有言必录、有文必录,而是要细心地选择,有目的、有重点地摘录,当详则详,当略则略,一些相同的或类似的观点和材料则不必重复摘录,只需记下资料来源及页码就行,以避免浪费时间和精力。

②将阅读所得到的方方面面的内容进行分类、排列、组合,从中寻找问题、发现问题。材料可按纲目分类,如分为:系统介绍有关问题研究发展概况的资料;对某一个问题研究情况

的资料;对同一问题几种不同观点的资料;对研究某一问题最新的资料和成果;等等。

③将自己在研究中的体会与资料分别加以比较。找出哪些体会在资料中没有或部分没有;哪些体会虽然资料已有,但自己对此却有不同看法;哪些体会和资料是基本一致的;哪些体会是在资料基础上的深化和发挥;等等。经过几番深思熟虑,就容易萌生自己的想法。把这种想法及时捕捉住,再作进一步的思考,选题的目标也就会渐渐明确起来。

2)追溯验证法

这是一种先有拟想,然后再通过阅读资料加以验证、确定选题的方法。这种选题方法必须先有一定的想法,即根据自己平素的积累,初步确定准备研究的方向、题目或选题范围。但这种想法是否真正可行,心中没有太大的把握,故还需按照拟想的研究方向,跟踪追溯。可从以下几方面考虑:

①看自己的"拟想"是否对别人的观点有补充作用。看看是否自己的"拟想"别人没有论及或者论及得较少。如果得到肯定的答复,再具体分析一下主客观条件,只要通过努力,能够对这一题目作出比较圆满的回答,则可以把"拟想"确定下来,作为毕业论文的题目。

②如果自己的"拟想"虽然别人还没有谈到,但自己尚缺乏足够的理由来加以论证,考虑到写作时间的限制,那就应该中止,再作重新构思。

③看"拟想"是否与别人的重复。如果自己的想法与别人完全一样,就应马上改变"拟想",再作考虑;如果自己的想法只是部分与别人的研究成果重复,就应再缩小范围,在非重复方面深入研究。

④要善于捕捉一闪之念,抓住不放,深入研究。在阅读文献资料或调查研究中,有时会突然产生一些思想火花,尽管这种想法很简单、很朦胧,也未成型,但千万不可轻易放弃。因为这种思想火花往往是在对某一问题作了大量研究之后的理性升华,如果能及时捕捉,并顺势追溯下去,最终形成自己的观点,这是很有价值的。

追溯验证的选题方法,是以主观的"拟想"为出发点,沿着一定方向对已有研究成果步步紧跟,一追到底,从中获得"一己之见"的方法。但这种主观的"拟想"绝不是"凭空想象",必须以客观事实、客观需要等作为依据。

3)逆向思维法

所谓逆向思维法,是指为实现某一创新或解决某一因常规思路难以解决的问题,而采取反向思维寻求解决问题的方法。人类的思维具有方向性,存在着正向与反向之差异,由此产生了正向思维与反向思维两种形式。正向思维与反向思维只是相对而言的,一般认为,正向思维是指沿着人们的习惯性思考路线去思考,而反向思维则是指背逆人们的习惯路线去思维。逆向思维是一种重要的思考能力,个人的逆向思维能力,对于全面人才的创造能力及解决问题的能力具有非常重大的意义。

逆向思维法具有三大类型:

①反转型逆向思维法。这种方法是指从已知事物的相反方向进行思考,产生发明构思的途径。所谓从"事物的相反方向"进行思考常常是从事物的功能、结构、因果关系三个方面

作反向思维。

②转换型逆向思维法。这是指在研究问题时,由于解决这一问题的某一手段受阻,而转换成另一种手段,或转换思考角度,使问题顺利解决的思维方法。

③缺点逆向思维法。这是一种利用事物的缺点,将缺点变为可利用的东西,化被动为主动,化不利为有利的思维发明方法。这种方法并不以克服事物的缺点为目的,相反,它是将缺点化弊为利,找到解决方法。

4)创新思维法

创新思维是指对事物间的联系进行前所未有的思考,从而创造出新事物的思维方法,是一切具有崭新内容的思维形式的总和。一切需要创新的活动都离不开思考,离不开创新思维,可以说,创新思维是一切创新活动的开始。创新思维是思维的高级形态,因此既有一般思维的基本性质,又有其自身特征。

与常规思维相比,创新思维的最大特点在于它的流畅性、变通性和独创性,而这些特性的产生在于巧妙地发挥了人脑思维的潜能,特别是与右半脑的功能密切相关。凡是能想出新点子、创造出新事物、发现新路子的思维都属于创新思维。

5)灵感思维法

灵感,也称顿悟,它是人类创造性活动中一种复杂的心理现象和精神现象,常常具有瞬时突发性与偶然巧合性的特征。它是一种经过长时间的思索,问题没有得到解决,但是突然受到某一事物的启发,问题却一下子解决的思维方法。

灵感思维是人类常用的一种思维方法,它是创造性思维能力、创造性想象能力和记忆能力的巧妙融合,具有如下特点:

①灵感呈飞跃式,具有突发性。

②独创性。从灵感思维的结果来看,它打破了人们的常规思维,把人的认识提高到了一个新的高度。灵感思维失去创造性就没有存在的价值。

③非自觉性。其他的各种思维活动,都是一种自觉的思维活动,但对灵感思维来说,由于它是突然发生的而不是预先构思好的思维活动,所以呈现出较强的非自觉性。

灵感思维并不是神秘的,它是每一个正常的人都具有的一种思维能力。同时,它又是运用十分广泛的思维方法,不仅是在文学艺术、科学研究中,而且在日常生活、工作和体育竞赛中,都能找到实际运用。

6)知识迁移法

学生通过三到四年的学习,对某一方面的理论知识有一个系统的新的理解和掌握。这是对旧知识的一种延伸和拓展,是一种有效的更新。在此基础之上,学生在认识问题和解决问题的时候就会用所学到的新知识来感应世界,从而形成一些新的观点。理论知识和现实的有机结合往往会激发学员思维的创造力和开拓性,为毕业论文的选题提供了一个良好的实践基础和理论基础。

7) 关注热点法

热点问题就是在现代社会中出现的能够引起公众广泛注意的问题。这些问题或关系国计民生,或涉及时代潮流,而且总能吸引人们注意,引发人们思考和争论。选择社会热点问题作为论文论题是一件十分有意义的事情,不仅可以引起指导老师的关注,激发阅读者的兴趣和思考,而且对于现实问题的认识和解决也具有重要的意义。将社会热点问题作为论文的论题对于学员搜集材料、整理材料、完成论文也提供了许多便利。

8) 调研选题法

调研选题法类同于关注社会热点这样的选题方法,但所涉及的有一部分是社会热点问题,也有一部分并不是社会热点问题。社会调研的课题主要包括与经济和社会发展密切相关的一些社会问题,也包括与广大基层百姓生活密切相关的生产生活问题,更包括基层人民的生存状况问题。社会调研可以帮助我们更多地了解调研所涉问题的历史、现状以及发展趋势,更清晰地认识现实问题,使我们就现实问题提出一些有针对性的意见和建议。

(3) 明确选题要求

学生毕业论文的选题,应符合专业培养目标,达到毕业论文大纲的要求。毕业论文(设计)选题有以下基本要求:

1) 专业性

所谓专业性,是指毕业论文题目不能超出所学的专业领域。选题应结合学生所学专业,反映本专业的主干课程或专业方面的基本理论、基本知识和基本技能,必须有明确的主题,不宜超出所学专业选题。

2) 学术性

毕业论文不同于调查报告、工作报告等其他应用性的论文,其学术性主要体现在要求论文努力揭示研究对象的本质及其规律。学生应在本科所学的基本理论和专业知识之上,使毕业论文的立论和论证尽量能够触及事物内部较深的层次,尽量揭示出事物的本质及其规律。要做到这一点,才能体现选题的学术性。

3) 创新性

一篇好的毕业论文应当体现学生自己的新思想、新观点、新见解,只有这样,才能算是"你"的论文。同时这也是对学生平时所学理论的一种检验,只有对理论有了本质的认识,对问题有了根本性的把握,才会有自己的立场与观点,毕业论文才会显得有个性。创新性是毕业论文的真正价值所在,是论文的生命力所在。因此,论文题目的创新性是一篇好论文的开始。

4) 实践性

毕业论文(设计)应建立在充分的调研基础之上,既有理论性,又有实践性,要做到从实践中来,到理论中去,再用于指导实践。一篇好的毕业论文是理论与实践相结合原则的最好体现。没有实践的理论是空谈,没有理论指导的实践只能是低水平的重复,只有在理论指导下的实践才是有血有肉的,生动而丰富的。

9.3.2 开题报告写作

(1)认识毕业论文(设计)开题报告内涵

开题报告是指当毕业论文的选题确定之后,毕业论文写作者在调查研究的基础上撰写的报请指导教师批准的选题计划。

开题报告用于说明论文选题研究的必要性,研究方案的可行性以及如何开展研究等,开题报告也是对毕业论文选题的论证和设计。

开题报告是提高选题质量和水平的重要环节,主要以研究方案的形式出现。研究方案是在正式开展论文写作之前所制订的论文写作的工作计划,规定了论文研究各方面的具体内容和步骤。

(2)了解毕业论文(设计)开题报告特点

1)标志性

所谓开题,即意味着研究准备阶段结束,正式研究过程开始。大多数学生在选题时并未完全介入进来,对课题的了解和把握并不全面。因此,对于毕业生和指导教师来说,开题报告写作是一个关键信号,标志着毕业设计相关教学活动正式实施。为了进行开题论证,学生和指导教师必须进行若干次研讨,在原选题的基础上,修改和完善研究计划和内容。而这一过程可以使学生迅速进入研究状态,明确自己在该课题研究中的任务,同时也使每个学生都能够在课题研究的最初阶段,特别是在课题需求、设计上充分发挥作用。

2)明确性

开题报告是对课题如何进行的具体化构思。为了使研究设计更加科学、合理、可行,一般的开题报告需要教师的多次指导。因此,指导教师可以根据开题报告的内容及时作出判断此课题能否实施;指导教师对课题研究的指导意见,特别是对课题有关理论的阐述及研究设计中问题的分析,可以大大拓宽学生的视野,使研究思路更加清晰,研究目标、范围更加明确。尤其是同一个大系统的各个子系统完成者之间观点的交流与碰撞,更有助于提高毕业设计的全面性和科学性。有了清晰的研究思路,就可以保障课题研究的方向,使课题组成员按计划有步骤地、系统地开展研究工作。

3)具体化

开题报告的重要目的是对选题进行初步设计,要有具体化、操作化的处理,使其成为一个可以指导课题研究全过程的蓝图。按照这个蓝图施工,就可以使研究达到预期的目标。撰写开题报告需要经过反复讨论、修改,这个过程就是设计蓝图的过程,如此才可能使那些在课题申请时并不十分清晰的想法变成具体的思路和研究计划。这是课题研究能够得到落实的最重要的保障。毕业生可以在开题报告批准后按开题报告的安排沿着既定目标开展工作。

(3)区分毕业论文(设计)开题报告种类

毕业论文(设计)任务书大体上划分为论文任务书、应用方案任务书、设计作品任务书、实物制作任务书、调研报告任务书、实习报告任务书。相应地,毕业论文(设计)开题报告也可以划分为:

①论文开题报告。

②应用方案开题报告。

③设计作品开题报告。

④实物制作开题报告。

⑤调研报告开题报告。

⑥实习报告开题报告。

(4)学会毕业论文(设计)开题报告写作

学生接到指导教师下达的任务书,并完成论文(设计)工作方案后,认真填写《毕业论文(设计)开题报告》。开题报告经指导教师认可后,方可进入开题程序。开题报告通常包括以下内容:

1)选题名称

毕业论文(设计)开题报告的选题名称即是毕业论文(设计)的选题名称。

2)选题的缘由、目的和意义

大多数学生都是初次涉及学术研究领域,关于怎样做课题,怎样开展研究工作,不是很清楚。毕业论文(设计)教学这个环节是整个学习阶段的升华。开题报告这一部分的写作恰恰是这个阶段的起点。一般来说,课题研究的目的、意义的写作思路如下。

①先从现实需要方面去论述。指出现实世界中存在这个问题,需要去研究、去解决本课题的研究有什么实际作用。

②再写课题的理论和学术价值。要写得具体、有针对性,注重资料分析基础,注重时代、地区或单位发展的需要,不能漫无边际地空喊口号。主要内容包括以下方面:

a.研究的有关背景。即根据什么、受什么启发而开展这项研究。

b.通过分析。指出为什么要研究该课题,指出研究的价值和要解决的问题。应该着重说明选定此课题的出发点以及主观与客观条件是什么,选题的独创性、完成的可能性及其实际意义(实用性)如何。

3)课题研究的历史和现状及相关课题的研究情况

国内外研究现状,即文献综述,要以查阅的文献为前提,所查阅的文献应与研究课题相关,但又不能过于局限。过于局限违背了学科交叉、渗透原则,使视野狭隘,思维窒息。但又不能过于宽泛,与课题无关则流散无穷。

这一部分既要综合某一学科领域在一定时期内的研究概况,还要评述自己的独特见解。

要注重分析研究,善于发现问题,突出选题在当前研究中的位置、优势及突破点,要摒弃偏见。除了综述观点外,还可以是材料与方法。此外,这里所引用的主要参考文献应在开题报告中的参考文献一节进行记录,一方面可以反映立论的真实依据,另一方面也是对原著者创造性劳动的尊重。

归纳起来,该部分重点讲述本课题在国内外研究的广度、深度和已取得的成果,寻找进一步研究的问题,从而确定本课题研究的平台(起点)、研究的特色或突破点。写作时需注意:

①国外现状与国内现状应分别叙述,不要忽外忽内搅在一起。

②先简要交代一下有关该问题的历史沿革,但没有必要做过多的久远追溯。

③文字不宜过长,不必把前人的话都重复一遍,重点是介绍有关这一问题最近几年的研究进展和状况。

④把握好本项内容的关键在于"全"和"新"两个字。即全面掌握情况,除日常所见到的一些资料外,在拥有大量资料的基础上,通过时间上和认识深度上的比较,了解哪些成果或结论是新的和最新的。

⑤有些学生常常是随便找几篇近期文献,便以此为据作为"国内外现状"加以介绍。由于文献的查阅面和收集范围很窄,所了解到的情况必然具有一定的局限性,比较的余地也不会太多,自己选定的课题是在创新还是在重复他人早已做过的工作,自己也难以把握。

因此,要求毕业生要大量阅读有关文献,只有充分了解国内外相关领域的新动态、新进展,才能掌握前人的成果、吸取前人的教训,寻找课题设计的科学依据和思路,选择自己的切入点,避免不必要的重复。

4) 课题研究的基本内容

有了课题的研究目标后,就要根据目标来确定这个课题具体要研究的内容,相对于研究目标来说,研究内容要更具体、明确。毕业生在确定研究内容的时候,往往考虑得不是很具体,写出来的研究内容特别笼统、模糊,把研究的目的、意义当做研究内容,这将对课题的研究十分不利。因此,要学会对课题进行分解,一点一点地去做。

课题研究的基本内容一般包括以下三个方面。

①从课题名称的角度,应尽可能明确三点,即研究的对象、研究的问题和研究的方法。

a.具体的研究方法可从下面选定:观察法、调查法、实验法、经验总结法、个案法、比较研究法、文献资料法、类比法、讨论法等。

b.确定研究方法时,要叙述清楚"做些什么"和"怎样做"。如要用调查法,则要讲清楚调查的目的、任务、对象、范围、调查方法、问卷的设计或来源等,最好能把调查方案附上。

c.提倡使用综合的研究方法。一个大的课题往往需要多种方法,小的课题可能主要是一种方法,但也要利用其他方法。

d.在应用各种方法时,一定要严格按照方法的要求,不能混淆不清,仅仅凭经验、常识去做。例如,要通过调查了解情况,如何制订调查表,如何进行分析,不是随随便便发张表,填写一些分数、平均数就行了。

②从与本课题研究有关的理论、名词、术语、概念的角度明确的基本内容。

③明确选题的范围,即哪些方面是属于应该做的,而哪些是不应该包括在项目之内的。

5)课题研究的目标及其可行性

课题研究的目标就是课题最后要达到的具体目的,要解决哪些具体问题,即本课题研究的目标定位,包括阶段目标和最终的目标,即该项研究工作的段落和终点。因此,在此项中应着重说明这一研究课题最后要解决一个什么样的问题。为了解决这个问题,在研究中将分作几个步骤,都需要做些什么,拟从何处入手,重点研究哪个侧面,主攻方向是什么,到达哪一步或什么程度算是完成,将出现什么样的预期效果等。确定目标时要紧扣课题,用词要准确、精练、明了。相对于目的和指导思想而言,研究目标是比较具体的,不能笼统地讲,必须清楚地写出来。只有目标明确具体,才能知道工作的具体方向是什么,才知道研究的重点是什么,思路就不会被各种因素所干扰。总之,要目标明确,内容具体,十分清楚地规定出自己的研究任务。

常见的问题有:不写研究目标;目标扣题不紧;目标用词不准确;目标定的过高,对预定的目标没有进行研究或无法进行研究。确定课题研究目标,一方面是课题本身的要求,另一方面要考虑课题开展的实际的工作条件与工作水平。作为毕业设计(论文)的选题,在短短的几个月时间内,课题的目标一定要明确而且不宜过深或过宽,以有一定的理论价值或者应用价值、有充足的工作量为前提,以保证完成毕业设计(论文)教学任务为根本。

6)课题研究的方法、措施和步骤

研究方法是确保论文写作顺利进行的重要条件,从大的来说,一般包括实证分析法和规范分析法;从具体的研究方法来说,包括观察法、调查法、实验法、经验总结法、个案法、比较研究法、文献资料法等。学生应根据选题方向、研究内容和实现目标的需要,选择确定合适的方法加以应用。

研究的主要措施是要学生确认在接下来的具体研究过程中,如何确保写作任务的完成。

课题研究的步骤,也就是课题研究在时间和顺序上的安排。研究的步骤要充分考虑研究内容的相互关系和难易程度。课题研究的主要步骤和时间安排包括:整个研究分为哪几个阶段;阶段的起止时间;各阶段要完成的研究目标、任务;各阶段的主要研究步骤;毕业设计的日程安排等。

7)成果形式

毕业论文形式主要有学术论文调查报告、研究报告、可行性分析研究等,其中调查报告、研究报告、论文是最主要的表现形式。

8)参考文献

在开题报告的前面几小节中常引用一些重要的观点、数据、结论等,对此必须注明其出处,以便于审查时进行核对。

开题报告参考文献的格式与毕业设计(论文)参考文献的格式要求一样,详见毕业设计(论文)撰写一章的格式要求。

开题报告写作格式参考如下。

毕业论文开题报告表

学生姓名		院、系		专　业	
班　级		学　号		方　向	
指导教师	姓　名		职　称		
	姓　名		职　称		
开题报告内容	题目：				
	选题的目的和意义：				
	拟研究的内容、思路与重点：				
	文献资料（包括与本课题相关的国内、外研究现状的资料）：				
	进度安排：				
指导教师意见	指导教师： 　　年　　月　　日				
开题报告小组意见	组长： 　　年　　月　　日				
毕业论文指导小组意见	组长： 　　年　　月　　日				

注："开题报告内容"部分由学生填写，其余各项由相关教师分别填写。

9.3.3 毕业论文(设计)写作

(1)拟订提纲技巧

1)拟订毕业论文提纲的原则

如何落笔拟订毕业论文提纲呢？首先要把握拟订毕业论文提纲的原则，为此要掌握如下三个方面：

①要有全局观念，从整体出发去检查每一部分在论文中所占的地位和作用。看看各部分的比例分配是否恰当，篇幅的长短是否合适，每一部分能否为中心论点服务。

②从中心论点出发决定材料的取舍，把与主题无关或关系不大的材料毫不可惜地舍弃，尽管这些材料是煞费苦心地搜集来的。有所失，才能有所得。一块毛料寸寸宝贵，舍不得剪裁去，也就缝制不成合身的衣服。为了成衣，必须剪裁掉不需要的部分。所以，我们必须时刻牢记材料只是为论文的论点服务的，离开了这一点，无论是多么好的材料都必须舍得抛弃。

③要考虑各部分之间的逻辑关系。初写论文常犯的毛病是论点和论据没有必然联系，有的只限于反复阐述论点，而缺乏切实有力的论据；有的材料一大堆，论点不明确；有的各部分之间没有形成有机的逻辑关系，这样的毕业论文都是不合乎要求的，是没有说服力的。为了有说服力，拟提纲时必须有虚有实，有论点有例证，保证理论和实际相结合，论证过程有严密的逻辑性。

2)编写毕业论文提纲的方法

①论文提纲的形式

a.标题式提纲。用简要的词语概括内容，以标题的形式列出。这种写法简明扼要，一目了然，但只有作者自己明白。毕业论文提纲一般不能采用这种方法编写。

b.句子式提纲。以一个能表达完整意思的句子形式把该部分内容概括出来。这种写法具体而明确，别人看了也能明白。

c.段落提纲。又称详细提纲，是句子提纲的扩充，是把论文的主要论点和展开部分较为详细地列出来。如果在写作之前准备了详细提纲，那么，执笔时就能更顺利。

②编写提纲的方法与步骤

a.先拟标题。论文的标题，首先要直接揭示主题思想，读者通过标题，能大致了解文章的内容、专业特点和学科范畴。其次，最好能具体概括论文的观点，读者一看就知道作者的观点。最后，要简洁明朗，引人注意。字数适当，一般不宜超过 20 个字。

b.用主题句子列出全文的基本论点，以明确论文中心，统领全纲。一般来说，在论文中提出论点或议题，不管采取什么样的形式(或直截了当或间接揭示或反问或设问等)，这部分内容在文章中基本上是一个相对独立的部分。

确定论点不仅要确定论文的基本论点，而且还要确定各分标题的分论点。一篇论文一般只解决一个问题(论题),所以也只有一个基本论点,但要说明这个论点,却需要从不同的方面来论证,这不同的方面就是论文总论题下面的分论题。统摄分论题的论点,就是基本论点下的分论点。

c.合理安排论文各大部分的逻辑顺序,用标题或主题句的形式列出,设计出论文的结构和框架。

d.对于论文中的各大部分,逐层展开,扩展深化;设置细项目,结合搜集使用的材料,进一步构思层次,形成近似论文概要的详细提纲。

e.每个层次分成各个段落,写出每个段落的论点句子,并依次整理出需要参考的资料。

f.检查整个论文提纲,作出必要的修改,即增加、删除、调整等。

3)毕业论文提纲写作要求

毕业论文提纲是学生在正式开始写作论文之前提交给论文指导教师的一份关于论题观点的来源、论文基本观点、论文基本结构的报告。具体要求如下:

①提纲包括这样几个部分:论题观点来源、论文基本观点、论文结构。

②在论题观点来源这一部分,学生需要说清楚自己论文的观点是如何得到的。论题观点来源一般有以下两种:阅读某些著作(包括教科书)、文章的时候有感而得;与教师讨论的时候得到的灵感。前者要写清楚著作、文章的名称和作者、出版时间以及著作的哪些方面给了自己什么样的感受。后者写清楚教师的指导给了自己什么样的启示。

③在论文的基本观点部分,要求学生写清楚整个论文的基本观点都有哪些,这些观点必须逻辑清楚、合理。

④在论文结构部分,学生结合自己的基本观点写清楚整个论文的结构。这是学生向指导教师说明自己如何论证观点的一个部分。例如学生要写清楚整篇文章包含哪几个部分,第一部分写什么,其中包括几个小部分,每个小部分写什么等,以此类推。

⑤提纲没有字数的要求,但是学生必须保证有上述2、3、4这三个部分的内容。文字方面要求语言流畅、思路清晰,说清楚自己的观点。

⑥论文提纲是学生写作论文的开端,提纲是否成功通过指导教师的审查决定了学生能否进入论文的实际写作阶段,所以要求学生认真对待并且按时提交。

(2)起草初稿方法

1)起草的一般要求

毕业论文起草的一般要求有以下几个方面。

①紧扣观点,围绕中心。观点是文章的灵魂,是文章内容的核心。观点的证明与表达,是文章写作所要完成的主要任务。毕业论文写作的诸环节,无不围绕观点而展开,以使论文观点能够确立和令人信服为原则。观点一经确定,就要以它为中心,不但结构的安排、材料的取舍要以观点的表达为依据,就连句式的选择、词语的遣用,均要以观点为标的。俗语说,"提领而顿,百毛皆顺",只有紧紧抓住观点,牢牢把握中心,写出来的文章才能浑然一体,有

一气呵成之感。不以观点为统帅，论文就会支离破碎、散漫无归、杂乱无章。

②全文贯通，段落完整。文章要写得酣畅淋漓，浑然一体，除了思路清晰、中心明确、各部分之间具有内在的逻辑联系之外，还要求全文贯通。而要全文贯通，先须段落完整。构段是文章的基础。构段要完整统一，一是段意要单一而不杂乱。人们把只包含一个意思的段落叫作单义段。要提倡组织单义段，一段集中表达一个意思，不要把与本段段意无关的内容写进同一段落中去。二是段意要完整而不残缺。就是一个段落要把一个意思说完整，不要把一个意思硬拆成两段说。此外，还要注意段与段之间的联系与衔接。要用好关联词语，写好过渡句、段，使文章承上启下，前后照应，首尾圆合，浑然一体。

③表达准确，语言简练。毕业论文所使用的是科学语体，科学语体的特征应是准确、简明、通俗、质朴。准确，是一切学术论文语言表达的第一要求，包括事理准确、事实准确、数字准确、引文准确。除此之外，还要做到用词恰当、语义明确、句意严密、格式规范等。

2）起草的方法

起草论文的方法，一般是按照提纲顺序写，有时也可以打破顺序分段写，两种方法各有优点。

①按照提纲顺序写。论文提纲的排列顺序，是经过作者反复思考、精心安排的，反映了作者认识事物的过程，也反映了事物本身的内在逻辑。因此，按照提纲的顺序写，先提出问题，再分析问题，最后解决问题，顺理成章，十分自然。这种方法，符合一般人的写作习惯。其好处是全文贯通，一气呵成。如果对全文各部分的内容都已酝酿成熟，各种材料的准备也均已到位，就可以采用这种写法。

②打破顺序分段写。由于毕业论文的篇幅较长，各部分内容的成熟程度有先有后，要一口气全部写好不大可能，因而可以打破提纲顺序，分段完成。作者的论述是逐步展开的，论文也是一部分一部分写出来的，完全可以成熟一块写一块，哪部分成熟先写哪部分。最后连接起来，就成一篇完整的论文。这种写法的好处是能够集中精力写好每一部分，有利于保证论文质量。对于初学者来说，这种写法可以分散难点，各个击破，更容易把握些。采取分段分块写法，要根据实际情况制订出分阶段写作计划，既要保持各部分内容的相对独立性，又要保证全文的完整统一性。写作过程中，要注意掌握进度，以免将写作时间拉得过长，影响整个毕业论文写作任务的完成。

3）初稿的写作内容

提纲列好后，就该进行论文的最核心的工作，即起草成文了。

按照写作顺序，初稿的写作可以从以下几个方面着手：

①前言部分。前言是全篇论文的开场白，要阐述选题的背景和选题的意义，写明本论文的来源、目的、意义、范围；本论文所论内容在国内外发展概况；本论文的指导思想；本论文欲解决的主要问题；对本课题已有研究情况的评述；本文所要解决的问题，尤其是你所创新的地方有哪些，取得了哪些成果和对理论及实践的意义。结合问题背景的阐述，使读者感受到此选题确实有实用价值和学术价值，确有研究或开发的必要性。

前言部分的文字不可冗长,内容选择不必过于分散、琐碎,措辞要精练,要吸引读者读下去。其篇幅大小并无硬性的统一规定,需视整篇论文篇幅的大小及论文内容的需要来确定,长的可达700~800字或1 000字左右,短的可不到100字。

②正文部分。论文的正文,是学生对自己的研究工作的详细论述,在整篇文章中,应该会有较大的篇幅。正文是论文的主体,应该包括论点、论据、论证过程和结论。通常包括以下内容:

a.提出问题,即论文所要论述的基本论点是什么。

b.分析问题,采用论据和论证的方式证明论文的论点。论证要突出重点,就是要突出你所创新的思想、观点;对于别人尚未论及的课题,要通过充分摆出有说服力的论据来证明新观点的正确性;对于别人论及过,你有独特感受的课题,要着力从新的角度,用新的理由去丰富补充完善原来的论点。如果是否定别人的论点,重点在反驳和论争,要有充分的理由和确凿的材料,证明对方论点的谬误,从而使论文具有鲜明的独创性。

c.解决问题,即采用何种论证方法与论证步骤。常用的论证方法有:

例证——直接列举事实证明论点;

引证——引用别人的论点论据证明自己的观点,引用的往往是公认的定理、定律、原理、经典作家精辟论述、法律条文、格言名句等,引证不宜过长,要注明出处;

考证——用大量确凿的文献史实考核论据的真实性,用以证明论点叫考证;

喻证——用类比、推理的方法证明论点;

反证——先承认对方论点正确,然后用事实论证推理得出荒谬的结论。

③结论部分。结论是整个研究过程的结晶,是全篇论文的精髓,是作者独到见解之所在。结论里要概括说明所进行工作的情况和价值,分析其优点和特色,指出创新所在,并应指出其中存在的问题和今后改进的方向,特别是对工作中遇到的重点要着重指出,并提出自己的见解。结论要简单、明确,篇幅不宜过长。在措辞上应严谨,逻辑严密,不能用"大概""可能"之类的词。

④结束语。在文章结尾处,以简短的文字,对工作过程中曾给自己以直接帮助的人员,例如指导教师、答疑教师及其他人员作出致谢。致谢内容要实在,语言要诚恳、简短。致谢文字的字号或字体通常与论文的正文有所区别,并编排在参考文献之前。

【思考·练习·讨论题】

1.概述"学术论文"的含义、简要说明学术论文与毕业论文(设计)的关系。

2.毕业论文(设计)的不同参考文献有怎样的格式要求?

3.选题在毕业论文(设计)的形成过程中占有什么样的地位?

4.毕业论文(设计)相关教学活动正式实施的标志是什么?其有哪些特点?

5.简要说明提纲的重要性。

6.下载一篇毕业论文(设计),并对其设计成果作综合性评述。

参考文献

[1] 王霓虹,李禾.现代信息技术与创新方法[M].北京:高等教育出版社,2011.

[2] 戚敏,梁晓天.数字信息资源检索方法与实践:理工版[M].武汉:华中科技大学出版社,2011.

[3] 罗爱静,于双成.医学文献信息检索[M].3版.北京:人民卫生出版社,2015.

[4] 王园春,李瑞斌.科技信息检索与利用[M].北京:石油工业出版社,2006.

[5] 王林.信息检索[M].北京:人民邮电出版社,2010.

[6] 尤泽贵,罗标.大学生成才导论[M].北京:中国地质大学出版社,1988.

[7] 童晓渝,张云勇.智能普适网络:面向服务的云计算运营架构[M].北京:人民邮电出版社,2012.

[8] 何锡涛,沈坚,吴伟,等.智慧教育[M].北京:清华大学出版社,2012.

[9] 王章豹.高等学校教师教学科研方法[M].2版.合肥:合肥工业大学出版社,2009.

[10] 许延浪.科学与艺术:人类心灵的浪漫之旅[M].西安:西北工业大学出版社,2010.

[11] 汪楠,成鹰.实用检索技术[M].2版.北京:科学出版社,2012.

[12] 徐晓东.信息技术教育的理论与方法[M].北京:高等教育出版社,2004.

[13] 潘琦.成功之母:古今中外决策反思录[M].桂林:广西人民出版社,1991.

[14] 宋学清,王双.信息工作概论[M].西安:西安地图出版社,2008.

[15] 袁津生,李群,蔡岳.搜索引擎原理与实践[M].北京:中国邮电大学出版社,2008.

[16] 辛万鹏.高校信息素质教育基础教程[M].西安:兰州大学出版社,2006.

[17] 王鸿生.世界科学技术史[M].3版.北京:中国人民大学出版社,2008.

[18] 张士清,葛洵洵.自然辩证法概论[M].沈阳:辽宁大学出版社,2008.

[19] 陈曹维,蔡莉静.图书馆科技查新服务与科技查新管理系统[M].北京:海洋出版社,2011.

[20] 陈兰杰,王凯,刘钟美.信息检索理论与方法[M].北京:中国水利水电出版社,2011.

[21] 王伟军,甘春梅.WEB2.0信息资源管理[M].北京:科学出版社,2011.

[22] 周青玲.信息检索理论与实践[M].西安:西安地图出版社,2009.

[23] 孟俊娥.专利检索策略及应用[M].北京:知识产权出版社,2010.

[24] 隋莉萍.网络信息检索与利用[M].北京:清华大学出版社,2008.

[25] 眭平.科学发现的重要动力之一:科学之美[J].科技导报,2003(5).